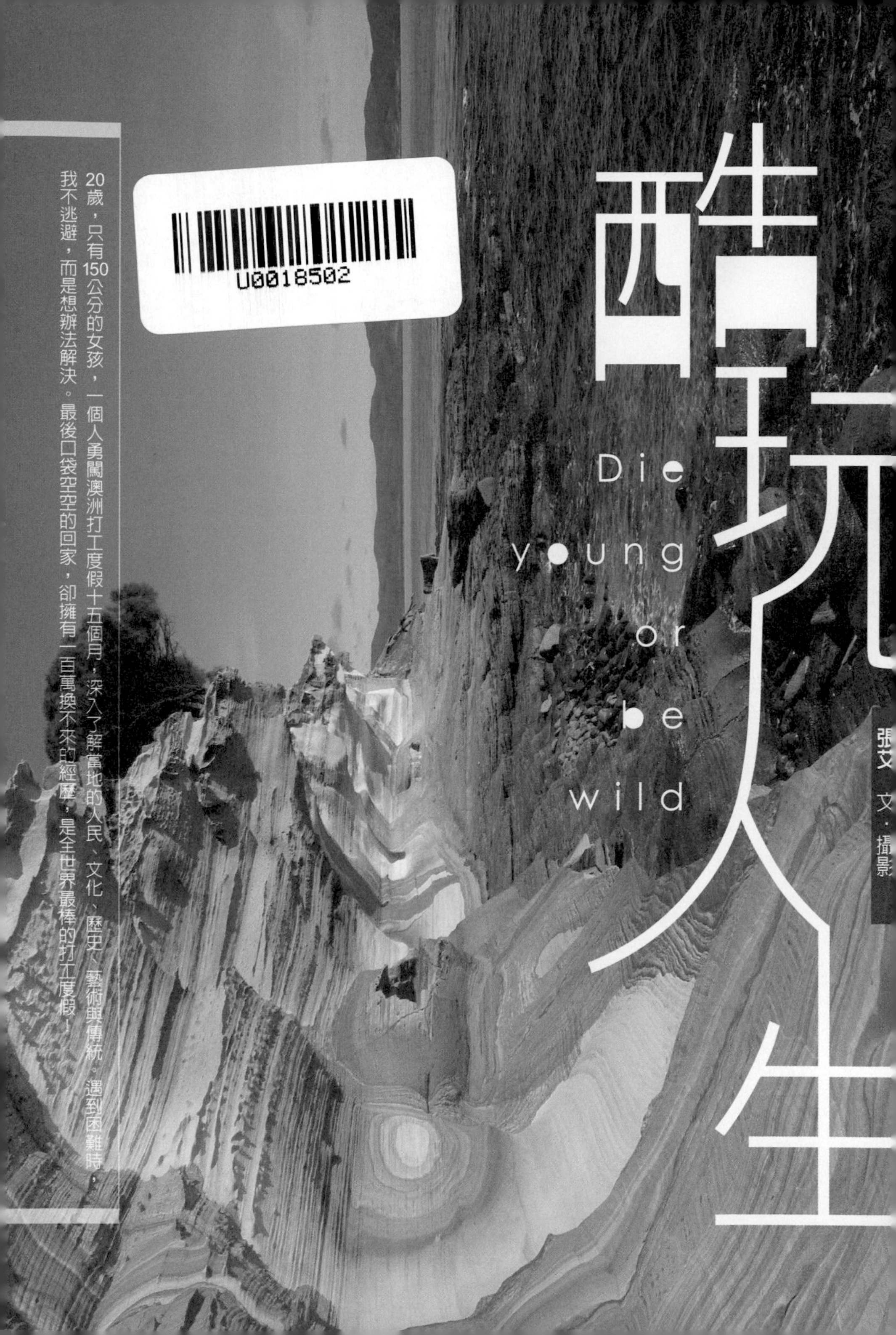

酷玩人生

Die young or be wild

張文 文・攝影

20歲，只有150公分的女孩，一個人勇闖澳洲打工度假十五個月，深入了解當地的人民、文化、歷史、藝術與傳統。遇到困難時，我不逃避，而是想辦法解決。最後口袋空空的回家，卻擁有一百萬換不來的經歷，是全世界最棒的打工度假！

推薦序　放開心胸，才能享受自由與多元

臺灣這一代的年輕人令人同情。在房價高漲、薪資低迷，一切卻又向「錢」看的同時：傳統產業外移、電子業西進，房地產成了投資工具。在這個艱難的環境中，當年輕人決定到海外打工度假，追求自己想要的生活時，卻又被媒體指稱是爲了賺錢到海外當臺勞，或是浪費青春，回來難以找到工作……。

難道就不能脫除帶有成見的眼光，從「人」的角度來看待打工度假這件事情嗎？

這本書是張艾，一個年僅二十歲，仍在就讀大學的學生，休學一年到澳洲打工度假的心路歷程。書中以純淨的心靈看照著周遭所發生的一切。數十則小故事中，有些只是生活中極短暫的片刻，有些是新鮮體驗，有些是遭受刁難或被不平等的對待，當然也有溫馨、愉快的一面。

這些經歷豐富且多元，短短一年間能有這樣的體會，我不得不去想：是我們這個社會對升學至上、工作至上、金錢至上的價值觀過於一致，讓年輕人難以自由選擇，才扼殺了他們的可能性嗎？但一趟海外的打工度假之旅，卻能爲他們開了一扇窗。讓他們能見識到

「更不一樣的世界」？

自由與多元互為表裡。張艾的這本作品，相信能讓許多人以另一種眼光，去看待打工度假所能給予年輕人的滋養，與讓他們所得到的成長。

人生最珍貴的財富並不是金錢，也不是豐富的經歷，而是在這之後，一顆熱情，能與外界交流、同理的心。成年人想要重新找回的，正是年輕人所擁有的，且讓我們在調整心態的同時，也給予他們最大的支持與祝福吧！

背包客棧站長　小眼睛先生

推薦序 精采旅程的五大竅門

第一次碰到小艾，是她來輔大外語學院學生舉辦的 Exchange 365 來演講，分享她在澳洲打工度假的經驗。當時我很佩服她以充沛的精力與勇氣，追尋夢想；毫不畏懼可能碰到的困難與危險。由她回答觀衆的問題中，我也了解小艾之所以能夠化險爲夷，旅程精采，是因爲她一方面大膽地踏出第一步體驗未知的旅人生活，一方面也懂得隨時小心保護自己。

一年之後，閱讀了小艾的書，我更加確信她能夠充分體驗旅遊打工的人生，是有竅門的。她的旅程精采，因爲她不但能力強，遛狗、褓姆、街頭藝人、草莓園零工、大夜班廚房清潔員……等工作都能做也願意做，而且她堅守原則，碰到剝削勞工或自私小氣的雇主則絕不苟同，不惜辭職離去。她不但知道如何找合適便宜的青年旅館、作沙發客、打工換宿，還會適時選擇和澳洲當地人同住，以體驗當地文化。於是在她筆下，澳洲的城市、鄉鎮文化和大自然——由教堂墓地歷史、酒杯灣歷史，到婚禮、足球賽、二手市集、嬉皮文化、詩人酒吧和瑪莉亞島……等等，都有生動有趣的描述。

此外，小艾另一項體驗旅遊人生的訣竅在於，她觀察敏銳、隨緣結緣，並積極地投入人生的施與受中。

小艾懂得隨緣結緣。第一次在布里斯本尋寶，她錯過了參觀修道院的時間，可以「意外」地發現了河畔上的故事橋，並視之爲布里斯本河上的皇冠。她透過評論「無題」的雕塑和雪梨大學學生喬琪結識，藉由一起創作、演唱音樂和加拿大的女孩貝絲結緣。老房子的派對狂歡之後，屋裡盡是癱倒在地的醉客，但她不以爲意，只覺得「接下來的日子一定很有趣」，而且因爲房東視她為家庭一份子而眼眶泛紅。難怪她每次有困難時，都好像有朋友伸出援手。即使這些援助不見得理想，她也能甘之如飴，隨遇而安。即使遭受惱人的種族歧視和勞工剝削，她也懂得藉由放下內心的憤怒，或拂袖而去來保持心靈的獨立。

小艾觀察細膩敏銳，因此旅程中俯拾之間都是學問。一般人認為坎培拉很無趣，她卻視這個規劃型都市為「紙城市」，欣賞它像是「料理包一樣。將全部的食材混在一起，只挑選重要的成分，將它下鍋煮，變成一盤令人食指大動的佳餚。」有些人對狩獵採熱愛或排斥的兩極看法，但小艾透過和南非白人狄恩慢跑，了解到獵人既重視生命又渴望射殺的矛盾心理。此外，小艾用背包客的視角，隨時捕捉暫忽的美景：目送著在遠方逐漸消失的瑪莉亞島，她看到夕陽「在雲霧中散開，好像灑上金粉似的，耀眼奪目」；在雪地與卡洛琳玩了雪球後，她也讓即將化為雪水的雪地鞋印永遠留在心中。

看到小艾描寫自己在垃圾中找食物時，我忍不住驚嘆，這是旅遊嗎？看到她積極加入種樹和原住民音樂節的志工工作時，我也不禁讚嘆，這真不是一般人的旅遊經驗啊。在手心向下與朝上，施與受之間，小艾不但有原則，樂於給予，而且了解其中的互動關係。因此，當她給予老伯伯一個「免費擁抱」時，她寫道：

> 我還記得抱住伯伯的時候，是一種橘色的暖色調。可是我分不清楚誰才是渴望的一方，是伯伯因為孤寂而需要擁抱呢？又或者我才是需要被心靈癒療的對象？

不知金剛芭比在學習砍樹時是什麼顏色？可以肯定的是她帶給讀者的是一個多彩多姿、咀嚼有味的人生體驗。

輔仁大學英文系副教授　劉紀雯老師

作者序　出走

那是一個和煦的下午，辦理休學後，我打了一通電話給媽媽：「嗨！我今年夏天要去澳洲打工度假，手續都辦好了，只是通知妳一聲。」不知道從哪年開始，我的任性就像脫韁的野馬，在這世界馳騁著。

十五年的學校生活，就像是生產線，上學、讀書、考試和作業，不斷地循環，一成不變。成績名列前茅、獲選爲社團幹部、擔任行政助理、接任班代的職責、參加各種競賽。然後呢？我成爲什麼樣的人？

人生不一定要照著規則走，現在想做什麼，就去做什麼。我決定給自己一個空檔年（gap year），去外面看世界。一個人的旅行，不做任何計畫，勇敢嗎？一點也不，但我願意踏出第一步；寂寞嗎？不會，因爲旅途上總是會遇見另一個人。

離去之前，我遇到一位背包客，他對我說：「不用這麼趕，等到三十歲再做，也不遲。」我給了他一個微笑：「我跟你們不一樣。二十歲的夢想，爲什麼要等到三十歲再來完成？」

他呆愣地站在原地，我卻邁著穩健的步伐，往前走去。人生是我的，我要爲自己尋找任何可能性。也許最後的結果差強人意，但是當我爲了自己的理想去奮鬥時，至少過程中是笑著流淚的。

二十歲，出走。

酷玩人生

Die young or be wild

Contents

Chapter 2 Soul 靈魂。

Chapter 3 Adventure 冒險。

酷玩人生
Die young or be wild

Chapter 4 Island
島嶼。

Chapter 5 Dream
夢想。

Chapter 1

Wander

流浪。

尋寶

經過十幾個小時的飛行，我從夏天來到冬天，最後降落在澳洲東岸。

現在是早上七點鐘，若是將場景轉回到臺灣，此時的我正被鬧鐘鈴聲叫醒，迷迷糊糊地吃著早餐，準備上學去。但這裡是布里斯本（Brisbane），一個令我感到陌生的城市。

如果有人問我，爲什麼會選擇布里斯本當作第一站？我想，應該是地名給我的第一印象吧！將地圖上的澳洲大城瀏覽一遍後，我發現只有布里斯本帶給我恬靜的感受，又或許是我的浪漫情懷作祟：不用一下子就瘋狂大冒險，也不會被忙碌的生活逼得喘不過氣。我喜歡這樣的一開始。

六月的布里斯本正値冬天，連日雨綿綿，空氣裡散發一股霉味，不過並沒有澆熄我心中那份探索城市的欲望。我來到背包客聚集的羅馬街（Roma Street），選定其中一間背包客棧作爲我的落腳處，隨即向櫃檯要了張地圖，準備來場尋寶之旅。

從這裡到市區大約要步行三十分鐘的路程，沿途的幹道以橋梁連接，步行小徑穿梭其中，像蜘蛛網一樣錯綜複雜。我來到古色古香的安街（Ann Street），找尋被遺忘在角落的歷史古蹟。

走近街頭，一棟白色的建築物映入我的眼。我翻閱手中的地圖，卻找不到任何相關資訊，倒是橫梁上大大的字「School of Arts」，爲我們下了註解。這棟建築興建於一八六六年，原先是作爲年輕婦女的住所，並在期間訓練品行良好的女子成爲僕役，提供她們工作機會。如今則改做藝術學院的新校舍，舉辦一些藝文活動。今天剛好是「流血之心」（Bleeding Heart）市集的開放日。櫥櫃上陳列許多精美小物，像是拇指大小的手工書，以書信集結成故事的旅遊雜記，還有各種小

玩意兒。我在某個攤位前駐足片刻，挑選桌上的明信片。

「需要為妳服務嗎？」一位和藹的婦人來到我身邊。

「請問一下，『流血之心』是創意市集嗎？我繞過一圈後，發現攤位上兜售的都是一些手工品，跟其他地方看到的不太一樣。」

「其實，此市集主要是建立一個平臺給澳洲當地的藝術家或是社區團體，販賣創意手工製品，再將營利所得，資助慈善及公益事業，旨在協助弱勢、邊緣化族群，提供創意與商業的機會。」

冥冥之中，似乎有著靈性一般，從僕役之家到藝術學院的傳承，如同流血之心，貫穿布里斯本的心臟，從積極的社會行動裡，表達對人權的關懷，意義非凡。

沿著安街走下去，來到一處特別醒目的老舊城牆外圍，地圖上顯示這裡為慈善文化遺產中心（Mercy Heritage Centre）。從外觀看上去像是間校舍，實際上是修道院。我從拱門進去，沒有發現任何建築物，倒是站在一條斜坡上。正當感到疑惑時，一位搬運工人從上頭走下來，問我要去哪裡。「沿著斜坡爬到上坡處，再左轉就會找到修道院了。這裡平時訪客不多，院內可開放參觀。」

聽他這麼一說，我著實感到驚訝，沒想到在斜坡的上端還藏著一棟建築物。偌大的院子裡，不見半個人影，原來今天是公休日。我覺得有些可惜，原本以為能藉由導覽的方式，一窺修女的日常生活與修道院的歷史，只是來得不是時候。

逗留了一會兒，我往後方的庭院走去，意外發現河畔上的故事橋（Story Bridge）。它是澳洲目前最長的懸臂橋，也是布里斯本重要地標之一，通常要到南岸乘坐渡輪才能就近一睹它的風采。在這隱密的庭院中，橋梁在眼前無限延展開來，角度展露得更加優美，像極一頂皇冠，在海水的反射下，閃耀金黃色的光芒。

我的嘴角微微上揚，尋寶之旅也在此刻畫下完美的句點。這就是旅行中有趣的地方，不按牌理出牌，往往才會有意想不到的驚喜。我找到安街最美麗的寶藏了，那頂坐落在布里斯本河上的皇冠。

草莓季節

當我還在煩惱工作沒著落時，接到了農場打來的電話，問我是否能即刻上工，他們正缺人手。

我難掩興奮地收拾行李，一邊幻想著小鎮的生活：那是一個與世隔絕的草莓園，就在房子後方。每天早上我戴斗笠出門，穿梭在園中，懷裡抱著一籃剛摘下來的果子；黃昏時分，坐在門前的階梯上，伴隨著蟬鳴聲，閱讀一本小說，消磨時光。

農場位於班達伯格（Bundaberg）這座小鎮上，距離布里斯本約四小時的車程。抵達目的地後，我和其他背包客在火車站前靜候著。一位老爺爺向我們招手，問我們是不是新來的草莓工。「上車吧！我們先去採購一些必需品。」爺爺說，農間的霧氣濃厚，不到一小時的時間，身體就像浸泡在海水中，溼答答的，非常不舒服。若工作時間長，衣服一直沒有乾，很容易生病。最後我們決定在賣場買一雙雨靴、手套和防水的衣物。

傍晚，我們來到郊區一間屋子。安頓好行李後，便早早入睡，萬萬沒想到要在隔天凌晨四點爬起床是如此困難的事。清晨的溫度大概不到五℃吧！我將自己裹上層層大衣，走到屋外醒醒腦。外面幾乎是一片黑，除了微弱的燈光打在街道上。

我們乘車來到草莓農場（SSS Strawberry），工頭是越南人，名字叫泰。他發給每人一隻手環，每個編號都不一樣，然後叫我們循著號碼找相對應的手推車，隨即開始工作。

由於連日下雨的關係，整個地面泥濘不堪，輪胎常卡在溝縫中，寸步難行。我龜速地行駛著，一邊觀察草莓的生長狀況，一邊將熟裡透紅的草莓摘下來，放進籃子裡。果香在鼻尖不斷地引誘著我，那跟掌心一樣飽滿的草莓可口極了。當我還沉浸在草莓園的少女情懷時，其他老鳥已經朝著另一塊園區進攻，速度之快令我望塵莫及。這就是農場俗稱的「搶果」，搶越多，錢越多的意思。

其實坐在手推車上採果算輕鬆了。我們以倒退進行的方式，將工作靴卡在兩側的土裡，使勁地將身體往後推讓它移動。不過有時候推車很難控制，常被卡住動彈不得，在草莓田輾出一道道凹痕。

結束一天的工作，我的體力也透支了。將一箱箱的草莓籃搬去秤重，再將手環靠近儀器嗶一下，上面的磁條能馬上讀取我一整天的收穫量，並做記錄。看著儀表板上的數字，顯示今日的收穫量爲七十五公斤，換算成工資大約五十塊澳幣。若與我的工作時數相比，一小時也不過賺得六塊，少得可憐。我安慰自己，這只是第一天，說不定接下來會大豐收。

回到家後，我的頭沉甸甸地要脅我回到房裡，栽入那床柔軟的身影，也許想藉機釋放整身的痠痛，我逐漸失去意識，一覺到天明。

薑汁啤酒

我從小就討厭薑的味道，尤其吃海鮮粥的時候，一片片閃耀金黃色澤的薑片，常被我誤以為是甘甜的筍子，直往嘴裡送，結果嗆辣的口感惹得我眼淚直流，對薑的偏見也因此根深蒂固。

來到班達伯格後，專門接送我們上下班的老爺爺常跟我提起當地最有名的特產，薑汁啤酒。「薑和啤酒？」我搖頭，兩種我不喜歡的東西加在一起，它的味道可想而知。爺爺卻拍胸脯跟我保證，只要嘗過一次便會愛上它。

某天提早下班，我回家換上乾淨的衣服，決定出門尋找爺爺口中的薑汁啤酒。朝著社區前面的那條大馬路直走，很快就能找到外觀獨特的班達伯格酒桶（Bundaberg Barrel）。進門後，只見兩位服務生正在收拾東西，其中一位女孩抬頭對我說：「我們再過二十分鐘就要關門了。」我心想，要不然明天再來。「妳要一瓶薑汁啤酒嗎？這瓶給妳。」她遞過來。

我走到吧檯邊準備要付錢，卻被她拒絕。「這瓶是開過的，我倒了一點給客人嘗鮮，最後還剩這麼多，丟掉浪費，就送妳吧！」她的名字叫琪亞，已在酒桶工作好長一段時間。

我看著瓶底沉澱的薑渣，將它搖一搖後，打開瓶蓋一口飲盡。首先是那香甜的微氣泡，不斷地在舌尖上跳動，薑汁的辛辣味往喉嚨裡蔓延，隨之而來的沁涼感，倒是挺舒爽的。令我不解的是，這口感跟氣泡飲料簡直一模一樣，怎麼會這樣？

「琪亞，為什麼幾乎不含酒精的薑汁啤酒，還是被稱為啤酒呢？」

「我爺爺曾跟我說，在很久以前，英國的酒吧會提供磨好的薑粉，供酒客撒在啤酒上，才會演變成後來的薑汁啤酒。」

Bundaberg Barrel Fresco

回到家，我將剛剛發生的事告訴爺爺。

「薑汁啤酒的甜味滿特別的，和薑味融合出一種奇妙的口感，我很喜歡。」

「那可是用當地出產的甘蔗榨出來的糖喔！說到這個，明天休假我帶妳去蔗園附近繞繞。」爺爺熱心地提議。

隔天，我們來到蔗園（Sugar Cane Farm）。農地的景色與草莓園相似，都是一路栽種物，搭配一路溝縫。唯一不同的是，大面積的蔗園是用機器收割，再由卡車運到糖廠。爺爺說，班達伯格是出產蔗糖的農業重鎮，每年可以生產近五十萬噸。不過因爲產量過多的關係，爲了不讓農人的心血被賤價叫賣，當地人想出用蔗糖釀酒的方法，將它行銷到澳洲各城鎮，成爲回收利潤高的產物。

一杯薑汁啤酒的製程，牽動許多農人的用心，經過繁瑣的步驟，最後變成手上這瓶天然釀造的傑作。我細細地品嘗薑和蔗糖的雙重美味，直到酒瓶見底。

我愛死這滋味了！

戰爭

接下來的日子，我逐漸適應早出晚歸的生活。雖然農場工作讓我吃了不少苦頭，我也不抱怨，既然都決定要來澳洲體驗生活，就趁機磨練自己。然而我的左腳不知道怎麼回事，最近一直隱隱作痛。

前幾天工作時，我的左腳開始抽搐，因爲痛得受不了，我告訴泰我需要休息一下。他說只能給我十分鐘的時間，最後我還是撐著腳傷將工作完成。泰叫我把車推到第二路，便可以和其他人一起回家。我和另外兩位女孩動作較快，已經先進工廠將靴子上的泥土沖洗乾淨。有個人急忙跑過來，叫我們回到工作崗位，原來是泰臨時改變主意。氣象預報說接下來幾天可能會下傾盆大雨，他希望把今天的工作時數延長，趁機多撈一點錢。

走回農場，看到第二路被其他人占據著，我狐疑地問泰這是怎麼回事。他說：「我剛剛在後頭喊你們回來工作，沒人回應我，一氣之下我就把妳的推車拉出來，丟在旁邊。」我向他解釋，我們並沒有聽到他的叫喊聲，他卻揮手，不耐煩地叫我把車推到尾端。我不可置信地看著他，明明知道我的腳受傷，走路一跛一跛的，爲什麼還要故意爲難我呢？

那天回家後，也許是過度使力的關係，腳不停地抖動。我感到氣憤，當初負責人還再三保證這個工作不是黑工，可是連臺灣人都騙自己人。像這種工作，薪水低，時數長，員工受傷也毫無保障，眞的是我想要的嗎？

後來我一直待在家裡養病，直到友人勸我回農場上班。我想說既然腳已經康復，還是回去試試看。不過這次不是採果，而是除草。雜草的滋生不只會妨礙草莓的生長空間，也會誘發病蟲害，

Photo by Nadine Maulida

所以果園的雜草必須定期清理。

我整天都不跟泰說話，只要一看到那嗜錢如命的嘴臉，就令人覺得反感。可惜這段寧靜維持不久，工作到一半，他氣沖沖地把我叫過去，抓著我看苗圃，誣陷我殘害幼苗，現在整個都爛掉了。

「我明明照著指示做，而且剛才在除草時，很多株早被連根拔起，怎麼會是我的錯？」我覺得莫名其妙。

「妳在說什麼狗屁東西？事情就是妳做

的！不要給我狡辯。我說是妳做的就是妳做的。」他頓時惱羞成怒，揚起手想搧我一記耳光。

「從來沒有一個臺灣人敢跟我頂嘴，妳算什麼東西？」他甚至飆出三字經。

「你不要以為臺灣人好欺負，我只是就事論事，告訴你實情，你卻只顧自身利益，不斷地找我麻煩。我不幹了，還要開除你！」我甩頭就走。

澳洲農場的生態已經逐漸變質，或許是背包客過於飽和的關係，黑心農家利用這點，吸取大量的廉價勞工，抱持著「即使你不做，後面還有其他人在排隊」的心態。而臺灣人忍氣吞聲、刻苦耐勞的習性，讓工頭更變本加厲地壓榨。

回到家後，我收拾行李，一首歌突然在我耳邊響起。

Let me take you down
'Cause I'm going to Strawberry Fields
Nothing is real
And nothing to get hung about
Strawberry Fields forever

披頭四的這首歌，不就是我此刻的寫照嗎？原本以為草莓園是個可以作白日夢的地方，讓我長久駐留在這裡，逃離紛擾的世界。但是來到這裡才發現，夢終究是一場空，更讓我看清黑心農場背後的真實面。

我要永遠作著這場夢嗎？

迷魂記

離開小鎮後，朋友寫了一封信給我，信裡的內容圍繞著凱恩斯（Cairns）的生活，熱鬧繁忙。熱帶氣候使得城市有如夏天般，暖和宜人。既然決定改變現況，不如從凱恩斯重新開始吧！

我來到一間位於郊區的背包客棧，環境清幽，遠離塵囂，遂決定在這住下來。我的室友是一位法國女孩，名叫維多利亞，隨和的個性使得她人緣極佳，深受大家的喜愛。我也因此認識了她的死黨，阿諾與班奈特。

住上幾天，我看到一群人躲在角落吸食大麻。維多利亞私底下告訴我，背包客棧住了一個藥頭，專門販賣大麻給背包客，從中狠削一筆。她說那個人不是什麼好東西，要我離他遠一點。

我非常討厭菸味。猶記得小時候，老爸每天都要抽上兩包菸，那菸味熏得我頭皮發麻，我便拿著盛水的杯子，倒在菸頭上把火熄掉，惹爸爸生氣。我的眼睛像是可以透視他們的身體，穿越那層皮囊，看到兩顆已經黑掉的肺，如同他們空洞的眼神，墜入那深不見底的黑暗。

某天晚上，我們四個人來到濱海大道（Esplanade）旁的公園大啖烤肉，大家酒都喝多了，有些微醺。這時維多利亞拉著我的手說：「我們要回房間吸食一種藥，妳要不要試？……不想也沒關係，那不是什麼壞東西，是一種迷幻藥，法國人的小玩意兒，吸一口可以亢奮一分鐘。」我很清楚維多利亞的爲人，她不會害我。向來說不的我，頓時感到好奇，便跟著進去房間裡。

阿諾手上拿著一瓶小罐子，大約是兩個指節般的大小。他壓著一邊的鼻孔吸一口，然後傳給下一個人。我注視阿諾臉上的變化，臉頰浮出紅暈，身體左右搖晃，還會無法克制地狂笑，甚是怪異。輪到我時，我只是拿著那罐裝液體研究一下，在鼻子前聞一聞，再傳回去。觀察他們的舉止，好似都達到感官上的高潮，只有我還是安靜地坐在一旁，並沒有眞的吸食到罐子裡的東西。其實我不是很有興趣。離開房間前，班奈特問我要不要再吸一口，我敷衍地聞了一下，沒想到他竟壓著我的鼻子，糾正吸法，害我因爲無法呼吸而吸進一大口，這下可糟了！

我的臉頰開始潮紅，身體輕飄飄，好像到達天堂一樣，又突然轟隆一聲，墜入地獄，頭痛到快裂開。維多利亞並沒有看出我的異狀，還想找我一起出門。我搖頭跟她說我很不舒服，想回房間休息。

拖著沉重的步伐回到房裡，我倒頭就睡，作了一個夢。夢中的我，在沙漠中奔跑，有一群袋鼠從左後方衝過來，還來不及閃躲，就被某隻袋鼠扛在肩上。我不知道牠們要去哪裡，但我確定我被一群袋鼠綁架了！

一隻大嘴鳥俯衝而下，將我銜在嘴中，帶我翱翔天際。腳下的景色，從一片荒瘠的沙漠來到幅員遼闊的草原，甚是壯觀。牠張開嘴巴，我墜入海中，變成大鯨魚的食物，在牠溼黏黏的肚子裡滾動，意外發現鯨魚的身體是透明的，有如搭乘潛水艇般，欣賞海底的珊瑚與魚群。這裡應該就是大堡礁的海世界吧！

我整整昏睡三天，只記得醒來上過幾次廁所，剩下的時間則重複作著同樣的夢。等到迷幻藥的副作用消失，我才恢復一些體力，腦袋卻還是昏沉沉的。這一切發生得太快，我根本來不及消化，只知道現在的我像個活人殭屍，想要出去咬人，發洩那鬼東西所造成的不適。

經歷這件事，我才知道身體有多厭惡這些藥物。它們以抗議的方式，警告我不要再將有毒物質放入體內，否則要再次罷工。記取這次教訓後，要是有類似的聚會，我都會避開並且說「不」。做錯選擇並不是壞事，因爲在改正過後，我能更堅定地走在正確的路上。

你他媽的迷幻藥，下次敢再出現在我面前，我就報警抓你！

夜行性動物

不夜城有個非常有趣的現象：人們喜歡在夜裡出門，白天睡覺，作息日夜顛倒。每當夜幕低垂，大家總是聚在酒吧狂歡，慶祝這美麗的黑夜。

我不喜歡在晚上出門，一點也不喜歡。等到室友都離開後，我爬上床，享受無比寧靜的夏夜。不知過了多久，房裡傳來窸窸窣窣的聲音。「小艾，別睡了。」室友搖晃我的床板，將我拉離被窩，「趕快穿上衣服，我們去夜遊。」

走過無數鵝黃色的街口，來到某旅館的附設酒吧。裡面的酒客清一色都是男性，我覺得奇怪，問她們這是哪裡？「脫衣酒吧！」我睜大眼以為聽錯，她們卻擠眉弄眼地暗示，等一下看到的畫面會更精采。

門口的紗簾被拉開，一位打扮得像埃及豔后的女子走出來。金色的煙燻妝，配上一頂黑色假髮，風情萬種。身材玲瓏有緻，裸著上半身，下半身只套件性感內褲，走起路來乳房晃啊晃的，讓男人的視線也跟著左右搖擺。她端著托盤來到我們這一桌，我趕緊低下頭，不知眼睛該往哪擺。她遞一杯小酒給我，付了錢後，我聞到酒裡飄出的香甜味，是焦糖！遂一口將它飲盡。入喉的瞬間，甜味柔順地滑過，不過杯底參雜的烈酒卻讓我的喉嚨燒起來。

「那酒杯裡裝的是混著焦糖的伏特加。因為焦糖的甜味能暫時迷惑味覺，喝的時候不會察覺到伏特加的苦味，直到鑽入喉嚨，才能感覺它的強烈。」它最棒的地方，就是在甜蜜的時刻讓人嘗到痛苦的刺激感。

露點女郎特別愛來我們這一桌，尤其是和我說話時，她總是有種鬆口氣的感覺。我想，她之所以要濃妝豔抹，應該是和戴面具的原理一樣，不想讓自己被認出來，而能在面具的掩護下扮演好自己的角色，逃過那群色欲薰心男人的戲謔。也許，在夜裡出門的人都戴著面具偽裝自己。

有過那次經驗後，我偶爾會在深夜出門，只是好奇，晚上的夜貓子都在做什麼？還記得有一次，維多利亞邀我去夜店跳舞，畢竟我從沒去過那種地方，說不定會顛覆我的想像，發生意想不到的事。

站在羊毛酒吧（The Woolshed）的門外，人潮川流不息，女人穿得暴露，V字領口配上窄短裙，像獵物般誘惑著其他人；男人則用審視的目光，對每個經過的獵物評頭論足一番，如果有對上眼的，野獸雷達會頓時響起，過不了幾時就在沙發上唇戰起來。

反觀我的裝扮，一身運動外套，搭配長棉褲和球鞋，臉上脂粉未施，感覺跟世界格格不入。維多利亞可不讓我閒著，她要我敞開心胸，隨著音樂擺動身體。這時畫面看起來相當逗趣，一群熱舞的人群中，有個穿著運動衣的女孩跳起機械舞。沒想到這一跳，舞群中的人們突然停止動作，注視著我，然後現場一陣暴動，大家朝我這邊擠過來，想要藉機認識這個有點無厘頭的亞洲女孩。

我一看氣氛不對，抓著正在發酒瘋的維多利亞往外跑，來到夜店外的長廊上。維多利亞倚著欄杆，吐得滿地都是，狀似狼狽。我拍打她的臉頰，卻只聽到她嘴裡發出的嗚咽聲。震耳欲聾的音樂不斷從屋裡傳出來，混著一攤嘔吐物和尼古丁的煙燻味，眞是噁心極了。我看到有些女人被抬出來，像是屍體般的陳列在路邊；有些人則藉著酒意，在一旁猥褻起來，畫面極不雅觀。

最後一班接駁公車在凌晨三點發車，我幾乎呈現睡意朦朧的狀態，扶著已經酒醒的維多利亞走到公車站。夜晚的街頭一點都不冷清，依稀能聽到喝醉的路人在街上吆喝著。

等到醒來時，刺眼的陽光已經透過簾子，帶來一整屋的朝氣，彷彿昨晚的經歷，只是夢遊般，靈魂被帶進夜裡遊蕩。

與陌生人有約

搬到雪梨（Sydney）不久，我正徘徊在灰色地帶。怎麼說呢？街道上充滿壓迫感，擁擠的人潮，加上高樓大廈的狹小空間，頓時被擠得喘不過氣，或許還不習慣大城市的生活吧！

中午出門後，我又習慣性地往岩石區走去。由於市區不大，每天幾乎都在同個點繞，回顧一樣的風景。此時，右方黑白相間的建築物吸引住我的目光。乍看之下，它像是由數個方塊積木拼成的大樓，非常突兀。為什麼之前路過都沒發現呢？

此棟大樓是澳洲當代藝術博物館（Museum of Contemporary Art Australia），館內展示、蒐藏世界各地的當代藝術，藉由舉辦各種有關的主題展覽、雕塑、繪畫等活動，吸引觀眾前來共襄盛舉。我站在一幅「無題」的雕塑前，心中升起一股莫名的喜感。只見穿著招牌緊身衣的蜘蛛人站在那裡，看著牆上突起並留著長鬍子的蠕蟲狀老人。

「史提芬．柏奇（Stephen Birch，墨爾本藝術家）眞是個天才，塑造如此諷刺的雕塑作品。」頂著一頭捲髮的女孩讚嘆著。

「這件作品看起來有種矛盾感，牆上的蠕蟲狀老人，應該是蜘蛛人的生殖器吧！用來和他褲檔鼓起來的現象做對比，以顯示超級英雄的缺陷。」我說。

「非常有趣的觀點。我是喬琪，很高興認識妳。」喬琪是目前就讀雪梨大學醫療放射科的學生，她說話時音調輕快，臉上的表情也頗豐富，我們可以說是一拍即合。

我們一邊聊，一邊繞過環形碼頭，碼頭的右側是雪梨港灣大橋，左側是雪梨歌劇院，沿路上有許多咖啡廳與酒吧，相當熱鬧。這時，我看見一位白髮蒼蒼的老伯，站在茫茫人海中，高舉

寫著「Free Hugs」（免費擁抱）的牌子。喬琪也看到了，於是我們跑向伯伯，各自給他一個大大的擁抱。他笑得合不攏嘴，輕拍我的背，訴說他的喜悅。

「你知道世界上第一個免費擁抱是在雪梨發生的嗎？在二○○四年，創始人胡安．曼恩（Juan Mann）因爲一些私人問題而感到沮喪時，有個陌生人給他一個擁抱，那瞬間，他發現一切都產生了變化，如同得到救贖般。所以他決定開始進行這項活動，將這份感染力傳給需要的人。」

我還記得抱住伯伯的時候，是一種橘色的暖色調。可是我分不清楚誰才是渴望的一方，是伯伯因爲孤寂而需要擁抱呢？又或者我才是需要被心靈癒療的對象？

帶著疑問，朝前方的小徑走去，不一會兒，來到一棟米黃色的建築物前。懷舊的門廊與雕飾，像一座古堡，正門口有一隻野豬銅像。

「這裡是雪梨醫院（Sydney Hospital），澳洲的第一家醫院。每當我心情不好時，就會來到這裡。它總是帶給我積極正面的能量，讓我了解醫護人員的使命。即使遇到挫折，也能繼續勇往直前。」

喬琪的眼睛閃耀著光彩，隨後把手指插進野豬的鼻子裡，那模樣甚是好笑。

「妳在幹嘛？」我問。

「傳說中只要摸這隻豬的鼻子並許願，它便會爲妳帶來好運。」

「眞的嗎？讓我試試看。」

我閉起眼睛，回想與陌生人的相遇。不論是一個擁抱，或是一段友誼的開始，我都很珍惜。期望未來的日子裡，我也能成爲他人生命中的陌生人，爲他們帶來歡樂與祝福。拜託你了，野豬。

Wander

流

浪

太陽劇團

仍在摸索新生活的我，意外收到一封令人驚喜的信件。打開信封，我永遠忘不了那一行字的震撼力，「我們竭誠邀請妳來參加太陽劇團（Cirque du Soleil）的工作面試」。當然這不是偶然，一切要從一個月前說起。

太陽劇團每隔幾年會不定期的在澳洲各城市巡迴，今年剛好是蟲林森巴（OVO）在澳洲的第一次演出，能想像瓢蟲小姐與蟋蟀先生將為這城市帶來多少歡樂嗎？只可惜我的筋骨僵硬，無法在舞臺上雜耍。但若能在附設的食物攤位工作，不僅可以服務團員和觀眾，還能跟著劇團到處走透透。

由於官網上查不到任何工作資訊，也沒有其他背包客分享經驗，我決定主動寫信給劇團詢問細節，最後得到一段簡短的回覆：工作的部分交由仲介公司負責，請親自與對方聯繫。履歷寄出後，等了三個禮拜，消息石沉大海，久久得不到回應。畢竟我沒有在地的工作經驗，也沒有一份漂亮的履歷，然而內心依然渴望得到這份工作。看來我得試著用別種方法讓主管對我加深印象。打通電話到仲介公司後，表明我的來意，客服人員直接將電話轉進卡麥隆經理的辦公室。

「您好，我有申請咖啡師的工作，卻沒有得到任何消息，請問您是否有收到我的履歷？」對方沉默一下。「請稍等，我先調出妳的資料檔。」在我屏息以待的瞬間，他問了一句：「妳想試試看嗎？」壓下心中的騷動，我沉穩地回答：「我想試！請給我機會。」

幾天後，我收到卡麥隆寄來的面試資料，心情甚是激動。接下來的準備功夫可不簡單。大約只有五十位幸運兒能得到面試資格，我得過關斬將，爭取最後的名額。正因爲這份工作如此具有挑戰性，使我更加躍躍欲試。首先，得完成三個英聽測驗，分別是關於職場的公平工作、性騷擾防治與工作傷害保險。從這些測驗中不難發現仲介公司對員工職場須知的重視，一點都馬虎不得。每個測驗各占三十分鐘，必須每一科都達到八十分以上才能過關。最後我以接近滿分的成績獲得認同。

面試當天，我和其他面試者倚著會議室門口排排坐，現場一片肅靜，感覺大家都是如坐針氈。卡麥隆領我們進會議室，由太陽劇團的主管吉姆親自面試。「大家好，很榮幸能認識各位。可以請你們介紹對這份工作的相關經驗嗎？」

「我本身是一名咖啡師，有兩年的資歷，在尖峰時段能同時服務幾十名顧客。」

「我是一位餐廳的副主廚（Sous Chef），擅長料理主菜，也有咖啡師執照。」

在座的人個個歷練豐富，那我呢？

這時我才深知自己有何不足，沒什麼技能可拿來說嘴。但既然都來了，就得作個漂亮的收尾。「我只有一年的咖啡學習經驗，沒有接觸過拉花這門技術，不過從磨豆子到打奶泡，每個步驟都得心應手。或許我的經驗不夠，可是喝過我咖啡的顧客，表情都是感到滿足的。」

吉姆讚賞地說：「如果我們能以這樣的態度來服務群眾，相信能得到非常正面的回饋。」大家聊了起來，閒話家常，整場面試在愉快的氣氛下結束了。

當我要離去時，卡麥隆和吉姆朝我走過來：「小艾，以妳過去的工作經驗來看，應該在第一關被刷下來。但是妳堅持到底的態度，說服了我們。可惜的是，因爲實力不夠的關係，我們仍然無法錄取妳。不過別因此而放棄，妳靠著自己的努力，擊敗千餘位應徵者，而且沒有任何背包客敢來挑戰，妳卻做到了，要以自己為榮。」

我懂得其中的弦外之音，雖然我和其他人的實力相差懸殊，但我還年輕，只要認眞學習，將擁有無限可能。這是我從太陽劇團學到的一門課：縱使有滿腔熱血，也沒有眞功夫來的實際。

領悟這個道理後，我為自己打氣，沒什麼好氣餒的。回家的路上，腳步變得輕快，似乎又跨過人生某個階段了。

偷渡

結束面試的隔天，我決定搬離雪梨市中心，來到位於郊區的邦代海灘（Bondi Beach），好友薇拉一聽到這個消息，馬上邀請我到她家作客。

下了巴士站，道路兩旁的棕櫚樹正在上空搖曳生姿，海風更是帶著一股慵懶的鹹味拂面而來。薇拉帶我往邦代海灘右方的小徑走去，經過一段遼闊的弧形海灘，沿著嶙峋古老的懸崖蜿蜒前行，來到巨型石頭處。「從這裡可以眺望邦代海灘全景喔！」我往遠處看，果然美不勝收。金色的海灘配上湛藍的海浪，後方還簇擁著彩色的小房子。我有點羨慕在這邊生活的人們。

待了一會兒，我們循著原路徑走回去。「我下午還要出門工作，先帶妳回家放行李。」由於手上沒有市區地圖，患有嚴重路癡的我，開始在街口算著，左轉，右轉，左，左，右，最後停在一個小巷子。「對了！我忘記告訴妳，房東有一條規定——不能帶朋友回家過夜。不過只要不讓他發現，問題就不大。」薇拉將我的行李塞進床底下，把鑰匙交給我，便出門去了。

正當我準備在沙發上歇息時，聽見門把轉動的聲音，一道男聲就這樣傳了進來：「總共有五張床，目前已有兩個人入住。你可以挑選空的床位，我明天會來和你簽約。房租基本上……」他突然停頓住，望向發愣的我：「妳是誰？」

「我是薇拉的朋友，她請我在家裡等她下班，晚上要一起出門。」謊言就這樣脫口而出。房東是個瘦削的男子，看起來彬彬有禮，但在鏡片背後的眼睛瞇成一條線，給人一種冷酷的感覺。他問了我一些問題，不肯罷休，懷疑的語氣充滿壓迫感，說不定等一下我會因爲心虛而露出破綻。

幸好一通電話及時解救我的處境，他只是冷冷地看我一眼，便頭也不回地趕去處理急事。「呼！」我鬆了一口氣，此時新來的房客瑪莉出來和我打個照面，我馬上向她解釋狀況，希望她能幫我保密。

薇拉下班後，我告訴她這一件事，她抱怨：「我眞的很不喜歡房東，儘管這間房子是他的，他卻沒有知會一聲直接開門進來，讓我覺得毫無隱私可言，完全沒有顧慮到房客的感受。小艾啊！妳下次要小心點，別再被抓到了。」

隔天下午，我決定先到海邊避風頭，瑪莉說等房東一走，就會通知我回家。我一個人坐在沙灘上，回想過去的種種：我和薇拉是同一時間來到澳洲的背包客，剛遇見她的時候，她幾乎不太會講英文，混著濃濃的義大利腔顯得滑稽，現在卻有一份穩定的工作和一間公寓。反觀我呢？

有時覺得好累，我也想要在某處停留，不再漂泊。我眞的能找到屬於自己的地方嗎？「鈴、鈴、鈴……」電話在此刻響起，瑪莉跟我說可以回家了。不對，那不是我的家，我不屬於這裡。

經過一夜的輾轉難眠，我在清晨時分被房門外的電視聲驚醒。那是薇拉，她都是第一個醒來的。將衣服穿上，正要推開房門之際，聽到外面窸窸窣窣的聲音，好像有人走進來了。「房東先生，請不要每次都這樣闖進來，你讓人覺得很尷尬。」薇拉大聲喊著。「我還沒找妳算帳！」房東斥責，「妳的朋友是不是睡在房間裡？我要進去檢查，如果被我抓到，我要趕妳出去，沒收押金。」

沒想到薇拉好心收留我，竟爲她帶來麻煩，這樣不行，我得想想辦法。我走到窗邊，意外發現窗外的鐵架樓梯會通到一條小巷子。趁著外面吵得不可開交，我提著行李，輕手輕腳地來到窗邊，小心翼翼地抓緊窗沿爬出去，咚嚨一聲，安全著地。

不知道是不是一種離開的藉口，這次我不帶任何眷戀，朝著未知邁進。也許等房東闖進來時，我已經搭著巴士偷渡到另一個城市。我瀟灑地往前走去，直到身影消失在巷子尾端，不見蹤跡。

Chapter 2

Soul

靈魂。

Walrus 13

紙城市

一個人走在街上，落葉不斷從眼前飛過，帶來一種滄桑，彷彿從彩色電視走回黑白世界，單調無比。這一站是首都坎培拉（Canberra），一個無聊到令人避之唯恐不及的城市。

循著地圖在轉角處找到唯一一家青年旅舍，我趕緊提著行李進門，屋外的冷空氣簡直讓人寸步難行。寒風凜冽的冬日，前來觀光的遊客少之又少，旅店裡不見半個人影，連房間也空蕩蕩的，我突然有種想離開的念頭。我知道大家對坎培拉的評價都不太好，但我不應該抱持這種先入為主的觀念，而失去一個認識它的機會。想到這裡，我拿著背包衝出門外，決定去挖掘這個沒有人喜歡的城市。

雖然坎培拉貴爲澳洲首都，但是比起英國的倫敦和日本的東京，還不夠彰顯其代表性。每當旁人問起澳洲城市的特色，聽到的答案不外乎是凱恩斯的大堡礁、雪梨的歌劇院，卻鮮少人提及坎培拉，原因爲何？

在旅舍員工的指引下，我來到距離市中心約兩公里的澳新軍團大道（Anzac Parade），眼前的景象實在令人嘆爲觀止。光是軍團大道就至少長達一公里，兩旁沒有任何遮蔽物，倒是矗立許多紀念碑，記錄澳洲從古至今所參與的戰役。大道的尾端隔著湖泊與國會大廈遙望，另一端則是莊嚴的澳洲戰爭紀念館（Australian War Memorial）。此時我聽到館內傳出來的鑼鼓聲，遂循著聲音往裡面走去。

一支訓練有素的軍隊正持著步槍在長廊上行進著，表情肅穆，跟著節奏踩踏穩健的步伐，對碑中亡魂致上最高的敬意。館內陳列戰爭期間所留下的重要文獻和遺物，從納粹旗幟、征戰紀錄，

到舊型的戰鬥機，保存無法抹滅的過去。長廊上有一整面黑銅色的墓誌碑，上面刻滿為國捐軀將士的大名。殘酷的戰爭奪去那些人的性命，安靜地沉睡在親人的哀悼中。我轉身離去，不忍再多待一秒。

回到旅舍後，我在廚房遇見一位澳洲老婦人，名叫威廉。她目不轉睛地看著我，跟我聊了起來。

「妳預計在坎培拉待多久？」

「一個星期吧！我還想多了解這個城市。」

「很少遊客願意待在這裡超過一天以上，妳倒是滿特別的，我就告訴妳關於坎培拉的興起吧！」

澳大利亞聯邦於一九〇一年成立，當時為了定都一案傷透腦筋。由於墨爾本和雪梨兩大城各雄霸一方，論特色、人文或歷史，皆毫不遜色。無論定都在哪，都會造成另一方的不滿。最後決定在兩城之間規劃首都直轄區，命名為坎培拉，並開始興建。換句話說，坎培拉是一座人造城市，政府將一切建立於草稿圖上，舉凡我們眼前所見的街道、河流或公園，都是畫筆下蹦出來的產物，忽略形成一座城市所需考慮的文化與背景，待落成之後，一切的格局將賦予新的定義。

釐清思緒後，我說：「或許，坎培拉就跟料理包一樣。將全部食材混在一起，只挑選重要的成分下鍋烹煮，變成一盤令人食指大動的佳餚。政府也一樣，他們將理想的物件選出來，補足城市興建過程中的缺點，不像雪梨那般過度開發，也不像墨爾本那般擁擠，可說是恰到好處。」

威廉贊同地點頭。我們一邊沏茶，一邊訴說瘋狂的往事。坎培拉也許是個無聊的城市，但我想……我漸漸喜歡上這裡了。

屋頂寫歌的日子

創作音樂的時候，需要一個人獨處的空間，才能將生活中一閃而過的畫面，譜寫成一首青春物語。我找到屋頂上的隱密角落，很適合當作創作空間，而且不會有人打擾，遂把它作爲我的祕密基地。

某天，一位加拿大女孩貝絲闖進我的世界。見到她的第一眼，我的感官淪陷了，紅色的髮絲，充滿靈魂的眼睛，渾身散發出一種不羈的龐克味，令我印象深刻。小聊一會兒，得知貝絲也有一段奇妙的音樂旅程。平日極愛歌唱的她，透過互惠生（Au Pair）的計畫來到澳洲，住在寄宿家庭裡照顧孩子，空閒時則與當地人進行音樂交流。但沒想到幾天後，寄宿家庭將她趕出門，說他們不再需要褓姆。

當時貝絲身上沒有半毛錢，好在遇見一群願意收留她的大學生。幸運的是，那群幫助她的人剛好是雪梨音樂學院的學生，知道貝絲會吹長笛後，鼓勵她去申請學校，結果貝絲因爲那次選拔而拿到獎學金，成爲學院裡唯一的長笛手。

我將貝絲視爲知音，與她分享我的創作。我們坐在屋頂上，展開一段音樂交流。

貝絲驚呼：「太令人驚豔了！無論是旋律或是歌詞都極具詩意。妳是怎麼做到的？我最近準備發表一首曲子，妳可以爲我填詞嗎？」

我不好意思地搔頭，「我需要靈感。」

往後幾天，我們便在屋頂開始兩人的即興演奏會（Jam Session），隨著旋律翩翩起舞。貝絲的歌聲不斷在我耳邊環繞，甜美慵懶，好似諾拉瓊斯的嗓音，使我陶醉其中。有個想法慢慢在我

腦中成形，那就是合寫一首歌。當我提出這個想法時，貝絲咧嘴大笑，她覺得這個計畫棒透了！不過說起來簡單，做起來難，尤其我們還不知道要用什麼曲風，對歌詞也是毫無頭緒。

直到有天早上，旅舍的警鈴大作，員工疏散所有房客，我和貝絲穿著睡衣慌忙地跑下樓，其他房客抱怨著：「這不知道是第幾次了，可能有人在房間抽菸，惹得煙霧感應器大響，每次都虛驚一場。」消防車的警笛聲從路上傳來，幾個消防員全副武裝地闖進門，準備地毯式搜查，我們在微涼的屋外待了許久，睡意全消。

「要不要去舊公車站市集（Old Bus Depot Markets）逛逛？」

「穿著睡衣？」這個爛點子酷斃了！

市集位於坎培拉的另一端，大約五公里的路程，我們決定步行過去。市集外有一輛非常顯眼的紅色推車，我們往裡面走去，攤位上販賣各式各樣的食物與手工藝品，用色鮮豔，令人眼花撩亂。買一些食物果腹後，我們坐在廣場的草地上，觀察周圍擁擠的人潮。我心想，若是能在草地上開音樂會那該有多好。「不如我們來寫一首嘉年華的歌？」

將草地當作紙張，手指當作筆，在上面構思：「那是個月圓高掛的夜晚，嘉年華在一片大草原上，旁邊有幾棵樹，彩色燈泡環繞在樹上，大家席地而坐，快樂地嬉鬧，奔跑追逐。我與貝絲走進嘉年華，身後跟著幾隻拿樂器的動物。松鼠先生拿著核果當搖鈴，袋貂（Possum）小姐則是用上下兩排牙齒打節奏。這時臺下一片歡呼與鼓掌聲，今夜是屬於我們倆的夜晚。」

「貝絲吹著魔笛，我彈奏吉他，和著輕快的節奏，一邊跳舞，一邊歌唱。大家紛紛跟在後頭，與我們在草原上蹦蹦跳跳。不知道是否大地也感染了喜悅，樹上下起葉子雨，楓紅色覆蓋整片草地，在我們踢腳時，濺起美麗的草海。」

貝絲興奮地說：「我好喜歡這個畫面，實在是太俏皮了。」她哼出第一句旋律，我即興地填詞。雖然只有一小段，但爵士般的情調，襯托出專屬於她的韻味，融入詩情畫意的歌詞，如微風那般輕快的曲調就完成了。

我和貝絲再次來到屋頂上，對著晴朗的天空演唱。貝絲等會兒要搭公車回雪梨了，我們不說再見，而是用曲子來歌頌這段友誼，歌頌那段在屋頂寫歌的日子。

驚魂記

早上醒來時，我睡眼惺忪地跑到樓下櫃檯，想要延長我的住宿。「不好意思，這幾天剛好有大批中學生入住，沒有多餘的床位，所以妳一小時後就得搬出這裡。」我的腦袋轟隆一聲，好像被戰鬥機轟炸，頓時一片空白。我趕緊打電話到另一間背包客棧詢問，他們也給我相同的回答。更慘的是，坎培拉遊客中心回覆我：「坎培拉的飯店幾乎都客滿，剩下的價位都是百元起跳。」

我暗下臉，口袋已經沒有多餘的錢，工作方面也還沒有著落。我揶揄自己，看來是走到盡頭了吧！這時候我應該大哭一場，抱怨時運不濟，但我知道這樣不能解決問題。我疾步上樓收拾行李，決定等會兒再想辦法。此時威廉剛好從門口走進來，看我提著行李，問我要去哪。得知來龍去脈後，她拿出車鑰匙說：「我知道一個地方，跟我來。」

車子駛上交流道，我問她要去哪裡。「新南威爾斯州。」我緊皺眉頭，對未來感到迷惘。「妳放心，只是去住個兩晚。妳不是說這幾天面試的結果會出來嗎？妳還不能放棄，相信我，生命會為妳找到出路的。」跨過州與州的邊界，我們來到近郊的昆比恩（Queanbeyan），停在一棟陰森的旅店外。威廉告訴我就是這家。眼前的景象令人咋舌，我心想：妳在開玩笑吧？這棟大樓好像很久沒住人了。

「這已經是昆比恩最好的一間旅店了。和周圍小鎮比起來，昆比恩可以說是一個較低社會階層的地方，妳常能聽到澳洲人稱當地居民為博根（Bogan）。」博根這詞類似於鄉巴佬、混混，卻又不完全一樣。這樣說好了，它是指當一個人的行為舉止與談吐缺少教養和禮儀的薰陶，所表現

出那種單純不世故的樣子。

「昆比恩的居民就是這樣，他們沒有受過多少學校教育，穿著老土，從事一些勞苦的工作，大部分的人都很窮，要不然就是不擅與人交際。不過他們生性善良，待人很和善。」

走進附設酒吧，人們不加掩飾地盯著我瞧，這城鎮鮮少亞洲人居住，他們對我的模樣感到好奇。有些人跑來摸我的手，或是將桌上的原子筆與樂透彩送給我當見面禮。他們笑起來有些憨樣，尤其是少了幾顆牙齒的時候，看到他們讓我想起小時候在農村的生活，純樸自然。

和威廉道別後，我提著行李上樓。即使是晚上，旅店裡的燈光依舊微弱，我幾乎是摸黑找到房間。房子非常老舊，走在長廊上，地板會傳來吱吱的聲音，好像一不小心就會踩空，掉進深不見底的洞穴。屋內散發出的霉味令我忍不住摀著鼻子，趕緊打開窗戶透氣，以免因為吸入過多的塵菌窒息而死。老舊的家具蒙了一塵灰，棉被沾滿汙漬，牆壁上還連著洗手臺，著實詭異。

我拿著盥洗用具往淋浴間走去，女生廁所在一條通道尾端，沒有門掩蓋著，如果有人闖進來，後果不堪設想。其實我有點害怕，這棟旅店太安靜了，感覺像是只有我一個人住。拉開浴室的門，發現裡頭還有一層簾子，這場景跟希區考克的《驚魂記》（Psycho）如出一轍。我顫抖著手，再拉開一次，看見浴缸裡的屍體那刻，放聲尖叫。只見一隻蟑螂在裡頭四腳朝天，好像待了許久似的，占據著浴缸。

我衝回房間，躲在棉被底下，不停地顫抖。水龍頭的滴答聲不斷從牆面傳來，令人難以入眠。我盯著天花板，無奈地嘆口氣，這到底是怎樣的一個地方？鬼影幢幢的倒影在我心中留下問號。

結束還是開始？

正當我以為澳洲之旅就要這樣草草結束時，手機鈴聲卻在此刻響起：「妳好，這裡是帕克藍公寓式飯店（Parklands Apartment Hotel），我們收到妳在工作網上投的履歷，可以請妳今天中午來面試嗎？」

我趕緊出門，一路上有些戰戰兢兢的。想起前幾次搞砸的面試，讓我更加緊張。我告訴自己，這是最後一次機會了，如果不趁現在證明自己，那就收拾行李回家，繼續當個無用之人。

依照約定時間來到飯店，經理泰瑞莎領我進入會議廳。

「妳有任何飯店相關的經驗嗎？」

「不算有。但是我曾在醫院的供應室當志工，也在餐廳外場服務過。無論是清潔，或是服務生的工作，我都能應付得宜。」

她繼續問：「今天下午是否方便接受職場訓練？飯店將為部門注入新血，得挑選適合的員工。」

泰瑞莎馬上撥了通電話給監工（Supervisor），並將所有面試者集中在會議廳裡。監工是一位滿頭白髮的老奶奶，雖然滿臉皺紋，不過步伐輕盈，身體相當硬朗。「我是蘇，專門負責督導的工作。現在大家先跟我來，我帶你們去熟悉環境。」

蘇帶我們穿過庭院，拿著磁卡在房門的把手嗶一下，領我們進去參觀屋內的擺設。「客房主要分成三個清潔部分，臥室、廁所與廚房。」她提著一籃清潔用具，向我們介紹每罐液體的清潔用途。我在一旁搔著腦袋，完全聽不懂其中的專有名詞。這時蘇朝我走過來，對我說：「孩子，沒關係的。除了妳之外，大部分員工都是澳洲人。妳要謹記，熟能生巧，只要願意認眞學習就夠了。」原本以爲監工皆是狠角色，蘇卻完全不一樣，嚴肅的外表下，有顆仁慈的心。

等到訓練結束後，我走回辦公室問泰瑞莎，何時會公布新進員工的名單。「等我和蘇討論過後，會在傍晚前打給你們。」

回到鬼旅舍，我拖著疲憊的身軀沖個澡，毫不在意流過指縫間的滑溜感是蟑螂還是水流。等到梳洗完畢，我走回房裡，檢查手機是否有未接來電，螢幕仍是空白一片，時針也已經來到六點鐘的位置。又搞砸了嗎？我緊閉雙眼，不去想那煩心的事。此時鈴聲突然響起，我整個人彈跳起來，按下通話鍵。「妳好，這裡是帕克藍公寓式飯店。經過面試的審核，妳被錄取了，請在下周一準時過來報到。」

我眞的撐過來了？眞的靠自己的能力找到工作了？我望著鏡中的自己，第一次覺得自己長大了。儘管曾經一無所有，對未來感到迷惘，我並沒有因此被打倒。我學會冷靜處理，用理性來解決事情，而不是感性的眼淚。

現在還有一件重要的事要去做。我撥了通電話：「喂？是媽媽嗎？」

「妳還好嗎？現在人在哪裡？」老媽的聲音聽起來有些著急。

「我很好，剛找到工作，妳就不要再擔心了。」我哽咽地說。

還記得一個月前，我仍在四處遊蕩，老媽問我錢是不是花光了？我當然知道她是在擔心我。回想當初要來澳洲時，也沒有問過她的意見，執意要出來闖。我信誓旦旦地向她保證，一定會找到工作，對自己的人生負責。她卻還是不放心，對我說出那句：「錢花光就回家。」

所以我整整一個月都不敢打電話回家，怕她每次都會對我說同樣的話。我有自己的驕傲，沒錢我就去找工作，沒地方住就想辦法。這是我的人生，就算是挨餓受凍，我也會爲自己找出路，絕對不是那種一受苦，就跑回家跪在父母面前，承認無法對自己負責的人。

今夜的我，第一次睡得很安穩，不用擔心明天要住哪裡，要去哪裡找工作，或者皮夾裡剩多少錢。今年我二十歲，靠著自己的力量，走出自己的人生，也許後面還會有很多事發生，但我一定會堅持到最後，克服所有難關。

Soul
靈
魂

伊斯蘭文化

當一切都步上正軌後，我透過威廉的介紹，認識一位來自杜拜的女生。她的名字叫艾達，身材豐腴，頂著米粉頭，外出時總是披著黑袍，戴上頭巾，散發出中東的神祕感。

最近艾達在找室友，威廉想說可以趁機將我們湊作堆。「基本上我只要求三件事，不准帶男人回來，家裡不能出現豬肉製品，禁菸禁酒。」聽完以上的敘述後，這倒不是什麼難事。只是我對伊斯蘭文化還不是很了解，有些擔心我們的相處狀況。

不過一切是我多想了。剛搬進合租公寓的第一天，艾達就待我如同親姐妹，每晚熬煮各種美味的阿拉伯菜給我吃，儘管料理步驟繁瑣，她卻樂此不疲。

某天晚上，我好奇地跑進廚房一探究竟。「艾達，妳今晚要煮什麼菜？」我看著桌上瓶瓶罐罐的香料發問。

「Bashamil。」（阿拉伯語，白醬）她將煮熟的義大利螺旋麵排在最下層，淋上白醬，再鋪上一層醃在蒜泥和菠菜泥中的切塊雞肉，最後撒上焗烤起司粉，一道美味的佳餚，就在烤爐中散發誘人的香味。

「義大利麵不是西方料理嗎？為什麼會變成阿拉伯菜？」

「這道料理從西方引進後，經過各種香料調味，成為家喻戶曉的阿拉伯菜。我們國家還有很多類似這樣的食物，外觀相似，味道更濃厚！」

咬了一口，那在嘴裡化開的滋味令我感到驚豔。我又塞幾口麵條進去，一邊還不忘朝艾達比

大拇指。同樣是義大利麵，艾達的料理卻有滿滿的佐料，搭配濃稠的醬汁，就算一晚嗑掉一整鍋也不為過。

跟艾達生活的這段期間，讓我對伊斯蘭文化有初步的認識。某天出門買菜，她一如往常地披上黑袍。我好奇地問：「妳不會想和其他女生一樣，穿著時髦的衣服出門嗎？」她搖頭說：「我不願意展露身材給別人看，身體是神聖的，我想把最美麗的部分，留給我未來的丈夫。」

艾達曾經提過，她並不相信男女之間的愛情。西方人的愛情看似浪漫，可是激情過後，他們就分手了。對她來說，媒妁之言是更好的選擇，雖然婚前彼此不認識，但結婚後，雙方可以慢慢培養感情，互相磨合，愛上對方，那才是她想要的婚姻。艾達沒有任何男性朋友，她認爲這是不允許的，即使回到杜拜家中，也不能與男性親戚待在同個場合，男女得前往各自的客廳。這麼虔誠的伊斯蘭女性，獨自一人來到思想開放的國家著實不容易。

好比說，在阿拉伯國家，餐館的食物大多是Halal（阿拉伯語，清眞哈拉食品）。Halal的肉品必須選用健康的牲畜，以銳利的刀法盡速切斷喉部的血管，既能減少動物的痛苦，也能將血液放乾淨。簡而言之，自然死亡的動物，或是帶血的食品，是不合法的。

來到澳洲後，艾達購買任何食材，都要尋找Halal的標籤。有時想帶她去中國餐館大啖三杯雞，也因爲有酒精成分而作罷。我想不只艾達有這個困擾，其他來自不同文化背景的人們也一樣，不斷地在新生活中拿捏。

現今的澳洲已成爲民族大熔爐，無論是因爲學習語言、移民或是工作的因素，街上總是能看到各種族群的蹤跡，上演著融合、友好和衝突的戲碼。在許多觀點上，也許我抱持不同意見，但只要在不危及人身安全的情況下，我會給予對方相對的尊重，從中了解他人文化，並學習傾聽。

潛進研究室

遇見湯姆，是一場美麗的意外，也是我在澳洲最快樂的日子。他來自瑞典，典型的金髮藍眼，配上陽光般的笑容與帥氣的外型，總是迷倒一堆女孩子。然而我欣賞的，是他那顆聰明的腦袋。

因為成績優異的關係，他申請上澳洲國立大學（Australian National University）的研究所。雖然學校位於面積狹小的坎培拉，但舉凡師資陣容、學術研究，都是數一數二，更是世界排名前五十的大學之一。

某天中午，湯姆傳一封簡訊給我，要我等會兒到學校找他。「妳知道系所的位置嗎？」他問。「不用擔心，找不到路再問人就好啦！」沒想到進校門後，我馬上就在腹地廣大的校園中迷路。更慘的是，由於學校太大，路上竟沒有一個學生知道怎麼走。

幸好，沿著步道往前走幾步，便會發現學生中心。進去要張導覽地圖後，又繼續我的「校園巡禮」。大約過了一小時，繞過半個校園，才找到湯姆的系所。樓下的門被鎖住，我只好打電話叫他下來開門。「小艾，我想要帶妳參觀我的研究室。妳要小聲一點，不要被其他人發現。」大學系所的人員管制相當嚴格，拒絕外人隨意進出，所以每位學生都持有一張磁卡，必須通過感應器掃描使得進入。

我悄悄跟在後面，盡量不製造任何麻煩。不過在好奇心驅使下，我朝四周張望，剛好瞄到教授辦公室的一隅，此時裡面一顆年邁的頭顱正往上抬……糟了！他好像看到我了。正當我驚慌失措時，只見那位教授皺一下眉頭，隨即又埋首公文堆，想必他以為我是幻覺。我吁了一口氣，快步跟上湯姆，來到研究室裡面。「妳先坐著，我作業趕完再帶妳出去晃晃。」他寵溺地摸摸我的頭。

研究室並不大，或許是每年招收的人數只有個位數。室內的隔間區分得很清楚，每個人擁有各自的工作間，不會互相干擾。如果要討論的話，前方有設置討論區以供使用，非常便利。過一會兒，有位男同學朝我走來，問：「妳是新來的嗎？」我搖頭。這時，又有一位走過來，上下打量著我，小聲地說：「她好像發育不良，可能是教授的小孩。」我頓時感到哭笑不得，還好湯姆及時過來幫我解圍：「她是小艾，大學主修統計，現在正在澳洲旅行。」

聽到我的專業是數學，每個人都感到驚訝。為了測試我的能力，他們還考了我幾道題目，好在我能夠對答如流。自那天起，我成為研究室的座上賓，和湯姆的同學——德國的馬克斯、伊朗的哈迪，打成一片。

每當下課的時候，我們總會相約到操場踢足球，累了就躺在草地上大口呼吸，感受脈搏與土地的跳動；晚上則到學生酒吧喝一杯，談論國家、時事與學問。最令我印象深刻的，卻是翻牆去爬黑山塔（Black Mountain Tower）那次。

黑山是坎培拉生態最豐富的公園之一，山頂有一座電訊塔，是整座城市唯一的電子通訊發射基地。某天，湯姆對我說：「我們帶著手機上黑山做實驗吧！測試訊號的強度是否維持在滿格的狀態。」連絡上馬克斯後，湯姆帶著我前往哈迪的宿舍。「怎麼？他沒有接電話嗎？」湯姆笑著說，哈迪根本就沒有手機。「怎麼可能？他是電腦怪傑（Geek）耶！」我捧腹大笑，這真的和他的形象不搭。

到了學生宿舍，由於沒有住宿證，我們無法進去。馬克斯過來跟我們會合，提議：「不如我們撿地上的果實砸向他的窗戶？記得選軟殼的。」我們玩心大起，抓起一把握在手中，往他位於二樓的窗戶丟去。哈迪打開窗戶，往下一看：「原來是你們，我還以為是什麼蟲子在敲我的窗戶，

要幹嘛？」湯姆說：「飛簷走壁。」我不知道那是什麼意思，但是當我看到他們同時露出狡猾的笑容時，突然有種不好的預感。

「你開玩笑吧？」我瞪著前方的阻礙，「學校的鐵絲網牆這麼高怎麼爬得過去？」

「這裡是去黑山塔的捷徑，翻牆過去較快。快點！若是被警衛看到就不妙了。」哈迪在後頭把風。學校的鐵絲網牆至少有三公尺高，爬到一半我就腿軟了。多虧馬克斯有一百九十公分的身高，將我往上一托，湯姆立刻從另一邊把我接住。

我永遠記得，我們四個人肩並著肩，在黃昏前爬上山頂的那一刻，夕陽的餘暉將四人的影子映照在地上，像是烙印的記號，深深地刻在我心中。手機上的訊號接近滿格，我的快樂也是。

老房子，新室友

與當地人生活，是認識地方文化的一種方式。搬離艾達家後，我趕緊上租屋網搜尋便宜、離市區又近的房子，卻沒有找到滿意的，除了一間位於勞理街（Lowrie Street）的老房子。

看房子那天，我走進勞理街，根據屋主的描述，找到屋外一處舊沙發。一位女孩從屋裡走出來，名叫安契兒。她的聲音甜甜的，和身上那件蓬蓬裙一樣，可愛極了。走進屋內，我看見桌上還未乾的顏料與水彩，旁邊的櫃子上擺滿文學作品，後方的牆壁則是漆上不同的顏色，有一絲俏皮味。陽光從窗外灑落進來，整間屋子如一只萬花筒，色彩繽紛。

我們來到後院，偌大的草地寄出下午茶的邀約，是和朋友聚會的好地方。草地上遺落幾本小說，想必是某人躺在這裡晒太陽，而忘記帶走的夏日時光。雖然房屋老舊，略微斑駁，但我能感覺到一股從靈魂散發出的生命力。

「安契兒，我能成爲妳的室友嗎？我很喜歡這裡。」

「妳是說眞的嗎？我太高興了！最近很多人來看房子，可是感覺都不對。不過當妳進到屋裡的那一刻，我就知道妳是我想找的人了！」她將我緊緊抱住，那種感覺好溫暖。

搬進來後，我認識了傑克，老房子的第三個室友。他總是開著一輛老爺車，配上條紋襯衫和皮箱，臉上戴著一副金框眼鏡，活脫脫像是從十九世紀走出來的經典人物。我喜歡跑到他房裡敲打舊型打字機，看著油墨在紙上留下的黑色線條。

安契兒和傑克同樣都是澳洲國立大學的高材生，目前休學一年，到世界各地旅行，做自己想做的事。傑克常跟我分享他去南美洲考古的經驗，由於熱愛古文物的關係，他一個人搭便車，到

處尋找自己喜愛的題材，實地去考察。

假日的時候，安契兒時常邀請朋友到家裡開派對，並不是那種氣球滿天飛的形式，而是簡單的後院小聚會。安契兒換上漂亮的洋裝，站在門邊招呼客人，傑克和我則在廚房煎袋鼠肉，淋上美味的滷汁（Gravy）與調味。每位受邀前來的朋友會準備拿手的家常菜，例如蘋果派、沙拉或是果醋汁，擺滿整張餐桌，分享平凡的美味故事。

看見堆滿整屋的啤酒瓶，我倒是有點訝異，爲什麼要買這麼多酒呢？安契兒說：「澳洲盛行飲酒文化。在我們國家，物品大多價格高昂，唯獨啤酒廉價。所以舉辦派對時，總是以酒待客，痛快暢飲一番，喝到茫才停止。」

Soul

靈魂

派對開始後，賓客散布在各個角落。傑克與哥兒們擠在廚房喝酒，安契兒和其他人圍坐在地上玩紙牌遊戲，好久不見的朋友則在沙發上聊天。有些人開始醉醺醺地搖擺身軀，大聲喧鬧，甚至還有不勝酒力，抱著馬桶狂吐的酗酒之人。我因爲不敵睡意，已經爬上溫暖的被窩進入夢鄉。隔天醒來，昨夜的狂歡已不見蹤跡，倒多了一份早晨的寧靜。我打開門準備去刷牙，卻被地上的隆起物絆住腳。只見一具屍體橫躺在門邊，睡得很熟，連我踢他都沒有反應。跨過他後，這才發現，浴缸裡也睡了一個人，地板上五個，冰箱前一個。我的臉開始抽搐：接下來的日子一定很有趣。

梳洗過後，逐漸憶起昨天安契兒在門口說的話：「你好，這裡是安契兒、傑克和小艾的家，派對再過十分鐘就要開始了，請自便。」我的眼眶逐漸泛紅，這就是我一直在找的感覺吧！我終於找到像家一樣的地方了。

時光

男人將腳踏車停在窗邊，手輕輕地敲打著玻璃，我望向那熟悉的臉龐，微微一笑，是湯姆。「今天想去哪裡？」他寵溺地摸摸我的頭，非常溫柔。「湖邊。」我回答。

我們兩人擠在小小的腳踏車坐墊上，手指緊抓他的衣衫，慢行的速度承載我們穿梭美麗的鳳凰樹下，好像回到純真的小時候，令人如此迷戀。

我們走入一條隱密的小徑，來到一處布滿碎果實的湖邊，脫下鞋子當成坐墊，將腳伸進湖中，享受湖水帶來的沁涼感。這裡是我和湯姆最喜歡的地方——伯利格里芬湖（Lake Burley Griffin）。

湖泊綿延十幾公里，周圍散落許多小公園與步道，是散步的好地方。每段步道的湖邊景色不盡相同，有些地方能看到鳳凰葉灑落在湖上的景象，或是綠草如茵的野餐花園。我和湯姆則是找到一處能踩水的隱密角落。

我們靜靜地坐著，誰都不想打破此刻的沉默。這是我們之間的默契，不需要任何言語，一切順其自然。

我開始打哈欠，將頭枕在湯姆膝上，蜷曲的像個小嬰兒。他輕笑出聲，在我耳邊朗讀一段莎士比亞的十四行詩。

Shall I compare thee to a summer's day?
Thou art more lovely and more temperate:
Rough winds do shake the darling buds of May,
And summer's lease hath all too short a date:

這是否就是你對我的感情呢？

夏日稍縱即逝，而我知道你要離開的日子也不遠了。

獵人與來福槍

每個禮拜，老房子都會新增一位「沙發室友」——他們是安契兒的朋友，有些人剛環遊世界回來需要短暫的住所，有些人則是長期以車爲家，想重溫屋子的味道。最令我印象深刻的，是一位來自南非的馬拉松選手。

狄恩是南非人，皮膚白皙，體格瘦削，若是沒透露他的成長背景，我還眞看不出他是在非洲長大的孩子呢！我的腦袋一直停留在「南非種族隔離」的年代，沒想到狄恩告訴我：「我是被黑人欺負到大的。」

南非的白人比例不高，卻仍占有社會、經濟優勢，導致族群之間的不平衡。在那種環境下長大的狄恩，開始學會保護自己。如果在路上被人抵著槍，他一定乖乖地掏錢出來，不吭聲。他唯一想保護的東西，就是活下去的權利。

某天我提早回家，狄恩已經穿上一身運動服裝，準備到幾公里外的馬德拉山（Mount Majura）慢跑。

「妳想要一起來嗎？」他轉頭問我。

「但是我的腿很短，你不能把我一個人丟在山上喔！」

馬德拉山是坎培拉的最高點，海拔八百九十公尺，不會過度傾斜，容易爬行。不過山路窄小，滿地石子路，若是腳底一滑，恐怕會跌下山谷。沿路上狄恩不停地回頭檢查我的狀況，幸好我體力不錯，能趕緊跟上他的步伐。爬上山頂，狄恩指著遠方的一座山，告訴我：「那座是哥斯高山（Mount Kosciuszko），澳洲的最高點，每年我總是去挑戰個一兩次，甚至在雪地裡行走。」我看著狄恩的眼睛，像火焰般燃燒著，令我感到熱血沸騰。

突然，遠處傳來幾聲槍響，我馬上揪著狄恩的衣襬，問他發生什麼事。

「有人在山頭另一端打獵，放心，我們很安全。」

「你怎麼知道？」

「因爲我身上流著獵人的血。」

狄恩說，打獵是他的天性，尤其當他在草原上奔跑的時候，彷彿萬獸之王，野性被激發。每當打獵季一到，爺爺便拿著來福槍，帶他到曠野中進行射擊。

「獵人也是有原則的，我們不捕殺年幼、懷孕的動物，只殺孱弱的。」

「我的第一次狩獵，是發生在十二歲那年。當時我躲在草叢裡，伺機而動。剎那間，一隻斷角的羚羊跑進我的視線，我扣下扳機，咻一聲，命中要害。結束後，我將牠帶回營地處理，割下牠的皮，最後將身上的肉切成一塊塊，掛在營火上烤。」

「狩獵是必要的存在嗎？難道獵人沒有憐憫之心？」

「我們狩獵的原因很簡單，爲了吃肉充飢或是控制繁殖數量。當動物的數量已經多到破壞生態平衡時，我們會選擇去獵捕牠，以維持自然界的和平共存。況且，我們不會讓獵物死得太痛苦，通常是一槍斃命，迅速解決。」

由於成長背景的關係，狄恩從小就了解什麼是弱肉強食。對他來說，狩獵像是生存遊戲，只有在惡劣的環境下，才能體會到生命的可貴。當我們走下山時，灌木叢裡的動靜促使狄恩停下腳步。我從他眼中看見那份渴望，還有獵人的矛盾心理。

我喜歡動物，但我仍在荒野中獵殺牠們。

Soul
靈
魂

褓姆初體驗

由於老房子的租約到期，我得尋找新的住所。大部分的屋主只願意簽長期租約，使我四處碰壁，很是苦惱。同事莎拉得知這件事後，要我別擔心。隔天，透過她的介紹，認識了艾莉一家人。

艾莉是莎拉的大姐，目前與男友班同居，共同撫養兩個小孩，分別是女兒席安娜和狗狗密西根。搬進來沒幾天，我就見識到兩個孩子爲食物爭吵的畫面。席安娜發出「噠噠噠……」的聲音將密西根數落一番，牠也不甘示弱，汪汪叫反擊。

這時席安娜走過來要我抱抱，她還未滿一歲，走路得扶著桌沿爬行，模樣煞是可愛。她逐漸向我靠近，結果一不小心，沒有站穩腳，摔得四腳朝天。我驚慌地將她抱在懷裡安撫，她卻還是嚎啕大哭，令我不知所措。艾莉怒氣沖沖地從房裡走出來，對席安娜咆哮：「妳可不可以不要再哭了？我已經連續幾天沒睡飽，難道不能閉上妳的嘴嗎？」隨即從我懷裡搶走席安娜，抱進嬰兒房，將孩子關在裡面隨她哭鬧。

甩上門，她折返回客廳，一臉疲憊地坐在我身旁。我被她的動作嚇到了，正襟危坐地待在旁邊，不敢出聲。席安娜的哭聲不斷地從房裡傳來，艾莉的火氣也漲到最高點，她打了通電話給班，然後叼著菸走出門外。

等到艾莉恢復冷靜，她重回沙發上對我道歉。「對不起，讓妳看笑話了。也許我太過歇斯底里，但是我無法控制脾氣。」她繼續說，「醫生診斷出我有產後憂鬱症，每次只要聽到席安娜的哭聲，就會很難受。」聽她這麼一說，我才察覺與艾莉相處的這段時間，她總是呈現精神萎靡的狀態，情緒起伏很大，對任何事都提不起勁。爲了幫艾莉走出低潮，我自告奮勇地當起臨時褓姆，照顧席安娜的生活起居。

席安娜特別喜歡玩捉迷藏，躲在房子各個角落。某天，我發現她又不見了，急忙在屋內尋找她的身影。艾莉將我攔下，問我發生什麼事。聽完之後，她打趣地說：「別急，她應該又跌進浴缸了。」

原來，在育嬰方面，人們的觀點不盡相同。我還記得，每次席安娜摔跤，我都焦慮地抱起她檢查傷勢，可是艾莉卻不一樣。有次席安娜摔倒後，艾莉馬上對她做鬼臉，安撫她的情緒，好像什麼事都沒發生一樣，席安娜也因此被唬弄過去。有時候，聽到她的哭聲，我會急忙衝進廚房泡牛奶，不過，艾莉搖頭說，那是她想睡覺的哭聲。看著席安娜淚眼斑斑的臉，我只能無奈地嘆氣，多希望能解讀她的童言童語。

日益得心應手後，再來就是挑戰如何換尿布。我將她抱到桌子上，一手抓住兩隻腳往上抬，一手脫下屁股上的尿布，黃綠色的惡臭味頓時瀰漫整間屋子，熏得我頭皮發麻，恨不得有第三隻手幫我摀住鼻子。若時間沒算準，尿布還來不及換上，她就會直接便溺在我手上。我盯著手上一坨呈現水狀的排泄物，臉都僵掉了，倒是解放過後的席安娜樂得輕鬆，不斷蠕動身體，像是在嘲笑我；果然，嬰兒是這世界上最可愛，也最邪惡的生物。

觀察她幾天，我發現，席安娜並不認得我是誰。當艾莉呼喊她的名字，她總是會移動腳步走向媽媽；但當我在逗弄她時，她只瞥我一眼，隨後又沉浸在自己的小天地。我不確定，當席安娜長大後，還會記得我曾經在床邊跳袋鼠舞嗎？還會記得我讓她枕在膝上睡午覺嗎？也是否會記得，在哄她入睡後，我會輕柔地說聲：「晚安，寶貝」？

或許，我只是希望她快快長大，然後告訴我答案。

守墓人

在澳洲待上將近八個月，期間拜訪過無數教堂，卻沒有遇見任何信教的澳洲人。我感到疑惑，到底當地人對宗教抱持著怎樣的想法？

某天，在重遊澳洲戰爭紀念館的途中，我意外走到一座教堂門前。冥冥之中，我被一股神祕力量吸引進去。偌大的教堂裡，只有我一個人的影子。這裡是施洗者聖約翰聖公會教堂（St John's Anglican Church），高聳的尖塔，牆面的漆色散發出一片祥和之氣，令人肅穆。走進館內，微光從彩繪玻璃窗透進來，將隱藏在壁上的名人錄照得發亮。

「那上面紀念著當地的教區居民、軍人及傑出的教徒。」我轉過身，一位大叔慈祥地爲我解讀上方的文字。他領著我來到禱告椅一旁，用手指著牆上泛黃的舊報紙，向我講述安眠者的生平事蹟。

大叔是教堂的守墓人（Sexton，亦被稱爲教堂司事），在此地已待上將近三十年的時間，爲教會盡心盡力。他的工作包括電力系統安全檢測、維護環境，有時候還會彈奏堂內的管風琴，確認是否需要請樂師來調音。除此之外，他還得要巡邏墓園，記錄墓葬數量。我好奇地問：「那你的工作包括挖掘墳墓嗎？」

大叔笑道：「那是很久以前的事了，現在都是交由外部承包商來做。」我們來到墓園，他繼續說：「除了裡面看到的名人錄，這裡也長眠許多修女與使徒。」白色十字架與天使像立在墳墓上，沒有半點陰森，倒是充滿靈氣。

不遠處，一位婦人正拿著大剪刀，在墓碑周圍修剪雜草，她是大叔的妻子。我們朝她的方向走去，最後停在一塊墓碑前。大叔看著亡者的名字，嘴裡念念有詞，腦中突然想起一個字，卻又拼不出來，苦思該如何向我解釋。一旁的婦人隨即會意，幫他答腔：「我先生指的是墮胎。」一聽到這個字眼，我頓時感到五味雜陳。以爲基督教秉持的是珍惜生命的宗旨，從沒想過會和墮胎一詞產生連結。

「二十世紀時，教會對墮胎的道德層面爭論不休，保守派持反對意見，另一派則認爲應賦予墮胎權的合法化。當時有一位修女極力爭取墮胎的行使權利，她認爲胚胎的生命固然重要，但若胎兒在孕育的過程中，危害到母體本身時，在健康的評估下，我們得摒棄道德束縛，要求對胎兒進行破壞。」

大叔指著前方那塊墓碑，「這就是那位修女安息的地方。」她不是違反基督教教義嗎？爲什麼可以安葬在教堂裡？我百思不得其解。「她也是在爲另一條生命奮鬥啊！信仰的眞諦，並不是要你去遵守形式上的約束，而是一種心靈的歸屬，眞誠地跟隨祂。」我細細咀嚼他的一席話，久久不能自己。

大叔抿著嘴，像在低頭禱告似的，不再言語。我站在一旁，沉靜地看待這件事。如果大叔是維護這安寧的守墓人，那我便是盜墓者，亟欲挖掘墓碑下的歷史與祕密。

※基督教沒有修女，但是聖公會是唯一的例外。

Soul

靈

魂

傳統婚禮

看著艾莉身穿白紗站在鏡子前，烏黑的長髮披散在肩上，臉頰漾開紅暈，透露出女人的待嫁心情。「幸福的定義是什麼？」我毫無頭緒，像個無頭蒼蠅，不斷地橫衝直撞，希冀找出解答。

愛情長跑三年的艾利和班，終於要在今年互訂終身，共組家庭。不過，婚前的準備功夫可馬虎不得，不只要寄出婚禮請柬，提醒對方記得答覆（RSVP），還得一一列出賓客名單與座位安排，免得互看不順眼的親家大打出手。

由於經費有限，艾莉與班只邀請少數的親朋好友參加，舉行地點也選在金溪村（Gold Creek Village）的舊校舍。儘管不像教堂那般富麗堂皇、盛大莊重，卻也不失甜蜜溫馨。這段期間，有許多人進出家中，大多是艾莉的遠房親戚，他們每天都在討論要選購什麼東西當作新娘的嫁妝，包括日常用品、房間布置與廚具等，爲了避免重複，艾莉直接列出清單，大家斟酌自己的經濟能力，來採購單子上的物品。

一切準備妥當後，伴娘遂著手籌畫告別單身派對。我們在山上的酒吧爲艾莉舉辦「母雞之夜」（Hens Night），邀請的對象只限女性，大多是新娘的閨中密友。爲了讓新娘把握最後一次單身的機會，我們會進行眞心話大冒險。每個人輪流抽牌，若是抽到「眞心話」，便要講述自己的經歷，像是初夜的對象、兒時糗事等；若是抽了「大冒險」，就得大膽地秀出自我，例如與隔壁桌的男子舌吻，或是在群眾面前裸體，令人臉紅心跳。在這種歡愉的氛圍下，讓艾莉有機會宣洩情緒，緩和婚前一周的緊張狀態。

婚禮當天，浩浩蕩蕩的車在門口列隊迎接。伴娘幫艾莉拉著裙襬，我則是在嬰兒房爲席安娜穿上蓬蓬裙，一行人前往金溪村，開始準備結婚儀式。看著艾莉拿著捧花前進，我也感染了那份喜悅。

曾經有人說過，隆重的婚禮是女人一生的夢想。對艾莉來說，卻變得不再那麼重要。「雖然我們沒有錢，可是我已經感到知足了。妳知道嗎？不論是簡約的婚禮，或是豪華的盛宴，只要是與班一起走過，我就覺得很幸福了。」艾莉挽著父親的手，往階梯上走去，班站在另一頭等待。大家屏息看著階梯上的新郎與新娘，彷彿走進童話故事般，充滿浪漫的情境。牧師隨即宣讀一長串的誓言，在衆人的見證下，互相交換戒指，成爲夫妻。

大家沾染了喜氣，隨著音樂在場中跳舞。我抱著席安娜在舞池中轉圈，直到筋疲力盡。婚宴觥籌交錯，交談聲此起彼落，很是熱鬧，親家熱切地討論生活瑣事；飢腸轆轆的賓客則是在場中追逐服務生，急欲搶下托盤。

遠處傳來嬌美的笑聲，我循聲望去，不禁微微一愣。只見艾莉笑得一臉幸福，和班一同將席安娜抱在懷中，親暱地吻著臉頰，令一旁的女性好生羨慕，期望和另一半早日走入禮堂。

走過無數個日子，若是爲了見證此刻的幸福，那我找到了。原來，它就在不遠處。

Soul

靈
魂

Chapter 3

Adventure

冒險。

沙發衝浪

安逸的日子過慣了，渴望打破規律的生活模式。初抵墨爾本（Melbourne）那天，我決定以沙發衝浪（Couchsurfing）的方式，激盪我體內的冒險因子，展開全新的旅程。

沙發衝浪最原始的啓發，源自於每戶人家中的一張沙發。由於晚上大家各自回房睡覺，客廳的沙發是空出來的，若用來接待旅人，能實現讓旅者貼近在地生活的想法。

短暫的入住期間，沙發客隨著沙發主人一起出門遊玩，享用當地美食，或是窩在客廳分享在地人的祕密景點，藉由彼此的互動，使旅人更深入了解當地文化，而不是走馬看花，只在旅遊書提到的景點徘徊。

我的第一個沙發主人是威爾，住在離市中心約二十分鐘車程的馬文（Malvern）。鎭上充滿文藝氣息，步調緩慢且幽靜，剛好可以沉澱我那浮躁的心。威爾有兩個兒子，阿沙喜和士齊，是日西混血兒，年紀只比我大上幾歲。阿沙喜是程式設計師，沉默寡言，總是盯著電腦螢幕，完全與我零互動；士齊就不一樣了，十足健談，每次看到他的笑容都有如花色般耀眼奪目，是女生追逐的對象，有著混血王子的魅力。

每天最期待的，就是威爾的廚房歡樂時光。下廚前，我們先選定一個國家，再決定料理的食材，每晚像在廚房環遊世界，從墨西哥捲餅到日本壽司，全球走透透，過過乾癮。威爾做菜的神情特別專注，那是一種對味道的堅持，只爲了能在入口的瞬間，讓味蕾在舌尖上跳動，踢踏著美妙的滋味。對許多人來說，吃飯只是爲了打發飢腸轆轆的肚子，但威爾認爲，食物也是一種藝術，從火候、時間到佐料，都需要用心品嘗。

Adventure

冒

險

我們第一個旅行的國家是義大利，威爾和我將擀好的麵皮當作底，抹上自製的番茄醬，再鋪上臘腸、青椒和起司，最後放進烤爐中烘烤。過了半小時，濃郁的焦味和酥脆的喀滋聲，讓人有如置身威尼斯的披薩餐館，好不浪漫！

過了幾天，家裡來了海洋的訪客。士齊抱著長達一公尺的大魚回家，他說這是剛路過海邊，向魚販買的。其實，在國外很少看到賣整條魚的商家，通常魚販會將內臟清理乾淨才拿出來賣。我有點擔心士齊是否能料理這條魚，但是看他身手俐落地去魚鱗，清理魚鰓與內臟，儼然是小當家的化身。魚肉剁成塊狀之後，我們將它丟進鍋裡熬煮成味噌湯，威爾則是在一旁油炸香酥的魷魚，和幾道新鮮的時蔬。

雖然我們彼此才認識幾天，威爾一家人卻將我視如己出，不只是生活上的交流，還有心靈層面的。我想不透，為什麼他們願意無私的對我好？「因為我想讓妳參與我們人生的一部分。」威爾說。

有時候我會害怕，身為一個背包客，還有很長的路要走，不可能在一個地方停留太久，總有一天還是得離開。分別那天，依依不捨地向威爾道別後，我提著行李往火車站的方向走去，他白髮蒼蒼地在我身後揮手，要我等會兒打電話向他報平安。

威爾的關心在這陌生的城市裡，無疑是給了我一劑強心針。「當你以為新的一切會令你感到迷惘時，卻還是有人會在你需要時擁抱著你。」

深夜廚房

我漫無目的地在弗林德斯街（Flinders Street）閒晃，在一間青年旅館的門口，看見一張應徵大夜班廚房清潔員的廣告單，工作時間為晚上十一點到凌晨兩點，旅館將提供免費住宿。這真是天大的好消息！既然我目前還沒找到工作，至少可以用兼差的方式，抵掉近期的住宿費。

走進櫃檯，發現已經有人搶先一步了，我便坐在一旁觀察他們。他們用極不流利的英文詢問這份工作，私下再低聲以中文交談，原來是剛到墨爾本的臺灣背包客。櫃檯耐心地向他們解釋，請他們下午三點再過來一趟。

等他們離開後，我立刻衝到櫃檯詢問：「我是不是也能應徵這份工作？」遞上履歷的同時，也向她說明我能馬上工作並有類似的經驗。沒想到櫃檯員工叫住我，問我是不是能做一段時間。「剛才那群背包客雖然很有誠意，但是完全無法以英語溝通，妳卻能流利地與我應答，這樣做起事來有效率多了。」他叫我上樓找午班的清潔員，順便熟悉環境。基本上廚房採光明亮，不過因為靠近市中心，地租較昂貴，顯得過於擁擠，整個廚房面積只有我之前待過背包客棧的五分之一。

流理檯呈現L形，堆滿各種切菜刀與熱水壺，縮減了可以料理食物的檯面。而餐桌和流理檯相隔不到一公尺的距離，晚餐時間一到，廚房便人滿為患，彼此互不相讓，一股勁兒往縫隙裡鑽。

接近晚上十一點的時候，我會去跟櫃檯拿員工鑰匙，到地下一樓的倉庫找推車。或許是空氣不流通的關係，時常聞到從牆壁散發出的異味，加上燈光昏暗，吵雜的聲音被隔絕在外面，常令人不寒而慄。我趕緊推著推車在狹窄的走道上狂奔，好似只要多逗留一秒，就會被藏匿在深處的人魔追殺。

進到廚房，又是另一項折磨人的考驗。牆上明明貼著標語「養成好習慣，用過的碗盤，請自行清理。」眼前的景象卻慘不忍睹，一整排沒有清洗的鍋碗瓢盆，甚至還有黏在碗裡的食物渣，我能不生氣嗎？現在已經是深夜了，我也想趕緊回到溫暖的被窩睡覺，爲什麼那些人這麼沒有公德心？我跑下樓向櫃檯經理報告這件事，她答應我會處理，可是成效不彰，每晚的廚房還是髒亂不堪。有一天我抓到一位把碗放在水槽就要溜走的法國人，馬上擋住他的去路，「你要走可以，必須付我十元的清潔費。」他只好硬著頭皮回去洗碗。

除了這些惱人的事情之外，清潔的工作還是挺有樂趣的。深夜廚房總是聚集各行各業的旅人，有來自世界各地的背包客、享受假期的大學生、蜜月旅行的夫妻，或是到處奔走的社會人士。我像是廚房裡的人體攝影機，在鏡頭後解析他們的內心世界。

好比說，一位從法國前來澳洲洽商的男子，在廚房裡和家鄉的老婆報平安，眼睛卻不斷瞄向隔壁的妙齡女子，頻送秋波，手不安分地來到桌下游移；或是按捺不住寂寞，看著電視機播放的情色電影，藉由淫蕩的叫聲填滿內心空虛的單身漢；還有每晚趁我不注意，躡手躡腳地到冰箱偷食物果腹的小偷。

在我的鏡頭前，他們毫無保留的呈現原始的欲望。人性最深層的渴望，在這深夜廚房一遍遍地上演。

足球狂熱

不知從什麼時候開始，我喜歡上了澳式足球（Australian Football）。說來也奇怪，以前的我只要看到球類的實況轉播，一定會轉臺，可如今我卻目不轉睛地盯著電視，好似被吸進螢幕裡。

搭乘地鐵時，若是剛好那天有比賽，便能看見擠滿整車廂的球迷，穿戴著支持隊伍的專屬球衣與帽子，準備往體育場出發。我忽然發覺，坐在廚房看轉播已無法滿足我，我也想跟其他人一起坐在體育場的座位上，瘋狂吶喊。

某天，一位叫羅伯的澳洲中年大叔拿著四張門票說：「如果有人願意請我喝一杯啤酒，我就請你去看現場的足球賽。」聽到這個消息，心情像是中樂透一樣，不只省下昂貴的門票費，還有專業球迷為我解釋賽事，絕對划得來。

我們步行來到舉辦賽事的墨爾本板球場（Melbourne Cricket Ground）。從建築外觀來看，頗像土樓的雛型，呈現橢圓狀。裡邊的上空沒有遮蔽物，具有擴音的功效，即使站在幾里外，依舊能聽見裡面的加油打氣聲。羅伯說，板球場是目前澳洲規模最大的球場，擁有國家文化遺產的地位，舉辦過多項國際賽事，包括奧運與國際足球賽。我們走進通道，根據票上的號碼入座。從球場上方俯瞰下去，每個角落盡收眼底。

比賽開始之前，裁判擲銅板決定攻守的順序，哨聲響起後，將球用力砸向地面，遊戲正式登場。持球者立即進攻，想盡辦法把球傳給隊友，互相掩護直到將球射進球門。球門的設計很特別，兩側各有四支白柱，中間兩支比較高，稱為球門柱，旁邊兩支較低的則是側門柱。當球被踢進球門中央，裁判會雙手舉旗，表示該隊得到六分；若只是踢進邊球門，裁判便單手舉旗，獲得一分。如此一來，各個球員總是大顯身手，集中火力往球門中心進攻，就是為了拉出成績的差距。

雙方球員間的氣氛劍拔弩張，觀眾席卻恰恰相反。不同球隊的支持者混著坐，讓我觀察到一個有趣的現象：分出勝負的時候，並肩而坐的敵隊球迷會產生排斥作用，一個人大聲歡呼，另一個人則擺著一張臭臉。

最令我敬佩的，應該是運動員身上的毅力吧！其他的不說，光是要來回跑幾十趟球場，大概是半馬的分量。況且還得適時的防守與進攻，在體力和腦力的激盪下，可是消耗不少能量。這時，只見持球員同時被敵對的兩三位球員擒抱，像疊羅漢般，被其他人壓在身下。球場裡扭打成一團，大家都想把壓在身下的球搶到手中，畫面慘不忍睹。

「羅伯，澳式足球有什麼戰略嗎？感覺他們只是在瞎打一通。」

「妳說對了！當然他們並不是完全沒有策略，只不過比起其他運動，澳式足球更著重在隨機應變的能力，與團隊合作的精神。」

在比球類運動時，通常會有守在自己崗位的球員，澳式足球卻不是這麼一回事，只要球被踢向某個地方，大家就往那方向跑，以至於時常防禦不及，被敵方射門得分。

比賽結束後，羅伯感到無比沮喪，他支持的隊伍以非常爛的成績敗給敵隊。我倒是不介意誰輸誰贏，回到旅店後，馬上跑進廚房對其他球迷進行實況轉播。正當我講得口沫橫飛時，有位英國佬問：「爲什麼妳這麼喜歡澳式足球呢？」我咧嘴笑：「因爲我也想打一場啊！」我要把所有討厭的人都丟到敵隊去，然後再找好友組成一隊。我的策略只有一個，當開球的那一瞬間，我的隊友只要專心去搶球，至於我，則化身爲猛烈的獅王，施展我的破壞力，將所有討厭的人一個一個重擊在球場上。

野蠻遊戲，正式開戰！

老舊市集

我對二手市集的第一印象是慘澹的。

雖然服飾整齊地擺在地上，但我總覺得穿別人的舊衣服是件很奇怪的事。因爲不知道爲什麼它們被賣掉，說不定上面有肉眼看不見的細菌，或是這衣服根本被詛咒了！瞧我胡思亂想的，便曉得我有多排斥二手物品。

直到朋友提及「Vintage」這個字，我才開始對復古的事物產生興趣，一同前往坎伯威爾星期天市集（Camberwell Sunday Market）。早上七點鐘，卡車井然有序的在市集各就各位，販售人將後車廂打開，擺滿老舊的物品。

一群娘子軍從入口衝進來，搜刮桌上的奇珍異寶，簡直買到失心瘋。我從中得出以下結論：二手市集有如戰場，要不擇手段。如果有人跟你搶衣服，你得化成瘋婆子，抓她頭髮；如果想買

Adventure
冒險

到最低價位，連問都不用問，只要比出食指，問老闆一元賣不賣，成功的機率就很大。好吧！其實抓頭髮是開玩笑的，我只是想到跳樓大拍賣的畫面，才把二手市集假想成那種歐巴桑廝殺的場合。殺價的部分確實很有效，販售人的心態通常是想在結束營業前，將二手衣物全部售出，若最後三十分鐘還賣不出去的，便會以破天荒的低價賤賣。

我在某個攤位前逗留，著迷地望著一條手鍊。我是不戴這種飾品的，但是鑲嵌在上頭的藍水晶與典雅的串珠，像是被遺落在歐洲古城的寶物，令人愛不釋手。我問攤販這條手鍊要多少錢。「妳喜歡就送妳。」我感到錯愕，她卻微笑以對。

我突然想起《玩具總動員》（Toy Story）的情節：胡迪與巴斯是安迪的玩具，也是童年的玩伴。可是轉眼間，小男孩長大了，不再像以前那樣抓著它們在空中飛來飛去。安迪捨不得將它們丟棄，打算收在閣樓裡。不過後來他決定全部送給鄰居妹妹，因為他知道妹妹會跟他小時候一樣，為玩具帶來歡樂。

二手市集也一樣，每個攤販都有屬於自己的故事。或許那位賣相機的爺爺，已經老到走不動，所以希望在市集找到熱愛拍照的旅人，帶著他的寶貝相機去環遊世界；又或者站在角落的女孩想把衣裳賣掉，賺錢買一條蝴蝶項鍊，當作母親節禮物送給媽媽。

送我手鍊的女孩，也是同樣的心情。手鍊擺在珠寶盒裡，即使再怎麼漂亮，若主人不戴它，便會失去原有的光澤。也許是看到我對手鍊的執著，女孩才決定將它送給我，不是不喜歡了，而是找到一位比她更懂得珍惜的人。

時間一晃眼就過去了，沒被賣掉的舊玩偶，最後又被收進箱子裡。它們並非不起眼，只是還在等待，等待下一個主人出現，將它們帶回家，用愛填滿表面的瑕疵。

湯婆婆

在簽證只剩三個月的情況下，找工作可說是難上加難，還未面試就被判出局。有位咖啡店老闆直接對我說：「我雇用妳，得至少花三個月的時間培訓。妳卻說三個月後就要離開，我豈不是吃虧？這事沒得談。」

我無奈地在街上閒晃，巧遇來自德國的茱莉，雖然只有一面之緣，她卻好心地透露一些工作職缺給我。因緣際會下，我成爲她的新同事，一起在湯婆婆的麵包坊（Thresherman's Bakehouse）工作。

湯婆婆是越南移民，本名叫昆，身材嬌小，有顆特大的頭顱。皺巴巴的臉上塗著鮮豔的口紅，濃厚的眼妝加上那比例過大的鼻子，儼然就是《神隱少女》中的湯婆婆。

麵包坊的工作大致分成兩個部分，廚房與外場。廚房的工作較無趣，僅是基本的打掃和清潔，沒有太大的娛樂，外場就不一樣了。由於麵包坊分成好幾區，販賣各式各樣的食物，如糕點、水果優格、生菜沙拉和熱食等，不只要熟記各種食物名稱，還要學習烘焙與打果汁，非常有意思。

前幾次，我反應還有些遲鈍，常把優格上方的香草冰淇淋換成打奶昔用的香草醬，每當意識到的時候，湯婆婆已經怒氣沖沖地奔過來，問我在胡搞什麼。哎呀！我們店裡賣的食物至少有幾十類，要我熟記各種不同的調味步驟，實在是不容易。幸好，茱莉常在一旁指導我，示範正確的做法，往後我便越來越得心應手。麵包坊的占地廣大，客源不絕。食物賣得比外面便宜，水準也較低，所以客人的評價不高，總是抱怨咖啡冷掉，肉太硬咬不動。

不過，湯婆婆不管這些，她只擔心錢賺得不夠多，大部分時候她都冷著一張臉，唯有重要的賓客來訪時，才會笑臉迎人。等到晚上九點鐘，她將工作交給晚班經理，一個人跑到廚房後方數錢記帳。

麵包坊聘請的員工幾乎沒什麼福利，也不供餐，得以半價的價錢購買店內的食物。有時候在盛菜時，只要給客人的分量超過一點點就會被湯婆婆罵：「除非他們有加錢，否則連多給一粒米都不行。」我感到納悶，沒有賣完的食物最後都被倒進垃圾桶，爲什麼要這麼浪費呢？

後來，麵包坊發生一件事。某天，湯婆婆在調閱監視器時，發現一位晚班員工將本來要倒掉的義大利麵偷偷打包回家。她非常生氣，馬上把他臭罵一頓：「我一開始就說過，不准私自打包廚房的食物，結果你竟然犯了。下不爲例，要不然就讓你吃不了兜著走！」

或許是這樣的關係，我在這裡的生活變得不快樂。湯婆婆的性格殘忍又貪財，不懂得體恤員工，每晚看著食物被倒掉的畫面，眞的很心痛。街上還有多少人受飢餓之苦，她卻寧願浪費，也不願少收一分錢。

認清這些事實，我就再也沒有踏進湯婆婆的麵包坊。無論薪水再怎麼高，時數再怎麼長，我還是做不下去。我沒有陶淵明那般清高，但至少賺的每一分錢，都必須問心無愧，如果其中一項違反我的原則，我寧願拂袖而去，不爲五斗米折腰。

Adventure

冒險

國家公園種樹記

失業後，整天無所事事，待在房裡睡覺也沒意思，倒不如出門找事做。在上網搜尋資料的過程中，赫然發現一篇徵求志工的文章，內容是有關國家公園的保育計畫。想起前幾次露營體驗中一路看到的山水風光，使我也想盡一份心力維護。

保育志工（Conservation Volunteers）是澳洲當地的非營利組織，旨在讓社區投入保育天然資源的計畫，凡是熱愛戶外與關心環境的人皆能成為志工。大部分的活動都是免費的，且有接駁車接送往返，只不過得起個大早，於辦事處集合出發。

志工計畫被確認後，工作人員會先寄信告知需要準備的裝備，例如遮陽或是避雨工具。尤其最近天氣不太穩定，若是突然下雨，可能會因為穿著不適合的鞋子而滑倒，所以能自備工作靴當然是最好的；但如果身邊沒有那些東西也沒關係，辦事處有備用的，以安全為前提。

我們要去的地方是摩寧頓半島國家公園（Mornington Peninsula National Park），位於墨爾本南方。司機說，島上是瀕臨絕種的鳥類黑頭鴴（Hooded Plover）的棲息地，在淡水湖泊、鹹水湖或是沙灘上可以看見牠們的蹤影。如今，過量的海藻和沙丘占據大部分的沙灘，嚴重威脅到黑頭鴴的生存空間，使得牠們數量不斷減少。其中最大的威脅是來自狐狸的捕食。

抵達目的地後，我們開始進行今天的任務——種樹！放眼望去，整個林地連一棵能擋風的大樹都沒有，希望從今天開始著手計畫，恢復並保護特有的沿海植被。首先，拿鏟子在土裡挖一個洞，接著把樹苗的殼子敲一敲弄鬆，將卡在裡面的樹苗倒出來，放進洞口，再用土填滿。

Adventure

冒險

為了防止野生動物前來破壞，我們會在苗的周圍插上竹竿呈現三角形狀，用環保袋將之包圍並固定。如此一來，不只動物無法偷吃裡面的幼苗，即使強風吹拂，樹苗也能在受保護的環境下日漸茁壯。依上述步驟，我們挑選大約六種不同品種的樹苗，每隔幾公尺將它埋進土壤。

進行到一半，天空忽然下起毛毛雨，安妮卡組長馬上叫大家停下手邊的工作，到車子裡躲雨。另名志工打開後車廂，要大家為自己添一杯熱茶，享用桌上的點心。頓時車子裡鬧哄哄的，大家熱絡地聊了起來。我坐到安妮卡旁邊，和她一起望著窗外細雨。

「安妮卡，妳當初為什麼會接下這份工作呢？」

「大學畢業後，我找不到工作，消沉了好一陣子。後來我決定開車旅行，走遍無數個國家公園。直到有一天我發現，腳下的土壤正逐漸被破壞，我們卻一直忽視它。所以當機會一來，我便接下這份工作，保衛自己的家園。妳呢？」

「上次我在威爾森岬國家公園裸奔時，發現樹木有點稀少，因此希望多種一些樹，以免下次被巡邏的管理員抓到。」

除了我之外，其他志工都是澳洲人。我覺得奇怪，為什麼背包客都不來？「因為當志工賺不到錢。」有人這樣回答。我不能說他們自私自利，那只是他們的選擇罷了。對我而言，來澳洲將近一年，期間受到許多當地人的幫助，看過許多美麗的風景。這國家帶給我的歡樂實在太多，我只能用這種方式回報它。

這次當志工的經驗也讓我覺得很特別，像生態教學一樣，我的手在土壤裡挖呀挖，全身弄得髒兮兮。自從愛上戶外健行後，我深深覺得，雖然我們看過許多美景，卻從來不知它最美的地方，是地下那蘊含能量的生命力。我決定用手去感觸，去播種，為了讓幾十年後的人們，也能看到一樣的風景。

從海邊襲來的風，吹拂著三角錐裡的樹苗，使它們因爲過於搖晃，而在環保袋上拍打出聲音。那有力的撞擊聲，像是急欲掙脫般，宣告成爲大樹的決心。我不知道它們還要多久才會長大，但是當有一天再回到這裡時，我可以驕傲地跟別人說：「這一排樹，是我種的！」

嬉皮屋

城市裡的人，腳步是紊亂的，早已忘記周遭的景物，只剩下空的軀殼。我逃離了那樣的生活，提著行李進屋，一頭栽入荒謬的世界。

一群像是剛跌進垃圾桶的流浪漢坐在沙發上彈吉他，鬈鬈的長髮配上濃密的山羊鬍，彷彿很多天沒洗澡的樣子，蓬頭垢面。他們外表粗獷，歌聲輕柔嘹亮，抒發滿腔傷感。這裡是我未來一個月的家——嬉皮屋。屋主尚恩為我介紹其他室友：「這是馬利與蓋比。」他們身穿波西米亞風的服飾，戴鼻環，手上掛著一大堆手鐲，活像是脫離塵世的吉普賽人。

和他們生活的這段期間，我可以說是入境隨俗，追求心靈上的愛與和平。後院有一間廢棄屋，被樹藤掩蓋在下方，我們常坐在裡面，談論哲學與思想，若講到對社會的不滿之處，便潑灑顏料發洩，在牆面上彩繪出理想世界。

有天，我看到桌上放著一張圖騰素描，遂好奇地問馬利，這是誰畫的。他恍惚地從水煙（Shisha）抬起頭來，「那是蓋比的傑作。」我看著圖畫紙上的線條和筆觸，感到驚豔。流線型的弧度加上幾何圖形的設計，勾勒出完美的圖騰樣式。某個想法突然在我腦中浮現：交換禮物。

這個禮物並不是從商店買來的，也不是什麼昂貴的物品，是每個人的創作或才華。我將腦中的想法告訴大家，沒想到他們也很喜歡這點子。因此，我用親手做的書籤，交換到兩樣特別的禮物，長板（Longboard）與非洲鼓（Djembe）。這兩樣禮物非常貼近嬉皮屋的生活。每天早上，馬利總是在後院敲擊非洲鼓喚醒大家，有如注入一股活力般，展開新的一天。而尚恩吃完早餐，便溜著長板，往學校的方向前進，很是帥氣。

當晚，尙恩帶我來到社區附近的空馬路上練習。他怕我受傷，規定我一定要戴安全帽，才開始教學。「妳先將右腳踩上長板前端，再用左腳的力量向前推進。」他扶著我，「然後把左腳放上長板尾端，慢慢屈膝，平衡身體。」尙恩一放手，現場就傳出一聲「啊、啊、啊」的尖叫，我失去平衡，撞上停在路邊的車子，摔得四腳朝天。幸好我剛才沒有要酷地脫掉安全帽，要不然這一撞，可能就會腦震盪了。尙恩連忙扶我起來，問我有沒有受傷。我打個OK的手勢要他別擔心。

練習幾次，我終於抓到訣竅，還能繞過U形的街口。蓋比聽到這件事後，感到嘖嘖稱奇。她說她練了一個禮拜都無法控制速度。或許是機會難得，我才會卯起來學習吧！接下來是非洲鼓的上課時間，我和馬利來到後院，坐在板凳上，閉起眼睛注意風在空中的力量。「妳感覺得到嗎？抓住那股力道！」他打了一段旋律，我也模仿同樣的節奏。

「看來這難不倒妳，我們從進階的部分開始好了。」只見他的無影手打在鼓上，速度之快令我望塵莫及。「記住，打鼓最重要的不是打拍子而已，力道的強弱、節奏的

Photo by Marli

快慢，妳要用心去感受它，全神貫注。」我深吸一口氣，一氣呵成地敲打非洲鼓。雖然有時候腦袋會突然打結，將拍子打亂，但我會趕緊把注意力抓回來，打在對的節拍上。聽著鼓聲，馬利開始在草地上跳舞，從容自在，好像生活即是如此的簡單快樂。

結束後，我走進屋內，站在巴布馬利（Bob Marley）的畫像前，想起他曾說過的一句話，Love the life you live, live the life you Love。

住在嬉皮屋的人，也許剛丟了工作、不愛洗澡，甚至喜歡裸露身體在後院開派對。但是我們熱愛生活，不用耳朵去聽外面的雜音，而是將它貼在靈魂深處，仔細地聽，而且聽得很用力。

流浪者

這幾天我無心下廚，大家用完鍋碗瓢盆後，全堆在水槽裡，一個禮拜才洗一次，所以我寧願到外面吃，省得麻煩。不過外食花費頗高，相對不划算，直到遇見茱莉亞，情況才有所改善。

茱莉亞是來自美國鄉村的背包客，曾在南極駐紮六個月的時間，和考察研究團隊一起工作。結束任務後，她過境澳洲，決定在墨爾本停留三個月。她常帶我去垃圾桶撿食物吃，或許聽了會覺得驚訝，但在國外是非常盛行的。垃圾食用（Dumpster Diving）簡單來說，就是一種在菜市場、公寓大廈或是食物部的大型垃圾桶找東西的行爲。例如，每次菜農都會把長不好的蔬菜水果扔掉，因爲賣相不佳，顧客不想買。

其實有一些蔬果的狀態還不錯，我們會挑選比較好的拿回家。有一些人會在生鮮部的垃圾桶翻找生肉或海鮮類，可是肉類若長期暴露在外可能會受感染，所以這部分不在我的搜尋範圍內。我最喜歡撿食物的地方是麵包店附近的垃圾桶，每次只要有賣不完的牛肉派，他們便會放在垃圾桶上方的板子。抓準時機的話，馬上就有熱呼呼的肉派可以享用。

後來，茱莉亞找到麵包店的工作，每天下班總是會賣剩很多牛肉湯、蘑菇沙拉或是三明治。她捨不得將它們丟進垃圾桶，遂問老闆可否讓她帶回家，老闆同意了。每天從麵包店帶回來的食物，光是那分量就足以讓我們溫飽一整個禮拜，完全不用擔心哪天會餓肚子。

因爲這樣，家裡的冰箱堆滿食物，常放到過期，非常浪費。經過討論，我們決定每天只拿一天的量，剩下的都拿去分送給街上的遊民。每到下班時間，茱莉亞會提著一大袋的食物來找我，我們從最熱鬧的伯克街（Bourke Street）開始，發送食物給需要的人。剛開始的時候，有些人不敢

拿我手上的三明治，他們會害怕，懷疑食物是否有問題。這時我會用柔和的語氣跟他們說：「這是麵包店賣剩的食物，如果你餓了，要不要拿一個？我們有各種肉類的三明治，像是雞肉、牛肉或臘腸；如果你吃素的話，我們也有全素的三明治。」

漸漸地，他們對我不再感到陌生，還會多拿幾個。有些人還是會拒絕我們，像是一位在火車站附近乞討的年邁老人。他說他不需要這些食物，他比較需要錢。旁邊的路人跟我說，有些人乞討不是因爲肚子餓，而是希望可以討到一點錢，在傍晚的時候買醉。

除了這些人之外，我們也幫助一些在路上發傳單，或是正在街頭賣藝的人。工作一整天下來，大家都累了，他們卻還得在下班時間站在街頭招攬群衆，根本就無法抽空買晚餐；拿了三明治後，他們至少可以稍微塡飽肚子，才有力氣繼續工作。我還記得，當那些人拿著麵包大口咬著時，眼神所透露的感謝之情。其中一位大叔情緒過於激動，抓著我的手說：「謝謝你們，在戶外站了一整天，連休息的機會都沒有。你們像是上天派來的天使，在街上傳播快樂給其他人，將來一定會有福報的，我祝福你們。」

當下，眼裡積滿淚水。我並沒有做什麼了不起的事，只是將心比心，將快樂分給更多需要的人。雖然我不是生長在富裕家庭，但是我有愛我的家人，關心我的朋友和平凡卻有趣的生活，對我來說這些就是全世界，我已感到知足。

要先學會成爲手心向上的人。把手心朝上，可以感覺到自己是一個幸福的接受者；再把手心向下，將幸福分享給其他人。過去二十年，我一直是個手心朝上的人，得到許多關愛。現在我長大了，有能力成爲手心向下的人，在旅途中，把愛傳出去。

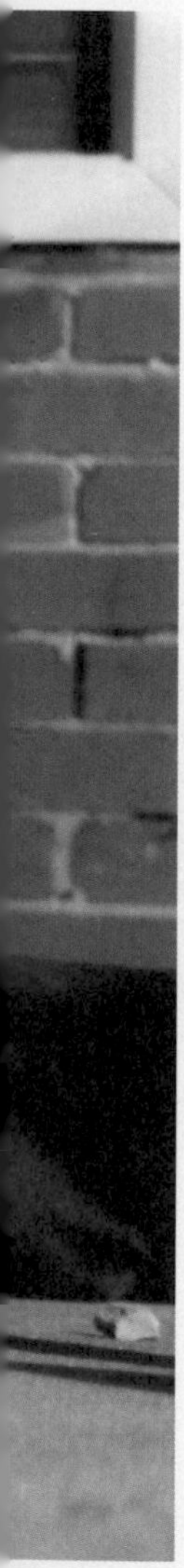

Adventure

冒

險

詩人吟唱

第一次來到詩人酒吧（The Drunken Poet），是因為蘿倫的關係。蘿倫是之前我在青年旅館工作的晚班櫃檯，當她得知我要離開時，馬上和我勾勾小指頭說：「我們一定會再相見的。」

前幾天，蘿倫傳封簡訊給我，她的男友馬提歐即將在詩人酒吧駐唱，邀請我一同前去觀賞。詩人酒吧位於維多利亞女皇市場的正對面，從外觀看去挺別緻的，小小一間，在鵝黃燈光的照射下顯得朦朧。提前來到這的我坐在外面的長廊上等待，有位男子拿著一把吉他走出來，在我面前彈奏。此刻的他顯然沉浸在自己的樂聲裡，完全沒有注意到我這嬌小的身影。蘿倫匆匆忙忙地趕來，我們即刻進入酒吧。

詩人酒吧裡，沒有過多的擺飾，也沒有震耳欲聾的音樂，牆壁上掛著許多詩人的畫像，與美麗的詞彙，有如海明威坐在角落喝酒，襯托出獨特的格調。吧檯邊的酒客低聲交談著，臉上的紅暈，使他們看起來更為動人。他們舉起酒杯，優雅從容地輕啜淺嘗。酒的甜澀味落入喉間，在肚子裡像筆墨般，漾開一滴滴的詩意。

蘿倫和我各自點了杯啤酒，坐在最前面的位子，等待馬提歐的演出。他先是微笑著和大家打聲招呼，然後緊張地看向蘿倫。他們的眼神在交會時那一刻，就好像其他人都被隔絕在外，默默地為彼此打氣。

馬提歐閉起眼睛，開始彈奏優美的旋律。他的表情柔和，兩側捲髮自然地垂在耳邊，歌聲從他嘴中流洩而出，傳進我耳裡。我也緊閉雙眼，靈魂出竅般的在一片麥田裡奔跑，遠處的山丘有

一群採茶的姑娘，孩子們在草叢裡嬉鬧，美麗的山河，純樸的家園，隨著馬提歐的歌聲，被帶到這裡。

我如癡如醉地沉浸在一片悠揚中，淡淡的嗓音帶領我走進一篇又一篇的故事，像是《魔戒》的場景，在幅員遼闊的邊界，駕著馬匹在草原奔跑。一小時的壯麗山河很快就結束了，餘音繞梁，意猶未盡。

馬提歐在我們身邊坐下，說：「詩人酒吧並非浪得虛名，從它的招牌、擺設到演出的樂團，都極具詩意。最棒的是，只有喜歡這種氛圍的老酒客或藝術家才會來到這裡，是只有當地人知道的好地方。」

此時，我注意到板子上的演出內容，看到一個既陌生又熟悉的字——開麥拉（Open Mic）。蘿倫說，咖啡店或是酒吧常會定期舉辦這項活動，讓許多有表演欲的酒客也能小試身手，以各種表演方式來展現自己，如念詩、說故事、唱歌或變魔術等，在舞臺上自由發揮，吸引觀眾的目光。

我感到躍躍欲試！回到家後打給友人，問她要不要一起參加開麥拉，沒想到她興奮地朝話筒大叫：「算我一份！」我們著手計畫接下來的演出內容，準備於一個禮拜後的夜晚，魅惑臺下的詩人們。

10 Brothers in Arms
Cabernet Sauv. Langhorne Creek $8/38
10 Gemtree Bloodstone
Shiraz, McLaren Vale $8/38
10 Totara Pinot Noir
Central Otago
Sundays
at
'The Poet'
6 - 7pm
$6 pints of
Guinness
PUGSLEY
BUZZARD
THE LAST JAR
FILM CLUB

Adventure

冒

險

逃離阿富汗

有時候眼淚積成的回憶，比任何故事都更令人動容。遇見穆罕默德那天，我正站在烏漆抹黑的火車站，等待沙發主人米奇的出現，米奇是澳洲當地的大學生，雖然體型魁梧，嘴裡的兔寶寶門牙，卻顯露出他的好脾氣。

米奇的家中有一整櫃的黑膠唱片。選定一首曲子，我們在唱片機上播放音樂。當唱針劃過時，那一圈一圈的痕跡，勾勒出細微的聲音。柔和的音色，有如一股暖流，圍繞在耳邊，又似呢喃，又似低語。曲子裡的共鳴聲不絕於耳，活生生跳動在音符之間，恍如置身於演奏會現場，感受那臨場的震撼力。

漫漫長夜，屋裡安靜的連呼吸聲都顯得過於急躁，我們有默契地保持沉默，在這寬敞的空間，聆聽一場音樂盛會。突然，一位神祕男子出現在門邊，如狂風暴雨般，打破這寧靜的夜晚。那男人抑鬱的表情，令我恐懼不安，直瞅著他看。他禮貌性地握住我的手：「妳好，我是穆罕默德，來自阿富汗，是米奇的室友。」我連忙回過神來向他問好。米奇從未提過任何關於室友的事，在他的解釋下，我才知道，穆罕默德有一個敏感的身分——阿富汗的年輕領袖。

我不可置信地望著他，壓根無法想像眼前這位陰柔的男子，就是阿富汗的青年領袖。那他怎麼會出現在墨爾本呢？我心中充滿疑惑。一陣寒暄後，穆罕默德決定告訴我他的故事。

當初塔利班政權在統治阿富汗時，採取一連串極端措施，從中剝削婦女的基本權利，規定她們不許外出工作，甚至受教育。由於阿富汗大部分的教師都是女性，在執行上述禁令後，導致孩童連帶失去受教育的機會，使阿富汗成爲文盲率最高的國家之一。

持續幾年的內戰不斷，民衆苦不堪言，這時有一群革命之士，提出他們的理想，決定扭轉國家局面。穆罕默德就是其中之一，他深信教育與知識能爲這紛擾的社會帶來改變，所以在各地建立良好的學習環境，提供婦女和孩童受教育的機會。不過也因爲這項舉動，惹來塔利班的不滿，亟欲移除這個眼中釘，遂派出兩名狙擊手前往暗殺他。當他發現不對勁時，已經來不及了，只得先躲藏在屋外的草叢中，想辦法逃出去。

生命受到威脅時，總是會升起強烈的求生意志。他逃到鄰近的高速公路上，被路過的車輛救起。最後向聯合國申請政治庇護，暫時安置在澳洲。穆罕默德在阿富汗的作爲令我感到欽佩，即使實現理想會使他的生命遭受危險，他卻依然放手一搏。因爲只有這樣做，才能培養優秀的下一代，繼續捍衛國家的未來。

他的語氣平順，但我能感覺到那段水深火熱的日子已在他心中烙下陰影。他的表情淨是痛苦，講述那段往事幾乎讓他陷入恐懼。爲了揮去腦中可怕的畫面，當米奇問我們要不要抽根大麻時，我回絕，穆罕默德卻毫不猶豫地拿了一根。

望著月光下，口吐白煙的穆罕默德，隱隱顫抖的手指頭和孤寂的身影，在這夜裡顯得特別淒涼。沒有人能了解他身上所背負的重擔與心中化不開的陰霾。唯獨他自己，能在這混濁的泥淖裡，爲自己理清一些頭緒。

今夜就讓他在煙霧中麻醉自己吧！只有在夜色黯淡時，他才能沉淪於此種靜謐之中，赤裸裸地展示內心的脆弱，讓月光撫平那些日子的傷痛。

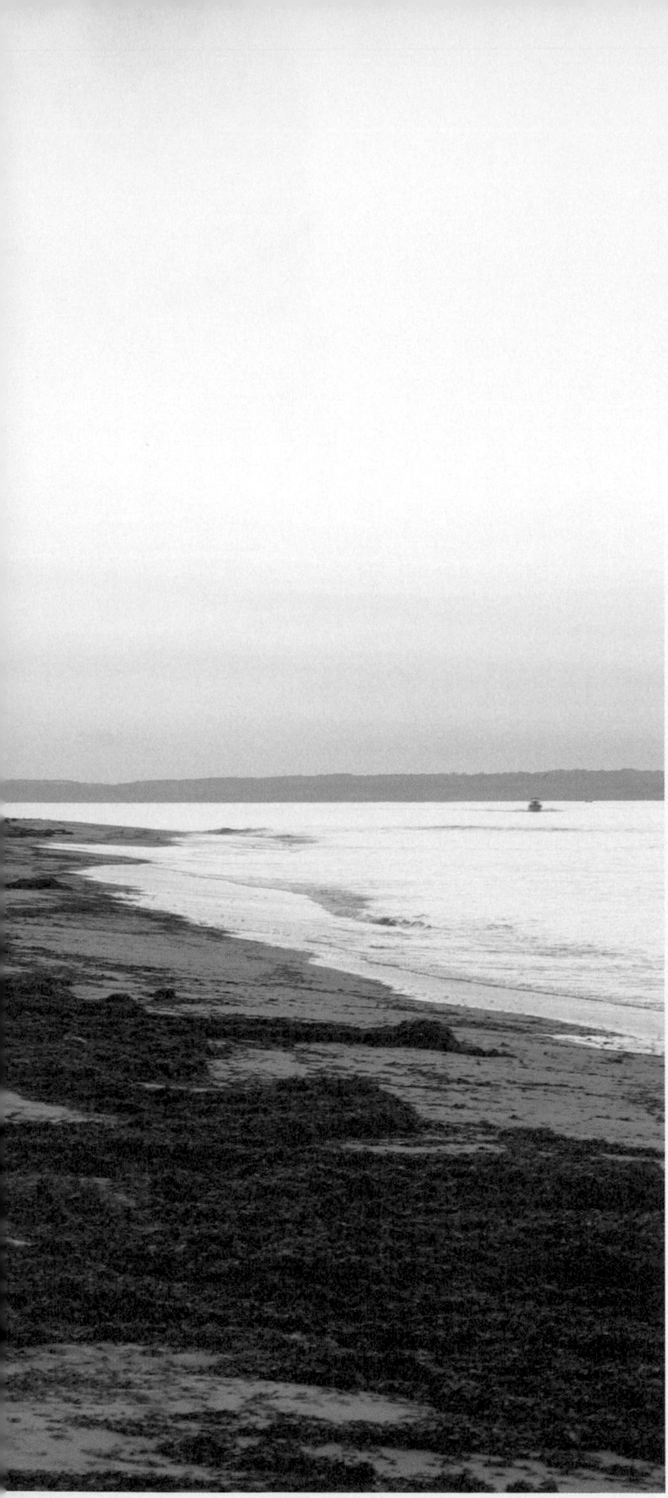

Chapter 4

Island

島嶼。

山野迷途

六月的時候，我決定前往塔斯馬尼亞（Tasmania）來個小小的島嶼旅行。很幸運的，在網路上發布我的旅行計畫後，收到許多當地人的熱情回應。其中，有一對夫婦邀請我去山丘小屋打工換宿。

打工換宿即是透過特定時數的工作，換取免費的食物與住宿。工作內容從花園、農場到家事都有，包羅萬象。工作性質因人而異，一般時數為三到四小時。收到訊息時是非常開心的，一直以來都很期待能體驗食宿交換，現在機會來了，怎能錯過呢？

莫拉和莫瑞的家位於西荷伯特的山丘上，屋子後方就是斯圖爾特山（Mt. Stuart）。我很喜歡木屋的設計，有一整面的書牆，黑白鍵盤式的地板，和客廳的大暖爐。在塔斯馬尼亞島上，大部分的家庭會自己去後山砍柴，將木頭搬回家裡燒，不僅可以省下一筆錢，也能度過荷伯特（Hobart）的漫漫寒冬。

家中有一隻身形龐大的狗，名叫泰德，我的工作便是帶牠出門晃晃。看到泰德無精打采地蜷曲在沙發上，我朝牠揮揮手，繫上狗鏈，決定去後山走走。現在正值冬天，外面又下起毛毛雨，我的保暖衣物不多，只好隨意套件薄外套出門。

走在泥地裡，我得時常注意泰德的速度，牠興奮時就會朝山上狂奔，攔也攔不住。我死命地抓緊鏈子，深怕一放開，泰德就會不見。我們漫無目的地晃著，殊不知已經越走越進深山，一路上沒有指示牌，也收不到訊號。我繼續往前走，拿出自備的塑膠袋，清理泰德的糞便。不久之後，我叫泰德停下來，眼前的景色實在太美了。從山頭瞭望山下的荷伯特，屋頂色彩斑斕，點綴整座

城市，尤其此刻霧濛濛的，好像童話故事的仙境，極其神祕。下過細雨後，草地綠油油的生意盎然，和遠方的大海連成一片，難怪大家都說塔斯馬尼亞是澳洲的紐西蘭！

這時雨勢漸強，早已淋溼的我們，凍得直打哆嗦，是時候該回家了。我四處張望，卻找不到任何指示牌，每條小徑又長得一模一樣。我開始感到緊張，不斷地在山裡兜來繞去，仍找不到任何線索，我們可能迷路了。

我問泰德要怎麼走，想說牠一路大小便，不停做記號，一定聞得出回家的路。可惜我錯了，牠只是一遍又一遍的帶我去其他地方玩要，樂此不疲。一小時過後，我們還被困在山上，此時已經筋疲力盡，衣服全溼透。山上的氣溫極低，冷

到我無法克制地發抖。突然驚叫一聲，泰德拖著疲憊的我，在大雨中滑下谷溝。我感到不耐煩，生氣地對牠說：「再不回家的話，我們兩個都會生病的。」

這一滑，倒是意外發現前方的小徑好似會通到大馬路，我趕緊爬起來，牽著泰德往前走。看到路牌，我完全沒印象，應該不是在家附近。我開始想辦法攔便車，希望有好心人載我們，可是沒有人願意停下來。因爲雨勢頗大，我旁邊還跟著泰德，他們怕車子被弄得髒亂。

既然這辦法行不通，至少得要知道我們的位置吧！不遠處有幾戶人家落在這山頭，我趕緊去敲門拜訪。過了幾分鐘，門被打開。「請問有什麼事嗎？」屋主有些防備地盯著我。我聲音顫抖地問：「我們來自西荷伯特，請問這裡是哪裡？我們迷路了。」那男人驚訝地說：「天啊！孩子，你們已經繞過半個城市了。」原來是這樣啊，我們從家裡繞到山的另一頭，難怪走了那麼久的路。

莫拉發現我們還沒回家，馬上開車過來找我們，我們兩個像做錯事的小孩，站在路邊等待。驅車趕來後，只見她拿著一疊毛巾下車，急忙地套在我和泰德頭上，寵溺地說：「可憐的孩子，你們一定凍壞了吧！」

坐在車子裡，我和泰德緊捱在一起，相依取暖，此時的心也是暖暖的。莫拉好像媽媽喔！我的笑容越來越大，幸福在此刻不斷膨脹著。

陳年的酒杯灣

無意間看到朋友去爬酒杯灣（Wineglass Bay）的照片，從山上俯瞰下去，海岸線的弧度美極了。海水有如漸層的調色盤，蘊染在心頭上，令人心醉神迷。

酒杯灣坐落在菲辛那國家公園（Freycinet National Park）裡，而我國小的英文老師曼尼和她先生羅伊，正好在菲辛那飯店的廚房工作，所以想要順道去拜訪她。告別莫瑞一家，我隨即趕往巴士站搭車。菲辛那距離荷伯特約四小時的車程，抵達目的地時，已經下午一點了。連幾日的大雨，此刻也不例外，又溼又冷。趁天色還早，我決定去爬酒杯灣。

冬天天色暗得快，飯店的旅客選擇待在屋內，因為下雨天去爬山是非常危險的，尤其路面滑溜，在雨中行走也不方便。可是我只有一天的時間，如果現在不出發，恐怕就沒機會了。

道路蜿蜒環繞群山，我繼續往前走，望向那永無止境的道路。深怕會迷路的我，只能不斷安慰自己，等走到盡頭處，就會看見酒杯灣的入口。途經停車場，兩隻沙袋鼠（Wallaby）跟在我後面，也許是餓了。常聽到管理員說不要餵食野生動物，但我怕牠們挨餓，於是將背包中剩下的堅果分一半出去，然後加緊腳步往山間走去，希望可以趕在天黑之前下山。

雖然不知道路程有多長，但是為了一睹酒杯灣的風采，只好拚了！不過我相當好奇，海水是湛藍的光澤，為什麼要叫它酒杯灣呢？

這一切要從一八二〇年說起。當時捕鯨人聚集在海灣，駕著小船追趕鯨魚，使用魚叉捕捉牠們，並將屍體拖至沿岸，由屠夫將牠們剖開，煉取當時極為珍貴的鯨魚油。鯨魚油被運到英國供應照明使用，鯨骨則拿來製作女性的貼身胸衣，就這樣持續掠殺二十年。當時的海灣成了鯨魚的刑場，鮮血染紅整片海洋，宛如盛著紅色海水的酒杯，因而得名。

登上瞭望臺時，那段歷史已不再怵目驚心。白色的沙灘與湛藍的海水互相輝映，半月形的海岸線像酒杯似的，將海水納入杯中，在落日的餘暉下，顯得柔和，如一杯陳年好酒，香醇的氣味讓人駐足久留。待了一陣子後，我從尖石上爬下來，循著原路快步走下山，烏雲密布的天空，此刻更加黯淡。等我走回停車場，已經看不見前方的景物，我趕緊拿出手電筒，在黑暗中行走。

回到飯店大廳，曼尼和羅伊前來接我到家中住一晚。他們家面向大生蠔灣（Great Oyster Bay），屋內設計充滿大地元素，有枯木枝做成的燈飾，加上一些貝殼點綴，與大自然融爲一體。

今天的晚餐是豆子湯，配上切塊培根與佐料。我本來沒有很喜歡這道料理，但是羅伊煮得特別爽口，廚藝精湛，連我這麼挑食的人都讚不絕口；飯後甜點是曼尼的手工餅乾——杏仁巧酥（Chewy Almond），經過她個人的調製後，不像市面上那般甜膩，酥脆的外皮裹著綿密的內餡，每一口都是享受。

或許眞正吸引我的，是曼尼和羅伊的生活哲學吧！從事自己熱愛的工作，有一幢靠海的房子，早晨的時候可以在沙灘上散步，中午出海抓龍蝦，晚上則窩在客廳享受家庭時光，簡約的生活，平凡又滿足。

今晚的月亮，就像我此刻的心情，裹上一層糖粉似的，變成一顆甜滋滋的蜜糖。美好的夜晚，與老友在客廳敘舊過往，最後在朦朧的睡意中滑進酒杯灣，於寧靜的海面下，沉沉睡去。

Island

島嶼

Photo by Vonny Chen

歷史教授的便車

將背包丟在一旁，站在里程碑下，拿起事先寫好的紙板，在路邊舉起大拇指。從科爾斯海灣（Coles Bay）到崔伯納（Triabunna）大約要一小時的車程，而我旁邊這條馬路是唯一能通行的公路。目前沒有任何一輛車經過，不過沒關係，我可以在這等整個下午。

第一輛車開過來了，它沒有停下。十分鐘後又來了一輛車，本以爲它會呼嘯而過，沒想到卻停在我後方幾公尺處。有個身型壯碩的男人走下車，身高大約有一百九十公分。他正在整理後座，想爲我騰出一個位子。我想起友人曾說過：「如果你攔到一輛車，卻不想上車的話，是可以拒絕人家的。」

他的體型太過高大，令我心生危機意識，總覺得我被欺負的可能性很大。當我向他走近時，他微笑地抬起頭，前方駕駛座的中年婦人則是和藹地叫我上車。原來不只他一個人啊！向他們道謝後，我安心地坐上車。他們是克萊兒與漢彌許，一對夫妻檔。克萊兒問我怎麼會一個人站在那裡，我便分享在菲辛那國家公園發生的趣事，然後因爲沒有接駁公車的關係，朋友只能把我載到路邊搭便車。克萊兒微笑地點頭，他們休假時也喜歡往國家公園跑。

塔斯馬尼亞的特色就是島嶼上的自然風景，非常純淨，幾乎沒有汙染，是澳洲的寶地。克萊兒對我說，若是半路上想停下來拍照的話，可以跟她說，他們都很喜歡停在路邊欣賞一些別人不會注意的景色。「漢彌許是塔斯馬尼亞大學的歷史學教授，這一小時我們可以順道來趟文化之旅。」天啊！我眞是太幸運了。心中暗自竊喜，慶幸剛才沒有拒絕漢彌許的好意。

不過，我對澳洲的歷史一知半解，以前高中課本上幾乎都是羅馬帝國、英國或美國的歷史，

A3
Island
Swansea 32
Triabunna 82
Orford 89
Buckland 104
Sorell 141
Hobart 166
70
Triabunna

對澳洲卻沒有詳加介紹。漢彌許說：「澳洲最爲人熟知的移民潮是來自歐洲各國，當時也有許多來自亞洲的移民遠渡重洋而來。」

以前的塔斯馬尼亞島是原住民居住地，後來被英國殖民後，歐洲人帶來的疾病與屠殺，致使原住民的人口數銳減。當時政府以利誘的方式將原住民遷往他地，目前判定塔斯馬尼亞的原住民民族已滅絕。雖然有一些混血後裔還留在島上，但是語言與文化大部分已失傳。

爲什麼要驅走原住民呢？因爲英國政府將塔斯馬尼亞規劃成犯人的流放地，只要是罪犯都會被運送到這座島上。這歷史就有如隔離島（Shutter Island），將罪犯囚禁在小島上，使他們無法輕易逃出牢籠外。「等會兒我帶妳去看一個歷史角落，是當時囚犯在島上留下的證據。」

過了十分鐘，克萊兒將車停在路邊，告訴我就是這裡。下車後，我跟在漢彌許身後，往橋下走去。眼前的斯拜基橋（Spiky Bridge）長得非常奇特，邊緣呈現尖石狀，看起來像是執行酷刑的地方。

「妳現在看到的橋，就是十九世紀建的。當年，這裡只是一道溝渠，道路狀況不佳，遊客常因爲踩空而受困於危險之中。後來島上的典獄長從好友口中得知這件事，便將及時圍捕的一群罪犯送來這裡修補圍牆，解決當務之急。」

這座橋連接天鵝海和小天鵝港，作爲東部通行的橋梁。看著路旁的尖石，我感到哭笑不得。歷史學家猜測，也許是當時被逼迫建橋的囚犯們，爲了報復才亂砌一通的成果。站在橋下往上看，倒像是一面城牆，而那尖銳的石頭，成爲防禦外敵入侵的最後一道防線。

再次上路後，我望向窗外，意外的一堂歷史課著實讓我感到震撼。看似風光明媚的塔斯馬尼亞，卻背負著沉重的過去。歷史的痕跡未在今日消逝，而是刻在這土地上，令人怵目驚心。

Island

島

嶼

湖畔泛舟

抵達崔伯納後，我拿著手上的地址尋找卡洛琳的家。卡洛琳來自蘇格蘭，身高一百七十公分，體型魁梧，看起來像是部隊裡的女猛將，只要一下達指令，無論敵人是誰都可以三兩下殲滅。

我來到門牌前，屋主對著我喊：「妳找卡洛琳嗎？她住在後方的屋棚裡。」我朝他手指的方向望去，正好看見一間鐵皮屋。屋主說，屋棚以前是用來堆積雜貨的，因爲卡洛琳急於在附近找房子，才決定租給她。進屋後，卡洛琳熱情地招呼我坐下：「我已經很久沒有訪客了，妳知道我有多開心能接待妳嗎？」崔伯納位於偏遠的小鎮，交通不便，幾乎沒什麼遊客前來，讓她覺得有些枯燥乏味。

「本來今天要帶妳去湖邊泛舟，但是屋外氣溫驟降，怕妳會冷得受不了。」我馬上跟她說我想去，即使在冬天泛舟可能會被凍死，我卻覺得很特別。這裡人煙稀少，我可以獨享一整片湖上風光。

由於家中沒有壁爐，爲了防止保暖衣物沾溼，我們套上輕薄的衣裳，往前方的湖走去。河堤邊散落廢棄的木舟和錨，我們穿越草叢，來到貨櫃屋前，卡洛琳敲開上面的鐵絲，我們合力搬出兩艘獨木舟，划向湖的另一方。

湖水的寒氣從湖面侵襲上來，我冷到牙齒不斷地碰撞，發出喀喀喀的聲音，不過內心依舊亢奮。雖然天色已暗，湖面卻在微光的照射下，透明得如一層薄膜。可惜我還不太會控制槳的力道，常常過度傾斜，差點落入水中。此時，我看到湖裡一顆顆的東西，遂問卡洛琳那是什麼，「大蛤蜊。」她頓時抓起一大把，有些都只剩下殘骸。我心頭一癢，把手伸進湖裡一把抓，像海盜般搜刮奇珍異寶。

後來卡洛琳的屋主看不下去，趕緊叫我們上岸，深怕我們著涼。我大概是被凍僵了，雙手根本使不出力，船身越划越往後退。幸好我用槳抵著河堤邊的柱子漸漸靠岸，否則應該很快便會在湖中央變成一顆冰化石。

回到家後，點上蠟燭，將撿到的大蛤蜊洗淨，熱炒一盤美味的佳餚。我們窩在沙發上，從食物中聞到湖裡的味道，還有那撥弄湖水的聲音，我們倆泛著舟，獨享崔伯納的湖畔時光。

徒步環島

卡洛琳的家離鎮上有一段距離，中間有一段長達四公里的公路。鎮上沒有大眾交通工具，我只好一個人徒步出發；沿途有幾輛車經過，我卻沒有招手，在路上走累了可以停下來歇息，或是在某處逗留，隨心所欲。

抵達鎮上，我來到渡輪的港口。每年六月到八月期間，渡輪公司推出冬季方案，可以免費乘坐渡輪到瑪莉亞島（Maria Island），我便把握機會，預約今天的船位。瑪莉亞島本身是一座國家公園，島上沒有居民居住，像世外桃源般，坐落在海中央，獨樹一格，將所有純淨都鎖在島嶼上，不讓人爲迫害它。

上岸後，我到遊客中心要張地圖，選定一處較短的步道出發。在經過野餐區時，我被眼前的景象震懾住了。兩隻傻鵝在草地上追逐，用翅膀不斷地賞對方一巴掌，還惡劣地啄掉對方羽毛，宛如發情期的象徵。這時有位大叔也來湊熱鬧，站在一旁狂笑，他說這種鳥是巴任角鵝（Cape Barren Geese），是島上特有物種；瑪莉亞島是澳洲最天然的海島之一，能看到許多瀕臨絕種的動物，例如塔斯馬尼亞袋獾（Tasmanian Devil）。

「妳知道從下個禮拜開始，島上將禁閉一個月嗎？」他向我解釋：「島上有許多稀有物種，但是袋熊和袋鼠的大量繁殖已經嚴重侵害到其他動物的生存空間，所以在封島的這段期間會執行射殺的任務，以維持島上生態平衡。」

大叔的名字叫彼得，剛才看他推著一輛奇形怪狀的車下船，我好奇地問那是什麼。他將車拉

到前方，讓我瞧個仔細。把手部分呈現鬥牛角的形狀，延伸到底盤下方，長度比我的身高還高，只見彼得輕鬆地拉著它轉圈，毫不費力。

不過背後的故事才是它神奇的地方。彼得說，這輛是他的步行車，他拉著它從雪梨走到墨爾本，為期三個月的時間。我感到驚訝，這樣不會很累嗎？他說，這全都要歸功於把手的設計，根據力矩原理，讓他以最省力的方式推動輪子前進。他將所有家當裝上車，累了就取出睡袋在路邊打盹。

彼得問我今天有什麼計畫，我跟他說我要去爬彩繪崖（Painted Cliffs），他指著遠方一條石子路，叫我沿著那條路走，便會看到標示。向他道謝過後，我以緩慢的步調向前邁進。路途行經一處橋梁，橋下的洞口映照在水面上，形成一排愛心形狀的倒影，而不遠處就是目的地。岩石在海水經年累月的侵蝕下，形成層層片岩狀，因爲侵蝕強度深淺的關係，凹陷處會形成白色，造成石頭顏色不一，因此被命名爲彩繪崖。

當然這不是最吸引我的原因，我想探索的是這懸崖的造型。一般的崖邊通常會呈現「＼」型的傾斜度，不過彩繪崖很特別，呈現「く」的斜度。既然現在只有我一個人，不如去爬爬看，要不然等會兒人多時，大概會被擠到掉入水中。

我個子嬌小，走崖邊對我來說不是什麼難事，可以挺胸走，不用一直彎下身子。倒是沒想到海水越來越湍急，浪潮打上腳邊來，岩石的表面潮溼，常使我的鞋子打滑。我索性在這待上整個下午，望著一片汪洋大海沉思。一小時後，我發現還是沒有人上來這裡，若是我失足掉入水中溺死，大概也不會有人知道吧！海風吹得我有點涼，將褲子上的沙子拍掉後，即刻走回碼頭邊。

渡輪在黃昏時啓程返鄉，也許是五小時的故事還不夠過癮，我走到甲板上，依依不捨地看著瑪莉亞島。光輝在雲霧中散開，好像灑上金粉似的，耀眼奪目。我的視線隨著船身左右搖晃，逐漸拉開焦距，最後看著瑪莉亞島在遠方的地平線上消失。

Island

島嶼

冬季的黑與白

晚霞時分，我與卡洛琳驅車前往荷伯特市中心狂歡，過去這一周島上正好在舉辦冬季嘉年華「Dark Mofo」。

我對這個嘉年華印象特別深刻的原因，是來自它背後的意義：慶祝冬天的到來。平常我們總是嚷著寒冬趕快過去，冬季嘉年華卻不一樣，它的主旨是希望大家不要躲開冬天，享受這季節帶來的另一種氛圍。旁人常用「Mofo」等字眼互開玩笑，因為在粗俗的用語中，它指的是「Mother Fucker」；在冬季嘉年華裡，則是由新舊藝術博物館（Museum of Old and New Art）和音樂藝術節（Festival of Music and Art）兩詞所組成。

在離市區還有一段距離時，我被窗外的景象攫住了目光。只見一道光束從天上投射下來，宛如外星人的傑作，準備從幽浮上降臨搗亂。光源其實是從地面投射到空中，我比劃了一下，那高度少說也有十幾公里，穿入雲層，隱沒在上空。而這只是嘉年華的序幕之一。為了配合冬季主題，今年 Dark Mofo 決定在黑暗中舉辦，現場可以看見許多異教符號、恐怖裝置和大量火焰。由於盛會位於荷伯特市中心，又是島嶼特有的節慶，一路上豔光四射，人滿為患，幾乎很難找到停車位。整個城市被擠得水洩不通，有如大雜燴。

卡洛琳開車來到市區的暗巷，將車子停在某戶人家的車庫裡。

「你認識屋主嗎？」

「不認識，他好像出遠門去了。每次只要找不到停車位，我便會把車停在這裡。」

「如果被發現怎麼辦？」我有點擔心。

「到時候我們就開車逃跑吧！」

和卡洛琳的朋友會合後，一行人決定先去附近的展覽中心逛逛。我們來到一座大貨艙前面，外面的告示牌貼著一張活死人的臉，看上去頗驚恐，令我好奇被大門隔絕在裡頭的藝術作品，是否也透露此種死寂之氣。

一探究竟，才發現裡面的藝術一點都不詭譎。相對的，藝術結合科學與眞理，展露出不同的樣貌。以我的第一印象來說，一個白色的平面，四個角落各擺上一面鏡子，乍看之下只是一件搞笑的藝術品，但若仔細觀察，各鏡面互相反射，投射到你看不到的層面，帶出背後的寓意。

就像外頭那張告示牌，第一眼看見它的人都覺得害怕，若走近仔細瞧，會發覺那活死人的臉之所以如此可怕，是因爲他的眼睛彷彿一面鏡子，能反射我們的一舉一動，就是別人眼中的自己。這項「光束，在自己眼中」的展覽，表達出人類自身的缺點，也讓我們更加清楚，眞正的美麗是來自內心，而非外在，透過這次的展覽，讓我們看見心靈上的熠熠光輝。

沒想到會在黑暗的嘉年華得到這樣的啓示。原以爲它只是想嚇唬人，播放恐怖的音效與嚇人的裝扮，似乎完全不是這麼一回事。漸漸地，內心也如同眼前的畫面，豁然開朗。

巨大的廳內呈現一片粉紅色的氣氛，長形的桌子無限延展到後方，桌上點著蠟燭，好像來到十七世紀的宮廷裡，同貴族般享用佳餚，還有樂手在一旁演奏音樂。現場的食物攤位從墨西哥捲餅到印度咖哩，各有特色，搭配令人食指大動的當地特產，起司與牡蠣。我們合買一盤新鮮牡蠣，淋上酸甜的檸檬汁，分享美好的餐桌時光；人們徹夜狂歡，即使冷風強烈地令人難以忍受，內心仍沸騰著，有如暖流注入心臟。

卡洛琳說，在我離開塔斯馬尼亞前，有份神祕的禮物要送給我，不過要等到明天才能揭曉。

最後，我們決定擠在車子的後車廂，伴隨冷颼颼的風聲入眠。早上醒來時，卡洛琳的車已行駛在公路上。

「我們要去很遠的地方嗎？」我揉著眼睛問。

「再過半小時就會到了。」她專心開車，略帶神祕。

看著窗外的景色，我們好像一直在繞圈圈，往頂上旋轉。卡洛琳還是什麼都沒有說，直到我們來到山頂的停車場。

「是雪耶！」我驚呼。

「妳應該沒看過雪吧？這就是我要送妳的禮物。」

這裡是惠靈頓山（Mount Wellington），位於海拔一千多公尺處。眼前一片白雪皚皚，在陽光的照耀下，顯得晶瑩透亮。不過正確來說，應該是「冰塊」，而不是雪，也許是時候未到。卡洛琳調皮地朝我丟一顆冰球，我馬上還以顏色，和她來個冰雪大戰。冰塊打到鼻子時，被凍得紅通通的，活像是一隻麋鹿。我卻很開心，不斷地在雪地滑來滑去，十足過癮。

踩踏的每一步，都在雪地中留下鞋印，儘管夏天來臨時，它會融成一攤水，消失無蹤。但我永遠不會忘記，這是我愛過冬季的痕跡。

享受，一個人

六月二十五日，是我在澳洲打工度假的最後一天。坐在機場大廳，握著手中那張即將失效的簽證，耳邊傳來廣播的催促聲：「請還沒登機的旅客，盡快登機。」那是回臺灣的班機，站起身，我卻朝另一個方向邁進。

我不想回家，現在還不是時候。

爲了實現環澳的夢想，我買了一張飛往紐西蘭的機票，決定去碰運氣，希望能順利拿到澳洲觀光簽證，完成還未走完的旅行。還記得兩個禮拜前，我抱著一疊境內申請觀光簽的文件，像個瘋婆子在馬路上狂奔。時間已經來到三點五十五分，再過五分鐘移民局就要關門了，我卻還有兩個街口要闖。我得準時報到，才有可能在限時內通過申請。

當我飛也似的抵達現場，大樓分成好幾個部門，我慌張地問警衛怎麼走，這時他頗爲無奈地對我說：「妳晚了一分鐘，移民局已經關了。」我的心頓時涼了一半，警衛不忍心看我難過，大發慈悲地告訴我一個小撇步。「往那方向直直走，轉角處右轉會看到一扇門。審理通過的人會從那走出來，趁著門被推開的空檔，溜進去會場。記得不要被發現喔！祝妳好運。」我想，應該還有一絲希望吧！

Island

島

嶼

等了大約五分鐘，門終於被推開，我馬上往門縫間的空隙鑽，結果安管人員抓住我，將我丟出門外。「明天再來。」我看著門在我眼前闔上，也一併把我內心的希望壓碎了，最後只能選擇出境去紐西蘭申請。

其實我內心非常掙扎，不想離開澳洲這個國度，我不確定是否還能再次踏上這裡。但是我一定得去，如果連試的機會都不把握的話，那連夢想的邊都沾不上了。慶幸的是，抵達奧克蘭（Auckland）後，我找到一位準備出遠門的沙發主人，他請我幫他看家（House Sitting），我則可以免費在他家住上幾晚。

不過第一件事還是得先處理好申請文件，我走到移民局，門口警衛抽了一張號碼牌給我，示意我在一旁等待。與澳洲的移民局相比，紐西蘭的格局相對較小，前來申請的人也寥寥無幾。移民官示意我上前，開始審核我的文件。他的頭上包著頭巾，蓄著大鬍子，宛如是位印度人，這時他濃厚的印度腔英文傳進我耳裡：「既然妳剛結束打工度假簽證，爲什麼還要申請觀光簽？用意是什麼？」

他的語氣充滿懷疑，但我也是有備而來。我將所需文件呈給他，解釋將在八月前往原住民部落當志工。他再三強調，觀光簽證不能在澳洲境內找工作，我拿出從澳洲返回臺灣的機票向他保證，等到三個月一到，一定會回國繼續完成學業。他似乎是被我說服，將文件送出後，叫我回家等消息。

來到新的國家，我沒有任何冒險欲望，一來是因爲已經奔波了好幾個月，接下來又有大冒險等著我，所以我哪也不想去，每天悠閒地在都市漫遊，無聊時就窩在圖書館一整天，或是站在美術館的畫作前沉思。我想起約翰藍儂說過的一句話，Time you enjoy wasting, was not wasted。

有人問我，紐西蘭這麼漂亮，爲什麼不出去走走？我倒覺得不是旅行疲乏，因爲我不「旅行」，而是「生活」。在我的印象裡，旅行是把握時間，將每天的行程排得滿滿的，可是我不喜歡這樣。我喜歡有時候像懶骨頭般，什麼都不做，也許是坐在床上發呆，拿著水彩筆作畫。我很享受這種慢步調的生活，感覺在浪費時間，卻令人樂此不疲。

過了幾天的獨居生活，終於在第四天，收到移民局寄來的電子觀光簽證，此時的心情像是鬆了一口氣，屋主也剛好趕在最後一天回來。經過這幾日的充電，我現在可是精神百倍，全身充滿能量，等不及再次踏上熟悉的土地。

澳洲，大冒險的開始！

Chapter 5

Dream

夢想。

大洋路風波

迎風開著車，在山與海的圍繞下，我與兩位同行的德國旅伴珊卓與托比，啓程大洋路（Great Ocean Road），一路向西開往伯斯。

我們租的是回頭車（Relocation Car），比一般租車費便宜，而且可以在不同地點交車；限定繳交期限爲七日後，時間還算充裕，租金一天只要澳幣十五元，眞的很划算。上車後，我們即刻往海洋公路出發。大洋路最爲人熟知的即是風光明媚的沿途風景，放眼望去，陡峭的峭壁、美麗的沙灘與神祕的火山湖，都能在這趟旅程中盡收眼底。其中的歷史，也値得人們去體會探索。

第一次世界大戰的時候，西南海岸線只能藉由海路與灌木軌道互通往來，直到戰後，國家爲了擺脫經濟蕭條，安排退役士兵徒手修建道路，最後以世界大戰（Great War）爲橋命名，紀念這群老兵。

此時，珊卓輕踩煞車減速，手指著前方，竟有一隻無尾熊在路中央爬行。我和托比馬上跳下車跟在牠後面。基本上，無尾熊甚少會爬下樹來，除非是尤加利葉被吃光了，牠們才會離開樹幹，移動尋找新的棲息地。無尾熊雖然能用兩腳站立，卻得四腳並用往前爬行，走路姿勢頗爲怪異，甚是緩慢。托比爲了減輕牠的負擔，將牠撈起抱到樹上去。無尾熊開始在他懷中掙扎，兩眼瞪得老大，像是被這突如其來的舉動嚇壞了。

Dream

夢

想

Dream
夢想

我們相視而笑，繼續往神祕的十二門徒石（Twelve Apostles）駛去。這些高大雄偉的石柱從海面上升起，是屬於坎貝爾港國家公園的一部分。它們曾經與澳洲沿岸相連，經過幾千萬年的海浪侵蝕，在懸崖上鑿出坑洞，雕塑成拱門的樣子。後來在海風強力的撞擊下一一被砸倒，剩下高達四十五公尺的石柱。

我算著海上的石柱，發現怎麼算都只有八柱，其他四柱跑哪去了？路旁的遊客說，由於每年猛烈的海浪持續侵蝕石柱，所以有四座已相繼被消蝕掉。我看著浪潮打在石柱上，濺起美麗的水花，同時也狠毒地帶走下一個門徒。

天空飄起細雨，我們再次上路尋找今晚住宿的地方。開著車在市區繞，大部分店家早已歇業，連車屋公園（Caravan Park）也不例外。托比將車停在一旁，提議今晚先睡路邊，我點頭附和，但珊卓堅持要睡車屋公園。

「我不能忍受一天沒洗澡，更何況我們需要供電的地方，才能開電暖爐。」

「我們可以將行李中的衣物全塞進睡袋裡，便會暖和起來。」我說。

她仍舊堅持己見，不肯罷休。

滿心期待的公路之旅難免有些小摩擦，一開始我不以爲意，沒想到卻在日後埋下導火線。

懸崖上的平靜

大雨下個不停，前方的路也變得模糊。我們找到一間簡陋的車屋公園，決定投宿一晚。珊卓說她要先洗澡，隨即拿著盥洗用具走進去，我和托比則在廚房討論明天的路線。

等我走回停車場時，看見我的行李正在車外淋雨，珊卓則是安靜地躺在車子裡。我的內心頓時竄起一股無名火，馬上質問她這是怎麼回事。「妳的行李頗占空間，不如丟在車外，免得礙我的眼。」我將行李搬到前座，發現衣物都浸溼了，根本不能穿，只好隨便梳洗一番，早早就寢。珊卓看到我穿著髒衣服爬進睡袋，嫌惡地說：「妳好噁心，臺灣人都像妳這樣嗎？」我翻過身反擊：「不要隨便批評我的國家，就算妳是我遇過最沒有人文素養的德國人，我也不會因此批評妳的國家。」

珊卓惱羞成怒地朝我怒罵幾句，直到托比怒不可遏地叫她閉嘴。低氣壓瞬間籠罩在車子裡，我們誰都沒說話。我終於了解問題的癥結所在，難怪珊卓始終對我擺臉色，來澳洲這麼久，我還是第一次碰到種族歧視。

隔天上路後，珊卓故意摀住鼻子，像是在提醒我滿身汗臭味。我不以為意，逕自坐在一旁，已經呈現麻痺狀態。車子筆直地在公路上行駛，幾個小時過去，道路兩側除了荒蕪的原野之外，再無其他景色。

「咦？遠處立了一個牌子，可能是瞭望臺，不如我們下去走走。」托比提議，恨不得能挪動屁股。我看著路牌指示，才知道這裡是大澳洲灣（Great Australian Bight）。往瞭望臺走去，波瀾壯闊的海景令人望洋興嘆，對大自然的鬼斧神工更加景仰；陡峭的懸崖稜線，讓沙漠與海洋

Dream

夢想

相遇，互相對望，我特別喜歡海水的湛藍色，一如綢緞般滑膩。打在石頭上的浪潮，化成白色泡沫，襯托出美麗的汪洋景象。

突然，托比搖晃我的身軀，叫我往下看，似乎有什麼東西浮出海面。「是鯨魚！」我大叫。不過距離太遠，不是看得很清楚。旁邊一位大叔放下望遠鏡，對我說：「那是南露脊鯨（Southern Right Whale）喔！」南露脊鯨身長十五公尺，身體呈現黑色或深灰色，頭部有特殊的硬繭，能分辨出牠們與其他鯨魚的不同。大叔說，每年六月到十月，鯨魚會遷徙到大澳洲灣，尤其是在這片海域附近。

聆聽海洋的聲音，感受來自鯨魚的召喚，頓時湧起一股衝動。趁大家都離開時，我來到懸崖邊。「天啊！妳瘋了嗎？有多少人跌落懸崖，妳竟然還要尋死，真是愚蠢的亞洲人。」珊卓嘲諷。我摀住耳朵，越過十字架，蹲下身子往下爬。懸崖邊有一凹陷處，能清楚看見深藍的海面，我手腳不停地顫抖，緊抓石頭邊緣，爬向四十度傾斜的石面，也許是磨擦太大力的關係，有些小石子從我身旁滾落，掉進海裡。

我深呼吸，穩住自己的身子，鎮定地坐在懸崖邊。張開眼睛時，雜音都被隔絕在外，除了心臟的跳動聲，眼前只剩下蔚藍的海面。壓抑許久的怒氣，在這一刻得到釋放。

靠近死亡邊緣，我找到另一種平靜。帶著無懼的心，追尋自由與和平。公路之旅即將結束，我決定將內心的憤怒，埋在這片蔚藍的海域。

金剛芭比

我來到位於伯斯（Perth）近郊的考伯恩（Cockburn），與沙發主人馬修見面。他頂著一顆光頭，臉上都是鬍子，全身長滿肌肉，儼然是每天騎著哈雷機車的飆仔。

馬修家不常有訪客，不過鄰居的寵物喜歡跑過來串門子，時常聽到後院傳來動物的嘻鬧聲。某天早上，當我還在夢境裡獨自呢喃時，忽地被一陣雷劈聲驚醒。這聲音持續在我耳邊嗡嗡作響，根本無法睡回籠覺，只好起床刷牙洗臉，朝那股惱人的聲音走去。

一踏出門外，看見馬修跪在地上拿著電鋸砍木柴，我才想起幾天前他告訴我木頭快用完這回事。難怪他會起個大早，趁陽光還不大時，砍一些起來備用，要不然今晚我們就得在冰冷的寒冬裡度過。

至於這些木頭是哪來的呢？當然不是馬修親自去砍的。馬修家用的是燒木壁爐，我曾經問他爲什麼不用電暖爐？他解釋說，使用電暖爐很不環保且電費昂貴，若是換成燒木壁爐，一切就簡單多了。

伯斯鎮上剛好有一群伐木工人。冬天的時候，馬修請他們運送木材到家裡，木工事先會把木頭劈成一節一節，要使用時再鋸成一小塊就行了。使用燒木壁爐還有一個好處，因爲馬修平常不愛煮飯，他會一次煮一個禮拜的分量，將不吃的先冰凍起來，晚餐時再放在壁爐上解凍加熱，即可食用。不只這樣，馬修家的牆上掛滿太陽能燈泡，晚上不需要開燈，七彩燈泡投射在後院的草地上，像是一場小型的嘉年華，絢爛奪目。夏天來臨時，馬修便將存下來的電力賣給太陽能公司，爲環保盡一份心力。

正在賣力砍木頭的馬修，脫下耳罩，甩著手活動筋骨。由於砍木柴會一直使用到臂上的肌肉，所以要適當休息，不然會造成肌肉痠痛。我幫他倒杯水，自告奮勇地說要幫忙。他以爲我在開玩笑，搖頭說：「這粗活妳做不來。」我拉起衣袖秀出手臂上的肌肉，反駁說：「別小看我，我曾經背著一位七十公斤的男人過馬路呢！」一再強調我不是小女生，也有男人的氣魄。馬修啞然失笑，答應讓我幫忙砍木頭，不過前提是要小心，不能弄傷自己。

他將耳罩交給我，說這是用來保護耳朵的，否則聽力極易受損。接著他拉動鏈鋸，叫我緊握住把手，我全神貫注地拿著它，深怕一不小心就會傷到自己。馬修開始下指令：「先將重心壓低，雙腳跪在地上。左手握住拉桿，右手握住後方，慢慢的前後移動往下切。」電鋸比我想像的還要重許多，且後座力強勁，常使我重心往前傾斜。切口的木屑一直往我臉上噴，霧茫茫的一片，甚至不小心滲入眼睛，極爲不舒服；使力過度的關係導致肌肉痠痛，但我仍咬牙切完它。

停下動作後，大概是負荷不了，兩隻手像洩氣的皮球，垂在身體兩側，如同傀儡般，需要有人在手腕綁上繩子，才能促使我動起來。馬修拿下我的耳罩，要我到一旁休息。

「一般女孩子都避之唯恐不及的電鋸，妳怎麼會有興趣學呢？」

「就當是學一項技能吧！如果有一天，我在森林裡紮營，需要用到電鋸砍樹，那我現在學起來，等到事情發生時，不就能在野外求生了嗎？」我喜歡不斷學習新事物，並且靠自己解決問題。

馬修點頭，驚訝地說：「沒想到像妳這麼嬌小的女生，內心居然擁有如此強大的能量，我對妳另眼相看了。」此時，我舉起軟趴趴的左手，秀出肌肉，驕傲地說：「這輩子，我不當公主，我要當強悍的金剛芭比！」

Dream

夢

想

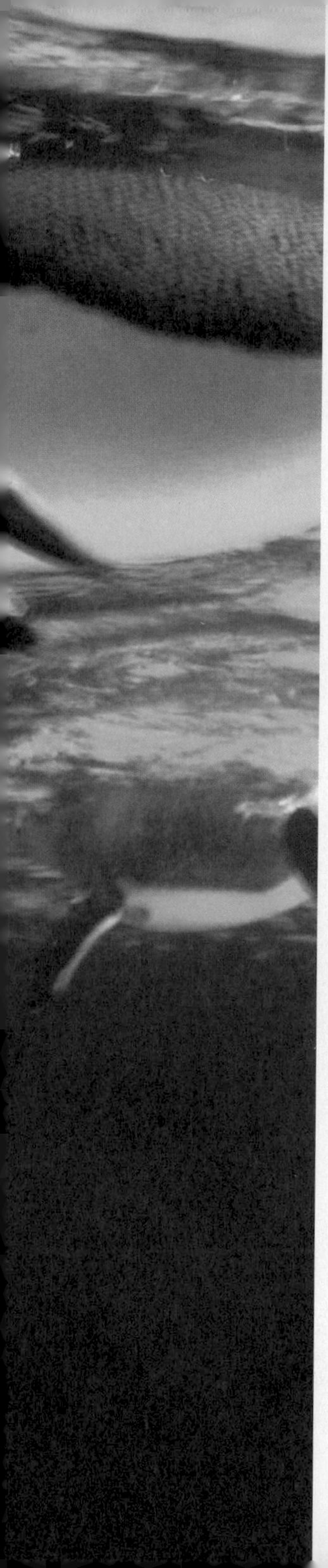

企鵝島的信差

有一段日子，我曾經和友人到海邊尋找企鵝的蹤跡。碼頭邊捕魚的老爺爺告訴我，企鵝在太陽下山後會浮出水面，但當我們走到碼頭尾端，卻發現前面的路都被封住，阻擋遊客觀看企鵝上岸。最後，我們難掩失望地結束那次企鵝之旅。

來到伯斯後，得知鎮上也有一座企鵝島（Penguin Island），或許仍有機會看到野生的企鵝，一早我即搭上火車，來到洛金漢站，轉搭五五一號公車前往目的地。

伯斯的交通路線錯綜複雜，我連在哪站下車都搞不清楚，還得拜託司機到站時提醒我。今日陰雨綿綿，公車上只有我一位乘客，這時只能苦笑，誰會在這種壞天氣出門呢？

下車前，司機好心地告訴我步行路線，以防我找不到指標而迷路。轉角處的正前方即是遊客中心，我走進櫃檯詢問何時會發船，工作人員回答：「六月到九月是企鵝的產卵季節，所以不開放喔！」這是什麼晴天霹靂的消息！我千里迢迢地來這拜訪企鵝，竟然就這樣被拒絕了。我不死

Dream

夢想

Photo by Nadine Maulida

心地追問，是否可以在退潮時涉海到島上？海島和沿岸之間，有一道淺灘相連兩地，在退潮時步行過去，海水的高度約莫只會淹到膝蓋上方。

「最近天氣比較不好，水流湍急，漲潮和退潮的時間不一定，妳在這時候涉海是非常危險的。」對方的叮嚀不斷在我心頭迴繞，雖然我常做一些危險的事，卻還懂得分寸，這次若涉海可能就一去不復返了，我才不要拿生命開玩笑。

但既然都來了，這樣回去也沒意思，不如去海灘走走，說不定會遇到什麼新鮮事。沿著海岸線望去，天空一片烏黑，像被黑勢力籠罩似的愁雲慘霧，我的身體已經被雨水淋溼，鞋子則陷入泥淖，渾身不舒服，我看見前方一位正拉著繩子的男人，遂向他走過去。

「先生，你在做什麼？」

「我在架設我的裝備啊！已經很久沒來海邊了，想要趁機活動我的筋骨。」他是馬連恩，來自西班牙，地上這些器具是風箏衝浪的裝備。

只見他將防寒衣套在身上，並在風箏充氣後，將四條強韌的繩子連接到手持的把手上。風箏面積幾乎是他的四倍大，套上腰帶後，扛起風箏，往海邊走去，當他確定繩子牢固地繫在兩端，便將腳卡在衝浪板，踩進水裡測試風的強度。

雨勢漸大，我勸阻馬連恩不要冒險，他卻執意要出海。他說，風箏衝浪被視為極限運動之一，無論在什麼情況下啓航，危險都不會降低。準備就緒後，他先將身體浸在海水中，適應水溫，接著緊握住把手，控制風箏的上升、下降及轉向。他頗具威風地擺出架式，在海裡滑行，甚至能在高空來個迴旋的跳躍，令我目瞪口呆。有幾次都因為力道太過猛烈，落入海中，我不禁為他捏把冷汗；儘管一身狼狽，他卻興奮地吼叫著，玩得不亦樂乎。

我羨慕地看著他將海當作遊樂場，想去哪就去哪，自由無拘束。我也很想試試看，可是馬連恩說，玩風箏衝浪要循序漸進，不可能一下子就學會，若操作不當，連繩子都會要了性命。

在沙灘上坐了一會兒，我心想，看別人玩挺無趣的，遂起身準備返家，此時，馬連恩提前上岸，他說今天的天氣太糟，雨水蒙住雙眼，無法玩得痛快，接著像是想起什麼似的，問我爲什麼來到這。

「我來看企鵝，不過服務員說這幾個月都不開船。」

「我剛剛在島上有看到企鵝喔！大概有一百多隻。牠們全都圍在岸邊，好像是想要下水，但水流湍急，一直被沖回岸上。當我滑行過去時，牠們全部擠成一團，振翅拍打著身體，仰頭朝天空發出叫聲，感覺是在向我打招呼呢！」

馬連恩說，島上的企鵝爲藍企鵝（Blue Penguin），體型大約四十五公分，非常嬌小，由於牠們早出晚歸的習性，回巢已是晚霞時分，今天天色又暗得快，才能一睹企鵝島的風采。聽著馬連恩的描述，我彷彿親身經歷一番，感到不可思議！他像是企鵝島的信差，爲我捎來島上的信息，即使無法親眼看見，畫面卻在腦中浮現，無法抹滅。

如果有一天，我穿越荊棘，越過山河，來到一處祕境，我也希望能將眼前所見、耳中所聞的景象分享出去。也許我不是一位厲害的說書人，但是如此美麗的故事，一定要說給你聽。

INTERPRETIVE CENTRE
INTERPRETIVE CENTRE

Dream
夢
想

遊牧男孩

在沒有盡頭的西澳公路上，貧瘠的景色像快門的速度一閃而過。我將手伸出車窗外，感受風從指尖流逝掉的瞬間，是不是什麼都抓不住呢？旅伴尼可轉頭對我說：「妳相信嗎？我一直嚮往遊牧民族的生活。」

尼可出生在英國小鎮，人口不多，自給自足，長大後便在家附近找份工作。在他二十六歲前，從沒出過遠門，連大城市都顯得遙不可及，枯燥乏味的生活，讓他決定拾起背包到世界流浪。他特別喜歡拜訪一些小村落，感受當地風俗民情。在祕魯時為了入境隨俗，他穿上傳統服裝，牽著駱馬（Llama）在林間散步；自此之後便對旅行上了癮，從一處遷徙到另一處，過著遊牧般的生活。

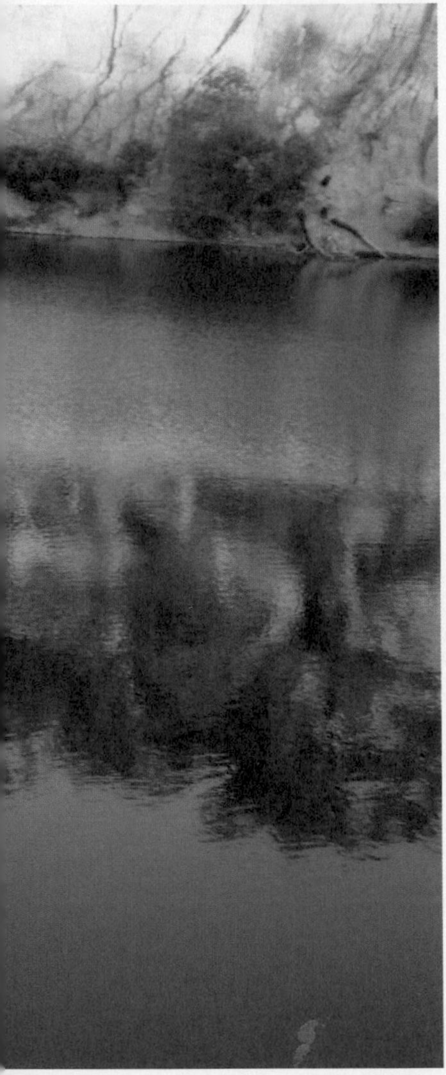

Dream

夢

想

此時，車子已駛入卡里基尼國家公園（Karijini National Park）。這裡的天氣不若南方寒冷，豔陽高照，氣候宜人。我們戴上遮陽帽，換上短袖衣褲，準備往峽谷下方走去。尼可遞了一節樹枝給我，要我等會兒走下坡時，當作登山杖使用。這裡是哈默斯利峽谷（Hamersley Gorge），地勢險峻，層層的片狀石頭通往下方，崎嶇顛簸。正當我想穿越捷徑時，草叢的葉子突然扎得我哇哇叫。

那草其貌不揚，葉子呈尖錐狀，有如刺蝟的軀殼，在掃過它時，針針刺入肌膚，頗折磨人。為了別再受苦行，我走回原來的小徑，一步一步往下爬。等我抵達下方，眼前的景色不再荒瘠。光照在紅色的岩壁上，像要將它烤熟似的，炙熱難耐。陡峭的峽谷下方有一潭池水，散播清涼的水氣，不斷地向四處擴散，具有消暑療效。

尼可將衣服脫個精光，裸身站在石頭上，一躍而下，濺出美麗的水花。他眯起眼，發出舒服的讚嘆聲，像隻魚在水中游來游去，我也將腳浸泡在水中，感覺體內的悶熱煩躁在一瞬間獲得舒緩。觀看水中倒影，紅色的岩壁映入水中，與藍色的池水形成對比，若再加上尼可的身軀，頓時成了一幅寫意的圖畫。他睜開眼睛說：「我現在看到的天空，應該跟魚看到的是一樣的吧！」

我不知道魚是否也知道天空的存在。他繼續說：「當你和大自然融為一體時，便能體會其中的奧妙。從峽谷上方往下看只能看見美麗的池水，但從下往上看時，我看到一望無際的天空。」

我仰望天空，一隻鳥突然在空中盤旋，最後停在峽谷上方。或許，尼可曾經是一條魚，在大海中過著游水的生活。可是有一天，他與海鳥相遇，愛得不可自拔，遂決定掙脫包袱，展翅在空中飛翔。

如果海鳥是一架飛機，尼可就是正在和世界談戀愛的遊牧男孩。

沙漠騎兵

快樂的時光總是過得特別快，再過兩天，我的班機就要飛往澳洲的原住民國度。尼可依依不捨地看著我，問我離開前有沒有想做的事。「看駱駝。」我說。

爲了達成我的願望，尼可加快速度趕路，只期望能在黃昏前抵達布魯姆（Broome），因爲每當日落時分，便能在凱布爾海灘（Cable Beach）上看到成群結隊的駱駝沿著海灘漫步，迎接落日彩霞，很是愜意。

車子漸漸遠離公路，來到充滿夏季風情的布魯姆小鎮，街上的行人已換上比基尼、短褲和夾腳拖往海邊的方向走去，準備來個日光浴。塗抹完防晒乳，我們也撲向沙灘，迎接黃昏的到來，灼熱的陽光刺在皮膚上，衝破皮囊，鑽入血管，使我感到燥熱不安，我趕緊奔進海中澆冷水，試圖緩和症狀，直到天色轉暗，那股悶熱才獲得解脫。

尼可招手叫我過去，「小艾！快來看看沙灘的變化。」我低頭往下看，眼睛突然發亮。原本一望無際的土色沙灘，此刻正透出螢光，當海水淹進沙灘後，滿地遍布平緩的小沙丘，而光影形成的色澤，如同色彩繽紛的沙礫，覆蓋在沙灘上，充滿童趣，讓我想起小時候的彩繪沙畫。

我拿著石頭在地上作畫，一邊注意是否有駱駝的動靜。過了許久，光線逐漸從地平面上消失，身體因爲晒了半小時的太陽越加疲憊，眼睛都快闔上。我轉頭問尼可，駱駝還會出現嗎？他靜默地搖頭。我們難掩失望地回到車裡，決定到郊外投宿，尋找便宜的露營地點。不知道開了多久，最後在大北方公路（Great Northern Highway）找到一處能搭建帳篷的地方。體力不支的我，和尼可道聲晚安後，倒進帳篷呼呼大睡。

Dream

夢想

隔天早上醒來，我發現帳篷外有一個黑影正在地上移動。我覺得奇怪，遂打開簾子走出去。「咕咕咕……」一隻藍孔雀從我腳邊走過，趾高氣昂的甩著尾巴。我心想，牠怎麼會出現在這裡？此時，有個東西一直在背後推我，我想大概又是尼可在惡作劇。正當我轉頭想要斥訓他一頓，突然被眼前的龐然大物驚嚇住。我們彼此乾瞪眼，直到牠朝我吐口水，我才回神過來。

我興奮地大叫，吵醒還在睡覺的尼可，他趕緊爬出來，以爲發生什麼事。「是駱駝！」他也感到不可置信，沒想到臨時找的落腳處，竟爲我們帶來如此意外的驚喜，實在是太幸運了。

我拔草在一旁逗弄，飼主朝我們走過來，刷著駱駝的毛。我環顧四周，便問：「在這麼炎熱的地帶，除了那片草原之外，似乎沒有供給水源的地方，那牠口渴怎麼辦？」飼主笑說：「大部分的時候，牠只需要極少的水分，甚至只從食物中攝取便足夠。」難怪駱駝小便時總是淅瀝嘩啦的，斷斷續續，不像牛或馬，每次都像洩洪般泛濫；我想，這就是爲什麼駱駝屬於耐旱動物翹楚的原因，連尿出來的分量都格外珍惜著。

每天駱駝會被運往凱布爾海灘供旅客乘騎，直到傍晚時分才會回到這裡。我望著牠的眼睛，睫毛如羽扇似的，上下搧動，電力十足，挺佩服牠一副任勞任怨的樣子，無論身上馱了多少重量，都一聲不吭。我不知道牠是否喜歡這份工作，或是想奔向自由，只能挽著牠的脖子，感謝這位在沙漠中付出的騎兵。

牠在我臉頰印上一個溼溼黏黏的吻，隨即又朝我吐口水，掙脫我的懷抱，頭也不回地離去。我擦掉臉上那又腥又臭的唾液，不可遏止地笑，這應該是牠特有的道別方式吧？

Chapter 6
Tribe

部落。

小鎮生活

接下來的三個禮拜，我即將前往北領地的阿納姆地區，在部落紮營，與當地原住民一同生活。

依稀記得幾個月前，收到一封來自原住民音樂節的來信：「親愛的小艾，我是芙烈達，音樂節的負責人。經過審核後，我們很榮幸地邀請妳成爲嘉年華志工的一員。詳細情形我會再致電與妳討論。」當下我愣住了，根本還來不及消化信中的內容。

說到原住民音樂節，它可是澳洲最神祕的嘉年華。舉辦地點位於內陸的原住民土地，除非申請到許可證，否則無法進入；爲期四天的嘉年華，入場費用高達上千元澳幣，可想而知，要進到這裡實屬不易。因此，每年想要擠進來的遊客人數超過上千人，連世界各地的媒體也爭相前往這片淨土，只爲了搶得第一手報導。我何其幸運，成爲唯一入選嘉年華的亞洲志工，不需付任何費用，即能體驗眞正的部落生活。

走進登機口，警察將我們一群人攔下。「我們要做例行檢查，請大家配合。」我和一群原住民排排站，將行李從肩上卸下，警犬仔細嗅聞我們身上的味道，通過才應允放行。

我們一行人乘坐小飛機，艙內大約十來個人。我望向窗外，想起一位語言學家曾對我說：「小艾，聽到妳即將前往阿納姆地區當志工，我只想說，妳眞是好樣的！儘管接下來發生的事將超乎妳的想像，相信我，只要敞開心胸，妳將會體驗到前所未有的文化衝擊。」

Tribe

部落

飛機降落時，我的沙發主人查理與他的家人已在大廳迎接我。由於我比預計的提前一天到達，遂決定在小鎮生活一天，隔天再與其他志工會面。查理同時也是世界知名的DJ，他住的社區位於伊亞卡拉，離機場約三十分鐘的車程。

「你是在這裡長大的嗎？」

「我來自非洲甘比亞，在澳洲與我太太相遇。後來她被派到伊亞卡拉的小學任教，於是我們決定搬來這裡。」

查理說，在原住民的學校任教，政府會提供一間公寓，兩房一廳，包水包電，若是家中有新生兒，則能申請到三房一廳的公寓，福利優渥。此時，車子行經過聚落，孩子們在泥地裡踢足球，不遠處的中年婦女則席地而坐，閒話家常。低矮的房子零星地散落在小鎮中，不時能看到原住民坐在屋外野炊食物，煙霧裊裊。

查理指著遠處一棟老房子說：「這社區曾經住了一位非常了不起的人物，不過我們不能直呼亡者的名字。他是當地的靈魂支柱，不僅擔任原住民搖滾樂團的主唱，還在學校建立一套教育制度，讓原住民從中學習，深入了解自己的文化，是爲受人景仰的校長。」那位長老和團員共同創立原住民基金會，旨在促進部落族群的文化發展，並和世界各地的人分享當地的知識體系，而各宗族也將在音樂節中呈現他們的舞蹈、音樂和藝術。雖然長老已經過世，他對家鄉的那份愛，卻被完整地保留下來。

原住民將如何呈現文化的傳承呢？我期待音樂節的到來。當下，彷彿聽見長嘯的歌聲，伴隨著鏗鏘有力的舞蹈，浮現在眼前那片荒野。黑夜如序幕般逐漸退去，等到明天太陽升起時，我將聽到大地的聲音。

曙光

隔天一早，我隨即趕往機場和負責人艾比見面。我們的營地位於阿納姆地區的東北部，路途不算遙遠，但是筆直的石子路震得車裡的人難受。艾比說，在阿納姆地區，大部分的道路都不是水泥地，若沒有一輛四輪驅動車（4 Wheel Drive），恐怕無法前往深山區。

抵達目的地後，我隨著艾比下車，與其他志工聚在營地裡，互相認識彼此。這時，有位嬤嬤（原住民語，奶奶）步履蹣跚地走進來，咳了幾聲後，坐在場地正中央，開始介紹音樂節。

「在原住民體系裡，男女各自掌管事務。家中的男人負責外出打獵、修製矛柄；婦女則在家中編織籃子，做手工藝。音樂節開始之前，志工將隨著嬤嬤參與當地的文化巡禮，深入樹林與海邊，體驗最原始的採集與儀式。……除了在座的志工伙伴之外，這次將有幾十名囚犯與我們一起工作。他們本質不壞，只不過因爲犯了小錯而被抓進牢裡，所以眼神看起來有些悲傷；工作時，他們會穿著綠色的制服，很容易分辨。由於今年是音樂節的五十周年慶，比往年盛大。來自阿納姆地區東北邊的宗族都會來參加這次盛會，東南亞提摩族（Timor）的長老也會前來共襄盛舉。」

雖然嬤嬤的口齒清晰，英文流利，可是大部分的族人都不會說英語，甚至連受教育的機會都沒有。每年舉辦音樂節的意義，就是爲了讓原住民孩童參與部落的文化傳承，從中了解教育的重要性。

結束後，有位謎樣的女人朝我點頭示意。她叫艾莉，擁有古老民族馬爾他（Malta）的血統，從小被澳洲的原住民長老領養，是名副其實的部落公主。儘管她的臉並沒有被面紗蒙住，還是能從她眼中看到一種神祕的信仰。她問我：「妳怎麼知道原住民音樂節？」

「某天，我和朋友討論到澳洲原住民的議題，興起了與原住民生活的念頭，因緣際會下，透過《國家地理雜誌》的牽引來到這裡，或許是幸運吧！」

艾莉握住我的手，「小艾，這跟運氣無關。妳是被命運選中的人，才有機會踏上這塊土地。」回想旅途中的各種機運，一路上遇到的人，聽到的故事，頓時明瞭這一切並非是巧合。

當所有線索都串在一起，我從艾莉眼中看見一道曙光——原來，是命運引領我來到這塊土地。

營地趣事

今天的任務是搭建帳篷，馬帝總召先帶志工巡視整個營地。營地分為好幾個露營區，帳篷的大小也不盡相同，原住民的部分大多是家庭帳篷，能容納十幾個人；貴賓的部分則是中型帳篷，外加一張躺椅；剩下的區域，被一千個單人帳篷給覆蓋。

接下來，大家分工合作地忙碌起來。有些人負責搭建帳篷，有些人則將鐵釘敲入土壤中固定位置，非常有效率。由於營區位於炎暑的地帶，除了蠍子、毒蛇與澳洲野狗（Dingo）之外，螞蟻也四處亂竄，甚至爬到我身上，咬得我全身發癢。

正當我要拍掉牠時，才發現牠的種類很不一樣，屁股是呈現綠色的。馬帝說，這是綠螞蟻（Green Ants），往往能在土壤、岩石或樹葉中找到牠們，是一種叢林食物（Bush Tucker），原住民常生吃白色幼蟲，嘗起來有一股淡淡的檸檬味；將綠螞蟻搗碎與水混合後飲下，還可以用來減輕感冒和頭痛的症狀。若是誤闖綠螞蟻的巢穴，牠們會變得極具攻擊性，咬得對方全身紅腫，而傷口會帶來刺痛感，令人苦不堪言。馬帝告訴大家，如果發現地上有一整窩的綠螞蟻，盡量將帳篷移到其他地方，不要驚擾牠們。

收工後，我和嬷嬷來到廚房後方的迪吉里杜管（Didgeridoo，原住民樂器）營地。一走進這裡，我即刻被肅然的靈氣給震懾住。不同年分的迪吉里杜管插在土地上，長約兩、三公尺高，如同樹木扎根，吸收大地的精華。迪吉里杜管上有許多手印的圖案，對當地人來說是很有意義的記錄方式，當原住民認同自己的土地，他們便會將顏料塗滿掌心，蓋在石壁上，表示自己屬於這裡。

一旁的樹幹上有拉扯的痕跡，嬷嬷說，原住民常將樹皮切下來作畫，亦即是傳統工藝中的樹

皮繪畫（Bark Painting）。樹皮剝落處凝固一滴滴紅色汁液結晶，是樹木的血（Resin，樹脂），像是眼淚的形狀，我們將它拔下來，走回營地。將樹脂丟入罐子裡，放在營火上烤，等待罐子裡的樹脂熔化，冷卻一段時間，便會結成一塊美麗的礦物狀，嬤嬤將它們一粒粒拾起來，準備做爲上色的顏料。

當天色漸暗，大家圍在營火邊，與部落的戰士跳起舞來。我們化身成野鶴、袋鼠，揮著醉酒拳，在廣場踢踏出滾滾黃沙。嘴中發出高亢的動物叫聲，在空中產生共鳴。我覺得不可思議，心境似乎產生了變化，使我的情緒澎湃。

那是一種對生命的喜悅，還有對祖靈的感謝，無比細膩的情感，終於在這一刻宣洩。或許親愛的長老，也聽見我們的聲音，在那遙遠的國度，默默守護原住民的家園。

生活雜記

伊亞卡拉的藝術中心不大，卻集結許多原住民藝術家的結晶，用魚骨與種子串成的項鍊、畫布上的草木圖案或是鳥獸的雕刻，都有著栩栩如生的手藝，令人不由得讚嘆。

當其他人的目光還流連在藝術品時，我注意到右方一扇門。門外是一片綠蔭花園，有一座噴泉，潺潺流水聲不絕於耳，一位原住民婦人坐在木板上作畫，似乎沒有意識到我的存在。我在她前方蹲下，細看她的創作筆觸，小盤子上是白色黏稠的樹脂，婦人拿著筆沾上白色顏料，在樹皮上勾勒出線條。沒有任何的草圖或樣式，她將腦海中的靈感，一筆一劃地點綴，真實呈現內心的世界。

我起身走回館內，向管理員詢問：「請問一下，在館外作畫的藝術家是誰呢？」他拿了一張印有人像的明信片給我，「她是個非常有名的畫家，也是我們的駐村藝術家。她的畫有兩個特色——花朵和人，館內有許多她的作品喔！」我再次跑回她作畫的地方，她終於停下畫筆，抬頭看我。我先簡短的自我介紹，她沒什麼反應，我將印有她畫像的明信片放在前方，她仍然無動於衷；突然間，她拿起筆開始在明信片上作畫，令我感到驚訝。這實在出乎我意料之外！

畫完後，她將明信片遞給我，我低頭一看，她畫了幾朵花送我呢！當下我才了解，她不是沉默，只是聽不懂我說的語言；我趕緊翻閱志工手冊，在離去前用原住民語對她說：「謝謝妳，姐妹。」這次，她終於笑了。

離開藝術中心，艾比提議到對街的商店買冰棒消暑。我們走進店內，大家的目光頓時集中在我們身上。小鎮的人口不多，更不用說有機會看到外地人。此時，嬤嬤朝我們走來：「真是巧！

Tribe

部

落

你們在鎮上。今晚我會參加教會的祈福儀式，你們也一起來吧！」

嬤嬤坐上我們的車，開始指引我們方向。在原住民土地，道路的交叉口沒有路標，容易使人迷失方向，即使是當地人也不例外。當車子開到海邊的茅屋時，她轉頭告訴大家：「這裡就是做禮拜的地方。」這倒是滿新鮮的，沒有任何燭臺或椅子，坐在露天的沙灘上禱告，也許這種方式對他們來說更能貼近上帝吧！不過沙灘上沒有任何人影，嬤嬤說可能更改地點了，要我們開往另一個方向。

最後，我們在門外有一片草地的屋子前停下。穿著傳統服飾的原住民已紛紛就坐，圍繞在營火旁，我們以吟唱詩歌《奇異恩典》爲起頭，站起身，神色凝重，嬤嬤則在前方導唱。接下來，一位長者拿著酒和麵包，繞衆人一圈與我們分享。我們手中拿著食物，開始進行禱告，感謝主的恩賜與保佑，然後一口飲盡，有位婦人上前說話，我才知道這是爲她丈夫辦的禱告會。她丈夫病得很重，坐在輪椅上，飽受癌症之苦，只剩下幾個月的時間。大家排成一列走向前，握住他的手，爲他祈福。雖然他遭受生理上的痛苦，但是我能感覺到，在心靈層面他是富足的，一點都不孤單，有許多人陪伴他，並帶給他祝福。

此刻，我才恍然大悟。在這段日子裡，語言已成爲一種既熟悉又陌生的溝通方式，眞正聯繫人與人之間的共同語言，僅僅是愛而已。

工作坊紀實

工作坊一向都是原住民音樂節最熱鬧的部分，引領人們探索原住民神祕的角落：天文工作坊帶你去銀河系冒險，電影工作坊坐在帳篷裡看大銀幕，女巫工作坊與一群孩子們玩捉迷藏，語言工作坊則能學習當地原住民語。

爲期四天的慶典，我被分配到青年論壇，協助工作坊事務。青年論壇是嘉年華最重要的一環，參與的對象除了澳洲各地的中學生、本地的原住民孩子之外，還有許多知名人士，將帶領孩童體驗各種課程內容。

我們將學生分成六隊，分別代表阿納姆地區的六個季節。北領地一年四季如夏，我的小隊「巒巒哈」剛好是八月至九月，最炎熱的一個季節，水氣很快地從地面上蒸發，雖然有東南風吹拂，仍無法降下任何熱度，鳥類和動物紛紛遷移到沼澤地區，蜜蜂則是忙碌地外出採蜜。我請組員圍成一個圓圈，彼此互相介紹。在大家逐漸熟悉後，接下來的活動就是要寫信給政府官員。由於原住民地區缺乏完善的公共設施，補助津貼又不多，寫信的用意是希望傳達孩子的心聲給政府，期許在日後獲得改善。

我讀著某位女孩的信：「親愛的政府，可不可以爲我們建一座游泳池？因爲海邊時常有鱷魚出沒，咬傷很多人。我不希望再有人受傷了。」看著孩童的容顏，那純真的笑容是多麼珍貴，不知道是否有人願意傾聽，並且守護這群孩子。

緊接著是工作坊的教學時間。我負責的部分囊括各種領域，像是音樂、雜耍與寫作等。音樂的部分邀請到爵士樂團（Cat Empire）的成員哈利，他將課程內容設計得趣味橫生，以鳳梨罐頭、花生醬和石頭當作每一小節，要大家去荒野撿兩根樹枝在地上敲擊，教學生如何打節拍，編成一首歌。雜耍的部分則是由澳洲馬戲團（Circus Oz）負責，成員使出渾身解數，從活動筋骨、前空翻到跳躍都是高難度動作，害我在地上摔了好幾次，骨頭快散開了。再來就是丟沙包的技能，雖然知道其中的訣竅，卻還是弄巧成拙，不斷打到旁邊的人，惹得其他人捧腹大笑。

令我印象深刻的，是艾莉森（Alison Lester）的寫作工作坊。艾莉森是一位極負盛名的繪本作家，我在幫她擺設水彩用具時，聽見一位嬤嬤正在講述這塊土地的故事，艾莉森則是站在一旁聆聽，將它記錄下來。

學生就坐後，艾莉森先教孩子如何在紙卡上塗色。紙卡被黏在一個厚紙板上，用紙膠帶固定，所以上色時可以放心地塗鴉，桌子也不會被畫得亂七八糟。艾莉森將故事的內容分成好幾段，分配給每一個孩子，要他們發揮創意，畫出各自的情境；若有孩子懊惱地盯著白紙，不知道要從哪開始著手，艾莉森便會走過去，以她的方式激發孩子的想像力。

過沒多久，有些孩子完成了，將圖畫放在一旁晾乾。看著孩子們的完成品，眞是令人感到驚訝。有個孩子被分配畫倒立的蝙蝠，他便突發奇想地把蝙蝠當作小鳥，畫在枝頭上，等畫好後再把圖畫一百八十度大翻轉，十分聰明伶俐。每個孩子都畫得意猶未盡，問艾莉森是否能再畫一張。她微笑地點頭，拿出更多畫紙，要他們在紙上自由發揮。艾莉森交代我說，等會兒幫她將紙卡收集起來，今晚要把它做成一本故事書，捐給原住民基金會。

我拿著那疊圖畫紙，心裡甚是激動，我到底何德何能，能與這群人一起共事？從他們身上，我看到一種無私的愛，爲孩子們帶來歡樂、體驗與學習。我深深地感受到，一股巨大的能量在阿納姆地區滋長，等待茁壯。

Tribe

部

落

叢林探險

隨手拾起一片樹葉，手指撫摸著它的紋路，纖毛在掌心中搔著癢，像是在撒嬌似的，惹人憐愛。不過，它叫什麼名字呢？是否能食用？

爲了了解各種植物的療效，我來到護林員的工作坊，觀看他們研磨枝葉的步驟，一位年輕的護林員朝我走來，向我介紹他們的計畫：「我們從大自然取材，收割特定的植物品種、果實與種子，研發成天然的灌木產品，例如肥皂和唇膏等。」她拿出一片葉子，放在我手上，「這是茶樹，有治療咳嗽與感冒的功效。在工作坊裡，我們會傳遞傳統的知識與觀念，來決定植物的使用與目的。」她在我眸子裡看到滿滿的求知欲，遂邀我前往叢林間步行，深入了解其中的奧妙。

在前方的廣場集合後，護林員和嬤嬤帶領原住民孩童與報社記者前往叢林探險，由於小徑崎嶇，深山又潛藏各種未知的動物與昆蟲，孩子紛紛跑過來牽我的手，殊不知我也是皮皮剉！

才剛走下坡，我便被前方的石子絆倒，翻滾了一圈，沒想到山路比想像中還要寸步難行。在下方的轉角處，我們找到一個洞穴口，護林員說，這裡是緞藍亭鳥（Bowerbird）棲息的地方。緞藍亭鳥在每年進入繁殖期時，雄鳥會在森林裡挑一塊空地，將樹枝插在兩側，搭建一座涼亭，然後到處蒐集鮮豔奪目的小物，例如鮮花、果實和羽毛當作裝飾品。當雌鳥靠近時，爲了獲得青睞，雄鳥會開始在亭中跳舞，吸引母鳥進入涼亭，與之交配。雖然緞藍亭鳥被稱爲建築師，我卻更喜歡稱呼牠們「鳥類情聖」。

走到露兜樹（Pandanus）下，護林員摘下果實，叫大家靠近看。果實近似球形，有稜有角，外觀呈現金黃色澤，很像一顆小鳳梨；至於露兜樹的樹葉，則是嬤嬤用來編織籃子的素材，對原

住民來說是不可或缺的灌木植物。

正當我們要離開時，護林員察覺附近某節枝頭有異，便將它剖開，發現裡頭居然蘊藏甘醇的蜂蜜。看見我皺眉的表情，一位養蜂人向我解釋：「蜜蜂爲了不讓人類和動物偷走蜂蜜，將它儲藏在安全的木頭裡面，除非將木頭砍下來，否則是無法找到它的。」凝望這座充滿生機的叢林，無論是動物的足跡，或是草木的氣息，都令我感到津津有味。從中學習觀察生態的蹤跡，了解各種植物的功效，並聆聽周遭的聲音。若是有一天在叢林裡迷路，便能辨別植物的毒性，找尋可用的植物，在荒野中生存下去。

我閉起眼睛，雙手合十朝叢林跪拜，對自然萬物心存一份敬意，感謝它爲我上了生命的一課。

Chapter 7

Road

路途。

神祕的雨林木屋

達爾文（Darwin）的郊區，有一間隱藏在雨林中的木屋。這個地方很特別，不是一般的背包客棧或旅館，比較像是一個小型社區。由於位置隱密，背包客不易找到相關資訊。

我拿著地址站在門牌前，頓時感到疑惑。前方除了一條小徑之外，沒有任何房子，我不疑有他，繼續往前走，果然，雨林就隱藏在石子路的盡頭。林間的步道旁有幾座佛像，突顯這片雨林的清幽。水池中的魚像是萬綠叢中一點紅，點綴整座園林。

當我爬上梯子，往屋裡看，即刻愛上這個地方。屋主常旅居東南亞和非洲，所以牆面上掛滿當地的圖騰與畫作；客廳的設計也很別緻，將木椅用繩子繫在天花板上，變成盪鞦韆般的搖椅，有如置身在東南亞的度假天堂，很是享受。我往屋內喊叫幾聲，都無人來應門，遂決定去雨林看看。林中有許多吊床和帳篷，居民可以選擇住在木屋或是大自然的環境，一旁還有木桌與沙發躺椅，讓人能在野外喝下午茶。越走近時，傳出細微的交談聲，我望向一位頭髮斑白的婦人。

「我是小艾，昨晚有打電話預訂雨林中的帳篷。」

「妳好，我叫蘇西。妳就睡陽臺吧！雨林這邊已經沒位置了。妳把行李提上樓，再下來和我們聊天。」

安頓好後，我坐在蘇西旁邊，聽她娓娓道來關於這片雨林的故事：幾年前，有位義大利女孩在旅途中發生車禍，被送進醫院治療。雖然身體逐漸康復，她卻對人生感到無力，當時有人建議她來找蘇西，療養身體。

女孩剛搬進木屋時，弱不禁風的樣子楚楚可憐，蘇西便決定收留她。過一陣子，蘇西前往東

南亞遊玩，將木屋的事務交給友人，沒想到不過幾個禮拜，一切全變了樣。在她離開的這段期間，有位來自紐西蘭的房客開始干涉木屋事務，認為一切歸他所有，義大利女孩看到這個情形，隨即和那名紐西蘭男子發生關係，藉此以女主人的身分，宣示主權。

這群人成天酗酒、不繳房租，嚴重影響其他房客的作息，等蘇西回來制止為時已晚，紐西蘭男子表示他會買下這棟木屋，並叫蘇西滾出這裡。蘇西的好友麥可看不下去，決定出面警告這群作亂的房客。但麥可介入後，這群人不但沒有收斂，甚至在酒精作祟下發狂地將麥可打個半死，血肉模糊地倒在血泊中，奄奄一息。蘇西發現時害怕極了，卻被其中一名肇事者用刀架住脖子，揚言對她不利，她激動地大喊：「不要傷害我！」之後逃去報警，才解決這齣荒唐的鬧劇。

我震驚到嘴巴都快掉下來了，沒想到木屋還有這一段歷史。蘇西說，從那時候起，她再也不想聽到任何關於他們的事情，最後仍是意外得知，那位義大利女孩懷了紐西蘭人的孩子。

爲什麼女孩會突然性情大變？沒有人知道。蘇西說，可能是因爲酗酒的關係，導致如此偏差的行爲。冥冥之中，我認爲是來自雨林木屋的魔力，我也說不上來。爲什麼我會來到這裡？一切都有原因。它像磁鐵般吸引你前來，爲它接續未完的篇章。

至於麥可呢？別擔心，他正在木屋中活蹦亂跳呢！

長者聚會

夕陽西下時，我倚在陽臺上觀察雨林的動靜。

林子裡孕育豐富的動植物生態，像是少見的彩虹八色鶇（Rainbow Pitta）和地毯蟒（Carpet Pythons）。睡在陽臺是一件很享受的事情，芭蕉葉總是探頭進來，在我腳踝處搔癢。白蟻則與我同床共枕，不斷地在我身上爬行。還有趁我洗澡時，從窗戶跳進來的樹蛙（Green Tree Frog），把澡堂當作牠嬉戲的遊樂場。

這時候，客廳聚滿了人，是雨林木屋的長者，其中包括爲原住民辯護的律師、到處行善的醫師、科技產業的大老闆，與寫書維生的作家。我則是以木屋貴賓的身分，邀請入座。他們討論許多社會上的議題，如同性戀家庭領養孩子所延伸出來的爭議，或是女囚犯被迫在島上和多數男人發生性行爲的案件。在整段交談中，我一直聽到一個非常重要的關鍵字，「性革命」（Sexual Revolution）。

性革命（亦稱性解放）發生在一九六〇到一九八〇年代之間，爲當時重要的一項社會運動，挑戰人際關係及性行爲對傳統思想的衝擊，打破傳統婚姻的準則，允許婚外性行爲，將同性戀和墮胎合法化，支持女性使用避孕藥，及擁有在公共場合裸露身體的自主權。蘇西回想，當時適逢越戰，政府把家中男丁抓上戰場，死傷無數，根本就是殖民者間可笑的遊戲。男人越來越少，比例出現不均衡，惹得全民激憤，他們推翻「一夫一妻制」的教條，提倡「只要我喜歡，有什麼不可以」、「要做愛，不要作戰」的反戰口號。

那年代，蘇西與好友們合力建造木屋，形成小社區，期望可以跟不同背景的人一起生活、

交流。他們絲毫不在意別人的眼光，大膽裸露身體，在革命期間，徹底奔放自己。雖然蘇西已年屆六十，她的情人卻多到從非洲排到歐洲，一百根手指頭也數不清，男人爲她陷入瘋狂，可沒有幾個人是眞心的。她揶揄說：「我到現在還在尋找眞愛呢！」

今天是我待在木屋的最後一天，即使地處偏遠，交通不便，我仍覺得非常值得。這幾天聽到的故事，都是在神祕的木屋發生的。也許等我離開之後，魔力會消失，將故事中的靈魂隱藏起來。

所以我決定將它寫下來，即使只是隻字片語，卻不能忘記短暫停留的我，在這片雨林裡，遇見那混亂年代中，爲理想解放的革命鬥士。

岩石壁畫的遺跡

卡卡杜（Kakadu National Park）是澳洲最大的國家公園，由於至今未曾受到現代社會的影響，無任何外來物種引進，仍保存罕見的澳大利亞生態系統。

抵達目的地後，我跟著護林員走上烏比爾（Ubirr），眺望整面懸崖岩壁。懸崖的底部棲息大量的野生動物，上方有許多岩洞，裡頭藏有原住民的岩石壁畫。這些壁畫內容充滿飛禽、野獸的圖案，護林員說，這是當地的祖先用獵物的鮮血，或是各種礦物顏料塗抹而成，內容反映遠古時期的生活情況與景象。

神奇的是，在這兩千多年的壁畫中，竟能看到許多近似於X射線的投影圖像，例如巴拉蒙蒂（原住民語，尖吻鱸）的內臟和骨骼結構。這時，護林員坐在前方，開始講述壁畫上有關「馬布魚」的狩獵故事。

根據當地傳說，馬布魚是個漁夫，某天他抓到很多魚，卻被其他原住民阻斷去路，偷走所有的魚。馬布魚非常生氣，當他發現小偷後，馬上跑去他們的洞穴，在入口堆積一塊岩石，將他們困在洞穴中。那些偷魚的人和他們的妻子逃不出去，最後都死在裡面。這個故事警惕族人，不要違背道德，做出偷竊的行爲，否則會遭致不幸。

Road

路

途

故事結束後，我好奇地舉手發問：「我聽說卡卡杜有將近一千幅的原住民壁畫，妳記得所有故事嗎？」她搖頭：「這些故事是從部落長老口中傳下來的，至於其他壁畫的部分，我無法告訴你們，因爲部落長者還沒有傳下來。」我點頭，就和原住民孩童一樣，每個階段會有不同的故事，這事急不得，等到時機對了，長者會再講述另一個故事。即使活到四十歲，累積許多知識，仍有更多需要學習。這就是「活到老，學到老」的實踐吧！

除了動植物的圖案之外，還有過度誇張的人體壁畫。怎麼說呢？頭常呈現倒三角形，細長的四肢和身體，配上骷髏手指，頗像外星人的雛型；壁畫上也能看到拿著矛的原住民，與持槍的西方人互動，記錄當時歷史的一面。

當地人說，過去原住民多半在祭祀期間進行創作，採用宇宙、祖靈與動植物的元素，繪製出具有神祕力量的圖騰。有些壁畫已經逐漸剝落，無法看得很清楚；有些則重疊覆蓋好幾層，象徵代代相傳的遺跡。

離去之前，我問當地的原住民：「我看過許多原住民壁畫，大多是有關傳統圖騰的創作，我很好奇，你們從沒想過要畫其他東西嗎？」他們回答我，在比較偏遠的地區，確實有發現古老的情色壁畫，描述早期人類的性愛圖像。「不過普遍來說，如你們所看到的，原住民持續以神靈和大自然元素爲靈感，進行創作。祖先在岩石上傳遞的訊息，我們必須延續下去。」也許，在他們的世界，改變是不必要的。

帶著答案，我逐漸釐清一些思緒。有時候，自己的想法不見得適用在其他人身上，有些人認爲，創新能爲壁畫塑造不同的面貌；有些人覺得，守舊是壁畫的世代傳承。兩者並不互相牴觸，而是在不同的文化中，顯現出各自的價值。

魔鬼巨蛋

睡在停車場的那幾晚，我認識來自法國的亞當和艾露迪，他們開著一輛老舊的露營車旅行，一聽到他們說要前往紅土中心，我幾乎是想也沒想地跳上車，往南方駛去。

一路上除了死寂荒蕪之外，了無生氣，只剩下看不見盡頭的公路伴隨我們的孤寂。希望能在日落之前趕到魔鬼大理石保護區（Devils Marbles Conservation Reserve），站在巨石上欣賞夕陽之美。我疲累地闔上眼睛，在這漫漫長路，睡得東倒西歪，直到艾露迪將熟睡的我搖醒。我睡眼惺忪地睜開眼睛，被窗外的景色驚呆了，成千上萬的圓形巨石散落在這片沙漠中，有幾顆還以九十度的姿態矗立著，非常壯觀。

大約在一千七百萬年前，砂岩下層的熔融岩漿慢慢地形成花崗岩，在長期的風吹雨淋下，緩慢地露出地表，散布在寬淺的山谷中。花崗岩的原色調爲灰色，若是裡頭的鐵礦物與空氣、水接觸，便會形成鏽紅色的表面。

當地原住民說，這裡是他們重要的聚會場合，也是「夢的起源地」。夢即是夢幻時光（Dreamtime），是宇宙萬物的開端，屬於神靈祖先的時代。根據原住民的信仰，創世的神靈祖先從天空而降，前來召喚黑暗的世界，他們以人或動物的形式出現，創造了太陽、星星與大自然的樹木和河流。

夢裡，大地呈現一片靜謐。某天，彩虹蛇（Rainbow Serpent）從沉睡中醒來爬出地底，遊覽整片土地，後來疲累地睡著了，蜷曲的身體在地上留下痕跡。等到醒來時，牠回到原來的家，對窩裡的青蛙說：「出來吧！」青蛙走得很緩慢，因爲肚子儲存太多的水，彩虹蛇搔著牠們的肚子，

惹得青蛙大笑，將水吐出來，填滿彩虹蛇流浪的軌跡，形成湖泊與河流。樹木開始欣欣向榮地滋長，動物也逐漸甦醒。

爲了維持秩序，彩虹蛇制定法律，要大家服從。「誰遵守法律，我就將你們變成人形，當作獎勵；若是有誰敢違背法律，我就把你變成石頭，讓你無法在地面上行走。」

眼前的魔鬼大理石，就是彩虹蛇創世過程中所留下的巨蛋，當地人深信，這些圓石具有神聖的力量，若破壞它們，會使部落的守護人遭逢不測。一九八〇年，在沒有和當地居民商量的情況下，附近一顆石頭無故被搬走，導致部落長老遭逢不測；原住民認爲，褻瀆這塊聖地的人們，至今還搞不清楚他們將對其他人造成的危害。

了解這段歷史後，我們三個人隨即往巨石走去。眞的很不可思議，巨石至少有一層樓高，有些雖然直立著，只靠一個點支撐，卻能與地心引力互相抗衡，屹立不搖，有些石頭則像是被孫悟空迸出裂痕來，狀似剖半的西瓜，又不會倒下。沿著東側步道走了一小段，我們爬上石頭，觀看夕陽下山的模樣，每當它下降一些弧度，便可看見石頭上的顏色產生微妙的變化。那亮紅色的光芒，像是能量，從腳下傳到我的身體裡。

餘暉依舊覆蓋大地，影子與我們並行著。一行人靜靜地坐在石頭上，觀看日落漸漸地消失在遠方，致使巨大的惡勢力，在地平面上化爲幻影。

紅土中心

清晨鬧鈴一響，我們趕緊收拾東西，往澳洲心臟「烏魯魯」（Uluru）出發。日出從石頭上漸漸升起，當明亮的光線灑在烏魯魯上方時，看起來就像是跳動的心臟，帶動整個大地的復甦。沿路上能看到草木燒焦的痕跡，讓我想起之前在路上遇見的森林大火，現場瀰漫的嗆鼻濃煙至今還心有餘悸。每年五月到十月是澳洲北領地的旱季，豔陽高照，氣候乾燥，草木開始枯萎，以減少水分蒸發，某些地區因而發生自燃，引起森林大火。在原住民眼中，卻被認爲是大自然的重要機制。

澳洲森林大多是桉樹（Gum）所組成，桉樹含桉樹油，極易燃燒，經年累月下來，斷枝枯葉堆積在地上形成燃料（Fuel Load），若是氣溫過高，便會燒得一發不可收拾。因此，適當地讓森林燃燒，不但能讓土地休息，也能一併清除林地裡的危險易燃物質，強化森林生態機能的作用。如此一來，當燃料燒盡後，即使發生大火，也沒有引燃的危機，頗有未雨綢繆的功效。

八點整，我們在馬拉步道（Mala Walk）集合，期望在護林員的帶領下更加了解烏魯魯的歷史。當護林員抵達時，他欣慰地說一句話：「很高興你們不是爬上烏魯魯的那群人，如果你眞的做了，代表你根本不了解這個地方。」

事實上，烏魯魯並非是世界上最大的石頭。遙看像是一座紅色島嶼，矗立在沙漠中，而它確實曾經深埋在海底深處。從地質學的角度來說，約在五億年前，澳洲中部被海洋覆蓋，烏魯魯還是砂岩層的一部分，後來海水消失，地殼發生劇烈的變動，使得岩層九十度大翻轉，形成現在的烏魯魯。

Road

路途

阿南古族（Anangu）已在此區定居超過兩萬年，我們沿著壁畫走進他們的聖地，不逾矩。護林員說，阿南古人分布在北領地、西澳與維多利亞州，雖然是同一宗族，語言卻不盡相同，甚至聽不懂彼此的語言。由於地理位置隔閡的關係，阿南古人除了自己的語言之外，還會向鄰近的族群學習，所以常能聽到原住民說出好幾種不同語言，對他們來說，英語可能是最不常使用的一種。

阿南古人不攀爬自己的土地，那會褻瀆偉大的神靈祖先，他們也要求遊客不要攀爬。護林員說：「攀爬雖然不被禁止，卻也不鼓勵。既然我們都是阿南古族的客人，應該尊重他們的法律與文化，不去攀爬聖地。」

我們來到尾端的瀑布下。現在是旱季，眼前只剩下紅色的岩石，沒有任何流水滋潤。當阿南古人在進行馬拉慶典時，瀑布會在下方低窪處匯集成池塘，不過他們不直接飲用池塘的水。

他們會在附近挖一個洞，高度比池塘還要低，運用連通管原理，使池塘中的水由高處往低處流，經由砂石過濾成清靜的水源。若是慶典爲期較久，他們會在洞口上方覆蓋木頭，以防雜質跑進水裡。

結束烏魯魯的歷史課後，我們三個人走回原來的集合地點，開始享用午餐。這時，有一群遊客興沖沖地跨越欄杆，往烏魯魯上方爬去，並向身後的朋友炫耀：「我終於爬上烏魯魯了！」

他知道他正踩在阿南古人的心臟嗎？用自以爲是的腳步去踐踏這塊土地。我不爬烏魯魯，因爲我尊重當地人的文化。每個人都來過烏魯魯，但是真的認識這個地方嗎？

Road

路

途

地下屋

從踏入澳洲的第一天開始，我就一直想來庫伯佩地（Coober Pedy）這個城鎮；每次朋友請我推薦有趣的地方，我也會推薦這裡，雖然不知道為什麼。

庫伯佩地最吸引我的地方，是地底下的生活。由於陸地上的氣候炎熱乾燥，人們開始搬進地下，以躲避內陸酷暑。行經此鎮時，意外發現一堆堆的小山丘，其實它是著名的蛋白石（Opal）開採區，鎮上大多數人都在礦區工作。我一直很好奇住在地底下是怎樣的感覺。車要停在陸地上還是開進洞穴中？我們平常可以照到陽光嗎？真的好多疑問，我今天一定要找出答案！

當車子轉進小鎮的街道，一切與我想的有些落差。眼前可說是一片死城，活像世界末日，一望無際的蒼白，沒有人走在路上，說不定等會兒有活人殭屍跑出來嚇人，令人毛骨悚然。

幸好遊客中心還開著，我們進去拿份地圖，列出一些不需要門票的景點。市中心的街道有生氣多了，原住民會在路上大聲吆喝，這讓我想起友人曾說過的話，白天的庫伯佩地算友善，到了晚上卻會變得詭異。

亞當指著地圖上的陵墓地下教堂（Catacomb Underground Church），他說在法國也有一座這樣的教堂，所以想去看看。教堂蓋在一座山丘下，外觀很像蒙古包。教堂裡的牧師聽到屋外的吵雜聲，便走出來迎接，開心地招呼我們進去參觀。我好奇地問他：「是先有山丘再挖洞，還是先有房子再堆土呢？」

「這座山丘可不是人造的，我們決定蓋教堂時就存在了。先在山下挖個洞，再將它搭建起來。你摸摸壁上的結晶，它可是在無形中產出的石灰岩喔！」

原來住在地底下的意思，並不是像山頂洞人那樣的生活；平地上常有隆起來的土山丘，當地人便在山下挖洞蓋房子，如防空洞般在地面下生活。牧師熱情地爲我們導覽教堂，平日沒有遊客，他可閒得發慌。

我們跟隨他來到教堂前的臺階上，他說這裡是山丘的祕密景點。他拿走我的相機，躺在地板上，開始指揮我們移動腳步，並將身體往前傾斜，拍攝我們與屋頂上兩個鑽孔的合影。

「那兩個洞口是什麼？」

「通風口。夏天的時候，我們會將洞口打開，讓空氣流通進來，保持屋內的涼爽；冬天的時候，我們則蓋住洞口，阻絕冷空氣，使室內暖和。」

牧師說，這項功能幾乎運用在大部分的地下屋，不僅能節省冷氣與暖氣費，還可以落實環保概念，節約能源。

走到屋外，我們從山坡上俯瞰整個小鎮，其實看起來就跟一般城鎮無異。我問艾露迪，是否喜歡這個城鎮？她搖頭說，即使室內的通風設備良好，但是一走出戶外就熱暈了頭，如果讓她選擇，她還是無法忍受在地底下的生活。

公路霸王

坐在加油站外面的椅子上，耳邊傳來店家的警告聲：「大部分的卡車公司都有投保，根本無法載你們這些背包客。而且妳一個女孩子眞的很危險，妳也知道卡車司機常會有些不妥當的行爲，還是打消這個念頭吧！」

我得在八日內橫越一千八百公里，趕到東岸去，目前口袋只剩下一百澳幣，估計也沒錢搭巴士了。若要在路邊攔便車，大概也得分段搭個幾趟，太浪費時間；所以這次我不攔汽車，目標是陸地上最大的交通工具，公路列車（Road Train）。

當我鼓起勇氣，上前詢問進站的卡車司機時，他們每個人都拒絕我的請求，有些甚至對我冷言冷語。可是我別無他法，只能苦笑著繼續找下一個機會。攔了一下午的車，最後終於遇到一位願意載我的卡車司機史提夫。向他道謝後，馬上提著行李上車。老實說，以我一百五十公分的身高，要爬上那麼高的駕駛座有點吃力。還好常爬山的我已經練就一身猴子的甩盪功力，手腳並用，似乎也沒有想像中的困難。

上車後，史提夫叫我先躲到隔間後面的床墊上，用簾子遮住。等一下會經過哨站，不能讓警察看到我。整輛卡車其實就只有兩個前座座位，和後面的「臥室」能使用。

在一年當中，史提夫幾乎不要求休假，每天開著列車去載貨，只有聖誕節連休三個禮拜陪家人。我問他這樣不辛苦嗎？他說已經習慣了，而且要開車才有收入，他乾脆多賺些錢，等到聖誕節再花光犒賞自己。

「妳可以出來了。」他把座位上的雜物清空。我拉過安全帶，準備繫上，卻被他制止。「妳不會有事的。前面有個欄杆擋住玻璃，就算發生什麼意外也不會飛出去。」雖然有點危險，不過我決定相信他。「接下來要先去郊外的山坡空地載貨。」

山坡上非常空曠，除了兩節車廂之外沒有其他東西。我問史提夫需不需要幫忙，他要我乖乖地待在車上，幹這種粗活很容易受傷。環顧四周，如果今天遇到的是壞心的卡車司機，應該很可能被載到這裡賣掉吧！將一節車廂的扣環扣緊車身後，他爬回車上。我覺得奇怪，為什麼只拉一節車？他解釋，在澳洲的領土，凡是公路列車的運載量都有規定，有些路程只允許拉兩節車廂，往達爾文的路上則可以拉三節。

列車駛進內陸地區的公路，來往車輛相對稀少，一天頂多看見兩輛小轎車。由於公路列車體積太過龐大，高速地行駛在一般公路時，很容易將旁邊的小轎車吸過去，造成危險。所以，有時候它們只能行走在特定的內陸地區。

在澳洲，我們常被警告「開夜車很危險」，尤其在郊外，你可能會撞死突然衝出來的動物。卡車卻不一樣，這也是我好奇的原因。「因為這樣可以延長卡車壽命。夜間溫度低，引擎能適時的散熱，便能在一天內行駛較長的公里數。況且我們開的是大車子，無論什麼東西跑到馬路中央，在堅固的車殼保護下，也不會發生意外。」

但也不是絕對安全。他示意我看向後照鏡，第一節車廂因為只和前車以一個扣環扣住，會不穩的左右擺動，好像蛇行般。史提夫說：「力道一定要控制好。每當對面迎來另一輛卡車時，雙方都得減速，否則會導致車廂碰撞而釀成災害。」儀表板上的速度始終維持在九十，我一直以為卡車可以高速行駛。「這是規定，卡車最高時速就是九十，太快的話很難控制煞車。」我點頭，這就是當初我選擇在加油站攔卡車，而不是路邊。即使他們在半途中看見我，也不可能停下來，根本就來不及煞車。

列車行經許多不爲人知的城鎮，由於太過偏僻，沒有遊客，整個死氣沉沉的，除了幾盞明亮的路燈之外，夜深人靜的晚上總是令人感到孤寂，史提夫卻還是緊握方向盤，注視前方。

我們來到一處加油站，是公路列車專用的，目前已經有幾臺卡車停在前方稍作歇息。史提夫進去泡杯咖啡，兩眼緊盯著電視螢幕。一般在這個時間點，加油站早已歇息，不過爲了供給卡車足夠的油量，直到午夜還不打烊。外面雖然冷颼颼的，我卻不畏風寒，安靜地站在一旁，看著那些大卡車。

別人在深夜加油站遇見蘇格拉底，我卻在這裡遇見變形金剛。

衝向海浪

因爲一通盛情邀約，我決定前往東邊的拜倫灣（Byron Bay），與部落的志工朋友會合。

抵達市區後，艾露伊絲開著老爺車來載我，車頂還放了兩塊衝浪板，她戴著一副太陽眼鏡，褐色髮絲像是藍色的大海，充滿貝殼的氣味。艾露伊絲赤著腳踩油門，哼唱輕快的曲調，我則將上衣脫掉，換上屬於夏天的比基尼，往海灘的方向駛去。

我們來到貝朗吉海灘（Belongil Beach），準備跳進海裡大玩特玩。說到拜倫灣，十八世紀時，庫克船長發現這塊突出的東岬角，將它以航海員的名字命名爲「拜倫角」，而這名航海員即是詩人拜倫的祖父。直到十九世紀末，越來越多歐洲人定居於此，人們遂將街道的名稱以英國作家和哲學家的名字命名。它是衝浪者的度假天堂，也是五顏六色的嬉皮小鎮，以沙灘和燈塔聞名。

強勁的海風似乎要將所有人趕到岸邊，艾露伊絲向朋友借了一套防寒衣和救生衣，要我穿上。其實我不是不會游泳，只不過小時候被陌生人惡作劇，從三層樓高的地方推進海裡，至今仍心有餘悸。

我扛著幾乎是我兩倍身高的衝浪板，往海裡前進。海水的冷冽刺進皮膚裡，我卻感到熱血沸騰。這是我第一次衝浪啊！我已經開始幻想我在浪中站起來的英姿。

猛烈的海水不斷將我吞沒，每次腳一滑，我的身體就跌進海裡，狀似狼狽。艾露伊絲發現我不見了，大手往海裡一抓，將我拎起來。我像溺水的寵物，痛苦地咳出嘴裡的鹹味。

「準備好了嗎？」她要我趴在衝浪板上，等待下一波浪的前進。我的右腳被腳繩扣住，雙腿微開，從空中看下來，像是一具火箭，只不過是由海浪的動力來推進。此時，艾露伊絲大叫：「小

艾，浪來了！記住我說的，抓準時機跳到板上。」我眼睛死盯著前方，後面的衝擊聲越來越近，當它襲來時，我緊抓著邊緣，用全身的力量跳到板上，結果一隻腳沒勾著，馬上跌進海裡。我頓時感到慌亂，在掙扎中被衝浪板擊中頭部，使我眼冒金星。

等我爬起來時，鼻子被嗆得紅通通。在附近學衝浪的孩子朝我圍過來，疑惑地說：「我第一次看到有人衝浪穿救生衣。」艾露伊絲在一旁爆出笑聲，害我很不好意思，我羞窘得站起來，調頭再來一次。反覆練過幾次還是無法站起來，但至少可以半蹲了。最後體力無法負荷，索性趴在沙灘上，像隻擱淺的美人魚，揉著臉上的鼻青臉腫。浪花陣陣地打在身上，像是在馬殺雞一樣，讓我舒服地呻吟一聲。

海風吹拂沙粒，就這樣附著在我身上，而我則變成海的一部分。晴朗的天空和朵朵白雲，我迷戀地撩撥身體，任由它沉浮在海中。我喜歡海的味道，讓我墜入那深藍吧！

燈塔

最後一天，我到大衛家中作客。大衛是一間車屋公園的管理員，地點距離市中心約五分鐘的車程，是非常熱門的住宿地點。他看見我懶洋洋地趴在沙發上，遂丟下未完成的工作，決定載我去燈塔附近繞繞，盡地主之誼。

我們來到山腰上，放眼望去，是一片綠蔥蔥的大草原，彷彿置身在大自然中，遠處的海岸線往右方延伸，便是拜倫灣著名的燈塔。大衛說這山腰是他的私人祕境，很少人知道，不過可以俯瞰我們所居住的城市。

很難想像充滿嬉皮色彩的市區街道，這一刻卻好像靜了下來，在這片草原的襯托下，靜謐地置身其中。旅行的步調，已經漸漸地沉澱下來，不再追逐自由。大衛問我：「妳還有什麼未完成的夢想嗎？」我點頭：「還有很多，但那不重要。」

他狐疑地望著我，怎麼會不重要呢？那份願望清單（Bucket List）是在六月分擬定的，內容包括在黃金海岸跳傘、大堡礁潛水，還有騎著哈雷機車橫越沙漠，諸如此類。我完成百分之九十的願望，仍有一部分未完成。

會感到遺憾嗎？我的答案是不會。雖然我錯過一些東西，卻獲得更多難忘的回憶，深深烙印在腦海中，這些過往都是無價的。

「妳想完成它嗎？說不定還來得及。我有一艘帆船，可以帶妳去小島浮潛，或者妳想要跳傘也可以。如果想坐哈雷機車的話，我們可以展開一趟摩托車日記。小艾，我想幫妳實現夢想。」我漾開笑容，抱著大衛說：「我只想和朋友待在一起，度過最後相聚的時光。」也許那些願望，

只是驅使我往前的動力，卻不一定是我的夢想。

車子駛上山頭，停在某處山坡上。這裡是澳洲大陸的最東端，也是庫克船長與東岬角相遇的地方。沿著海岸線，我們一路往上爬，來到拜倫角燈塔（Cape Byron Lighthouse），白色燈塔配上大海的藍，彷彿走入希臘風情小鎮。

我悠閒地走過綠油油的草坪，來到裡頭，聽著老婦人解說燈塔的歷史，與許多古老珍貴的館藏。拜倫角燈塔建於二十世紀初，用來警惕船隻避開危險的岬角稜線。不論天氣有多糟，燈塔像是一盞明燈，指引捕魚人方向，使他們能夠平安回家。

我閉上眼睛，開始回想這段奇幻旅程。在澳洲流浪十五個月的時間，數不清漂泊的日子，最後帶領我來到拜倫灣。我的船身，和岬角撞出美麗的火花，燃燒殆盡，爲我精采的二十歲畫下一個停頓點。如今燈塔的光，正劃過天際，指引著回家的路。

我，要回家了。

後記　敬，人生！

離開之前，我將背包中的衣物裝箱，捐給附近的慈善機構。回家那天，背包輕得只剩下回憶，手中的英文日記已逐漸泛黃，我的指尖不斷劃過書頁，呑吐思念。

如果當時錯失了相遇的機會，我就不會在街頭與傳奇樂手歌唱賣藝。

如果車子沒有在荒野中抛錨，我便不會與另一車的背包客成爲朋友。

如果沒有拿到傳單，我可能會錯過爲愛奮鬥的同志大遊行。

如果二十歲的自己，沒有踏上這片土地，那一切可能都不一樣了。

如今，那些片段已成往事，流逝在時間的滾輪上。

密密麻麻的文字，卻像是皺紋一樣，刻下歲月的痕跡。

十五個月的時光，我毫無遺憾。

如果青春不能轟轟烈烈地瘋狂一次，那跟死了有什麼兩樣？

Die young or be wild.

後　記

國家圖書館出版品預行編目資料

酷玩人生:Die young or be wild / 張艾 著. -- 初版.
--
臺北市 : 華成圖書, 2014.11
面 ; 公分. --（閱讀系列 ; C0340)
ISBN 978-986-192-226-3(平裝)

1. 旅遊 2. 副業 3. 澳大利亞

771.9 103019402

閱讀系列 C0340

酷玩人生 : Die young or be wild

作 者／張艾

出版發行／華杏出版機構
華成圖書出版股份有限公司
www.farreaching.com.tw
台北市10059新生南路一段50-2號7樓
户 名 華成圖書出版股份有限公司
郵政劃撥 19590886
e-mail huacheng@farseeing.com.tw
電 話 02－23921167
傳 真 02－23225455
華杏網址 www.farseeing.com.tw
e-mail fars@ms6.hinet.net
華成創辦人 郭麗群
發 行 人 蕭聿雯
總 經 理 熊 芸
法律顧問 蕭雄淋・陳淑貞

總 編 輯 周慧琍
企劃主編 蔡承恩
企劃編輯 林逸叡
執行編輯 袁若喬
美術設計 林亞楠
印務主任 蔡佩欣

定 價／以封底定價為準
出版印刷／2014年11月初版1刷

總 經 銷／知己圖書股份有限公司
台中市工業區30路1號 電話 04-23595819 傳真 04-23597123

讀者回函卡

謝謝您購買此書，為了加強對讀者的服務，請詳細填寫本回函卡，寄回給我們（免貼郵票）或E-mail至huacheng@farseeing.com.tw給予建議，您即可不定期收到本公司的出版訊息！

您所購買的書名/________________ 購買書店名/________________

您的姓名/________________ 聯絡電話/________________

您的性別/□男 □女　　您的生日/西元________年____月____日

您的通訊地址/□□□□□________________

您的電子郵件信箱/________________

您的職業/□學生 □軍公教 □金融 □服務 □資訊 □製造 □自由 □傳播
□農漁牧 □家管 □退休 □其他

您的學歷/□國中（含以下）□高中（職）□大學（大專）□研究所（含以上）

您從何處得知本書訊息/（可複選）

□書店 □網路 □報紙 □雜誌 □電視 □廣播 □他人推薦 □其他

您經常的購書習慣/（可複選）

□書店購買 □網路購書 □傳真訂購 □郵政劃撥 □其他________________

您覺得本書價格/□合理 □偏高 □便宜

您對本書的評價（請填代號/ 1.非常滿意 2.滿意 3.尚可 4.不滿意 5.非常不滿意）

封面設計______ 版面編排______ 書名______ 內容______ 文筆______

您對於讀完本書後感到/□收穫很大 □有點小收穫 □沒有收穫

您會推薦本書給別人嗎/□會 □不會 □不一定

您希望閱讀到什麼類型的書籍/________________

您對本書及我們的建議/

華杏出版機構

華成圖書出版股份有限公司 收

台北市10059新生南路一段50-1號4F TEL/02-23921167

（沿線剪下）

（對折黏貼後，即可直接郵寄）

本公司為求提升品質特別設計這份「讀者回函卡」，懇請惠予意見，幫助我們更上一層樓。感謝您的支持與愛護！

www.farreaching.com.tw 請將 C0340 「讀者回函卡」寄回或傳真 (02) 2394-9913

恋　愛　成　就

別冊

[Guide 1] 戀愛成就的導覽

祈戀聖地！東京『愛情能量神社』五選

[Guide 2] 走訪小說人物的出沒地

東京熱門戀愛地！探勘『戀愛成就』景點地圖

恋しよう！

【Guide 1】戀愛成就的導覽

東京『愛情能量神社』五選

在故事中女主角陳姿瑛為求得好姻緣的到來，經常會拜訪坊間相傳祈求緣分特別靈驗，號稱是東京愛情能量之地的神社。下面這五間神社是她最常去的地方。除了拜拜以外，她還會定期更新這些神社裡販售的「戀愛成就」御守。雖然未知戀愛成就不成就，但總之有拜有保佑。

東京大神宮。

神社內有各式各樣的愛情籤。

「戀愛成就」的愛情御守。

東京大神宮

› 愛情御守：戀愛成就、緣結鈴蘭守

日本在神社裡舉辦傳統的結婚典禮，俗稱的「神前結婚式」就是從這裡開始的，因此逐漸成為保佑愛情結晶的地方。到這裡除了購買「戀愛成就」的愛情御守之外，總還要抽上一支愛情籤。社內有各式各樣的愛情籤。已經在戀愛的；還沒遇見心上人的；依照血型種類的；甚至是針對外國人的英語愛情籤，什麼都有，滿足你對愛情的想望。此外，東京大神宮是三重縣伊勢神宮之分社。新年時節，原本只有在伊勢吃得到的和菓子名產「赤福」也會在此期間限定販售。寒冬中，跟喜歡的人靠著緊緊的，捧著暖呼呼的「甘酒」（甜酒釀），然後吃一盤赤福，綿密的甜意不蔓延也難。

地址：東京都千代田區富士見2-4-1
網址：www.tokyodaijingu.or.jp

出雲大社（六本木東京分社）

› 愛情御守：緣結守、緣結繪馬、緣結繩

島根縣的出雲大社是全日本最知名的愛情神社，許多人為求姻緣，都想親自去一趟。但島根縣實在太遠，想去不是那麼容易就能抵達。所幸在六本木Hills附近有一間東京都內唯一的分社，讓祈求戀愛成就的人們得以有了捷徑。主祭神祭拜的是大國主神，雖然以締結良緣而廣為人知，不過據出雲大社表示，大國主神保佑的不只是愛情，也包括各種人間緣分。另外，要注意的是出雲大社的參拜方式跟其他的神社不同。在「二禮、四拍手、一禮」的程序中，比一般神社多了兩次擊掌，成為出雲大社的獨有特色。

地址：東京都港區六本木7-18-5
網址：www.izumotaisya-tokyobunshi.com

緣結繪馬。

緣結守。

出雲大社。

花園神社在新宿伊勢丹百貨對面。

威得道荷神社。

花園神社正殿。

花園神社

› 愛情御守：緣結御守

花園神社在新宿伊勢丹百貨對面，緊鄰新宿居酒屋聚集的Golden Street旁。花園神社境內有另外一間小神社名為威德稻荷神社。這座稻荷神社是女性人氣指數超高的姻緣神社。據說希望得到姻緣的單身女子來此參拜，遇見Mr. Right的機率特別高。此外，每年11月在花園神社會舉辦熱鬧的「酉之市」祭典。慶典上會賣一種把面具跟錢幣裝飾在竹耙上稱為「熊手」的東西，經過加持後會保佑商人生意興隆。因為神社距離同志酒吧聚集區新宿二丁目很近，據說在那裡開酒吧的媽媽桑都會來這裡拜拜。跨年祈福夜也成為同志們「初詣」抽愛情籤的熱門地。

地址：東京都新宿區新宿5-17-3
網址：http://www.hanazono-jinja.or.jp

神田明神

› 愛情御守：緣結御守護、美守

神田明神裡祭拜的其中一位神明「大己貴命」在出雲大社裡也有奉祀，主管的是夫婦關係和緣分情感。這裡極具人氣的「緣結御守護」特色是紅白兩色套裝一組，據說將其中一個送給希望結緣的對象，就能保佑愛情順利。對於希望自己愈來愈漂亮的女生，還可以買個稱為「美守」的御守，號稱能提升你從裡到外的美。除了愛情之外，有「江戶總鎮守」之稱的神田明神，更以保佑生意興隆而聞名，每年新年過後的第一天上班日，總是聚集公司行號前來團拜。因為靠近秋葉原，近來也成為保佑動漫工作者事業順利的神社。

地址：東京都千代田區外神田2-16-2
網址：www.kandamyoujin.or.jp

神田明神。

極具人氣的「緣結御守護」。

緣結守。

希望自己愈來愈漂亮的女生，還可以買個稱為「美守」的御守。

今戶神社是祈求姻緣的神社。

今戶神社同時也是招福貓之起源地。

今戶神社的貓咪繪馬

今戶神社（淺草）

› 愛情御守：招緣貓

日本神話中相傳日本列島的誕生，最初由兵庫縣的淡路島開始。在淡路島上祭祀著象徵這則神話起源的伊弉諾尊和伊弉冉尊兩位神明，被尊為男女之神，因此很自然地成為了祈求姻緣的神社。淺草的今戶神社也祭祀著這兩位神明，故成為戀愛成就的能量之地。特別的是，今戶神社同為高舉右手的「招福貓」之起源地，故神社的戀愛御守也是以招福貓做為設計。除御守外，還販售兩隻招福貓合體的貓咪陶偶，為該神社名物。利用「今戶燒」傳統技法手工製造而成，小小一個要價三千日圓。所費不貲，但為招來好緣分，投資幸福的人依然絡繹不絕。

地址：東京都台東區今戶1-5-22
網址：http://members2.jcom.home.ne.jp/imadojinja/T1.htm

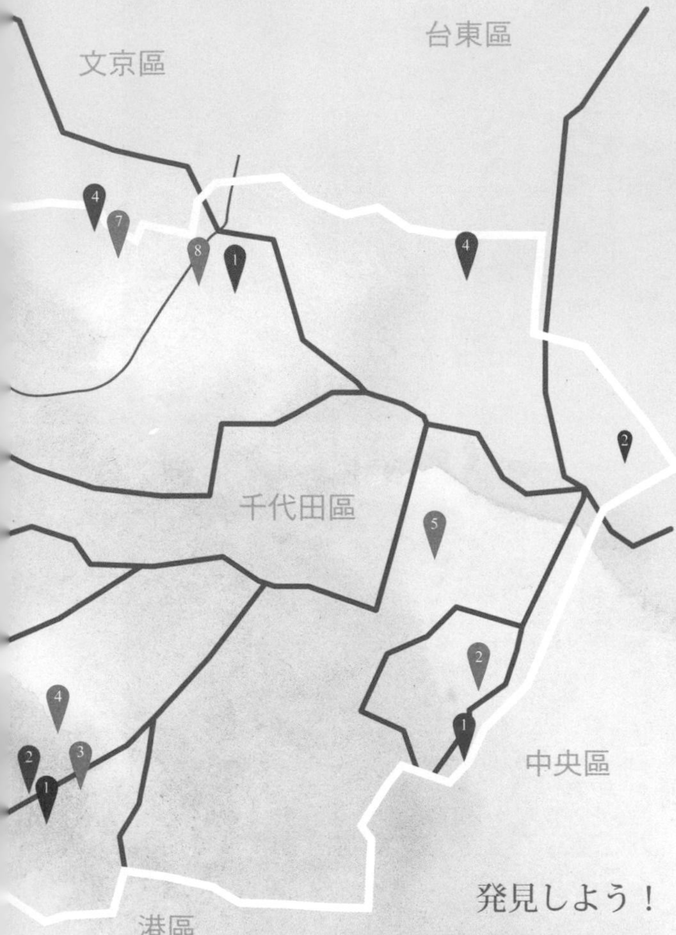

発見しよう！

【Guide 2】走訪小說人物的出沒地

探勘『戀愛成就』景點地圖

《戀愛成就》是一則都會群像劇，故事主角陳姿瑛（瑛瑛）、北村展吾（天皇）、李菁菁（李主播）、山本拓海、山本正孝等人，因為東京這座大城市而匯聚在一起，而大街小巷的一景一物，都成為了他們交錯著悲歡喜樂的舞台。循著地圖，帶著他們的故事，一起走進他們出沒的真實場景。

主角住家範圍
主角的職場範圍
愛情能量神社(見別冊P1～6)
東京戀愛景點(見別冊P 9～12)

【地圖參照一覽表】

1 築地市場駅：山本拓海住家
2 東新宿駅：北村展吾（天皇）住家
3 代々木上原駅：陳姿瑛（瑛瑛）住家
4 神楽坂駅：李菁菁（李主播）後期同居處

1 六本木Hills：北村展吾的職場
2 人形町駅：陳姿瑛的職場
3 明治神宮前駅：山本拓海的髮型沙龍
4 高円寺駅：「小馬德里・小台北」的店

1 東京大神宮
2 出雲大社（六本木東京分社）
3 花園神社
4 神田明神
5 今戶神社（淺草）

1 東方見聞錄
2 蛋包飯「喫茶YOU」
3 Wendy's溫蒂漢堡六本木店
4 酢重：酢重ダイニング六角
5 KITTE
6 澀谷HIKARIE
7 圓福寺
8 飯田橋駅

1

東方見聞錄（新宿西口パレット店）&新宿西口

天皇和瑛瑛數次到訪的店家。瑛瑛愛吃的炸蓮藕片就在這裡（菜單隨季節略有更動）。東方見聞錄有不少連鎖店和姐妹店，對於居酒屋的初心者而言，這裡的電子菜單有中文，不用擔心語言問題。新宿西口這一帶同時是主角們常出現的地方，從西口沿著高架鐵道行走可到韓國街新大久保，也是故事場景之一。再往下走一點，抵達東新宿，就是故事裡天皇自宅所在地了。

地：東京都新宿區西新宿1丁目1-1
營：16:00～翌3:30（週五、週六和假日前至4:00）
網：www.sankofoods.com
電：03-5909-5650

新宿西口這一帶同時是主角們常出現的地方。

炸蓮藕片。

2

蛋包飯「喫茶YOU」

天皇、瑛瑛和山本拓海鍾愛的療癒系蛋包飯餐廳。創業40年的懷舊咖啡館，以蛋包飯而享有盛名。厚實柔軟的半熟蛋置於番茄炒飯上，用湯匙輕輕觸碰，吹彈可破。請一定來品嘗看看就明白何以瑛瑛如此鍾愛。蛋包飯套餐含飲料，午餐為￥1,100要特別注意蛋包飯的提供時間是11:30～20:30。另外15:00以後套餐價變成￥1,300。隔壁的歌舞伎座附近街道也是小說的場景之一。

地：東京都中央區銀座4-13-17
營：11:00～20:30
網：www.kissa-you.com
電：03-5157-3936

創業40年的懷舊咖啡館，
以蛋包飯而享有盛名。

溫蒂漢堡

3

Wendy's 溫蒂漢堡六本木店

瑛瑛與曾世帆重逢的地點，從這裡開始，故事有了新的轉折。山本拓海工作的唐吉訶德六本木店就在正對面。溫蒂漢堡曾在1985年至1999年在台灣開店，是台灣人早年對美國文化的重要印象之一。現在想要重溫舊夢，最近的地方就在東京。推薦的招牌菜不是漢堡，而是焗烤馬鈴薯。

地：東京都港區六本木5-1-7
營：07:00～24:00
網：wendys.co.jp
電：03-5785-1325

來自輕井澤的信州味噌料理，味噌青花魚。

4

酢重：酢重ダイニング六角

瑛瑛與曾世帆的晚餐地點。來自輕井澤的信州味噌料理，使用長野縣的名產味噌與醬油，製作出如味噌青花魚、炸鮭魚、牛豬肉和茶泡飯等和食料理。味噌湯的食材非常豐富，別忘記點一碗來嚐嚐。是否是因為這間餐廳的美味，激化了瑛瑛和曾世帆之間的情愫呢？等你吃完以後來解答。

地：東京都港區赤坂9-7-4 2F
營：11:00～24:00
網：www.suju-masayuki.com
電：03-5785-1717

5

KITTE

故事場景之一。瑛瑛在這裡六樓的屋頂花園，眺望東京車站丸之內口的夜景。「KITTE」（キッテ）是日文裡「郵票（切手）」之意。東京車站丸之內口的「KITTE」是日本郵局跨界開設的商業設施。大樓將舊東京中央郵局的樓房之一部分做修復保存，並融合新建築的部分而誕生。晚上到這裡記得到六樓戶外，感受一下瑛瑛眼中的東京夜景。（圖片提供：KITTE公關室）

地：東京都千代田區丸の內2-7-2
營：11:00～21:00
網：jptower-kitte.jp
電：03-3260-5634

東京車站丸之內口的「KITTE」。

從六樓的屋頂花園，可眺望東京車站丸之內口的夜景。

6

澀谷 Hikarie

涉谷ヒカリエ，主角聚會場景之一。澀谷車站新開發週邊的計劃之一，已成為當地新地標。地下食品街很值得一逛，很獲得像是瑛瑛與李主播上班族女性的青睞。8樓以八個不同類型的文創空間所組成的樓層。特別推薦D&DEPARTMENT進駐企畫出「d47」系列：包含「MUSEUM」、「design travel store」和「SHOKUDO」文創及飲食空間。

地：東京都涉谷區涉谷2-21-1
營：各店不一
網：www.hikarie.jp
電：03-5468-5892

澀谷Hikarie。

地下鐵直通大樓地下食品街。

「SHOKUDO」文創及飲食空間。

位於神樂坂的圓福寺。

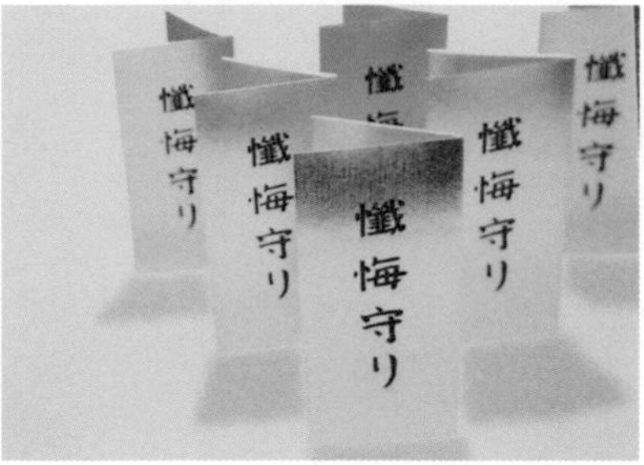

懺悔御守。

7

圓福寺

故事中在神樂坂祈求「懺悔御守」的寺廟。跟一般神社不同的是，這裡的御守（護身符）是寫完放在神前供桌上的。進去寺廟後，脫鞋進正殿，左手邊櫃檯窗口就能購買護身符。該怎麼進行懺悔呢？請詳讀小說。正殿入口前拜拜處，放了一隻貓頭鷹，摸頭據說能帶來好運。

地：東京都新宿區橫寺町15
營：06:00～16:30
網：www.enpuku-ji.jp
電：03-3260-5634

從橋上可眺望神田川。

中央總武線奔馳而過。

8

飯田橋

小說最終章場景。幾乎位於東京都心中央的位置，除了JR電車線路外，還交錯地下鐵有樂町線、東西線、南北線和大江戶線。JR車站分東西兩口，小說中瑛瑛和山本拓海在橋上眺望神田川是在西口。西口的一邊可通向愛情神社東京大神宮，另一邊神樂坂則可通向祈求懺悔御守的圓福寺。

恋愛成就

張維中——著

原點

目次

不成就日

做什麼事情都不適宜，什麼事情也成就不了的一天，在日文裡叫做「不成就日」。

換成中文的說法，就是諸事不宜的凶忌之日。

什麼事都成就不了，當然，也包括了愛情。

在我的東京小套房裡，窗簾一拉開，掛著一排御守。那些全是來自於網路上流傳的神社，得以保佑戀愛順利的日式護身符。

神社裡抽了籤，不管是凶是吉，一定要買個寫著「戀愛成就」的御守回家，不知不覺地就變成了我的怪癖。

大家都相傳在這些能量之地祈求愛情順利，會特別地靈驗。可是，我的窗台上都快被御守給占領了，戀愛依然不成就。

在愛情的黃曆裡，我有時懷疑，我的每一天都是不成就日。

在這樣不成就的每一天裡，我漸漸領悟到了一件事情。

一旦過了三十歲以後，女人聚在一起時，這個世界往往會單純到只剩下兩種人。

「有」跟「沒有」的兩種人。

有名牌包跟沒名牌包的人；有男友跟沒男友的人；有結婚跟沒結婚的人；有豪宅跟沒豪宅的人；有小孩跟沒小孩的人；老公有外遇跟沒外遇的人；有偷藏私房錢跟沒藏私房錢的人；有拿到公婆遺產跟沒拿到的人。

然而，無論有什麼或者沒有什麼，在這些造句裡恐怕絕少會出現「有成就」或「沒成就」的字眼。因為在這個看似開放實則傳統的社會裡，一個女人有沒有成就，從來不會從女人這個個體去衡量。

跟男人不同，一個女人自己有沒有成就，沒人在乎。

有男友、有老公、有孩子、有房子，對許多人而言，才是一個女人的成就。

平均每一年，學生時代的死黨就會多一個人交了男友、結了婚、懷孕或生小孩。每一年，我就會發現我又少了一個可以談心事的對象。

所有談論育兒經的媽媽們都會自成一國。即使我再怎麼參與她們的話題，而她們再怎麼與我分享經驗，我依然會覺得我像在看沒有字幕的洋片。
「陳姿瑛，妳啊，將來就知道了！」
她們經常都會以前輩的經驗，好心送給我這句話。
將來。我們之間的時間，潛意識中已經被默默地割開，不存在現在進行式了。
所有人對我的提醒、擔心和關心，甚至放心（陳姿瑛，妳啊，一定沒問題的），像是把我推進一個壓力鍋，反而讓我以為在他們眼中，我真是個一事無成的女人。
但，仔細想想，是在她們的眼中嗎？
是我自己。
是在我自己的眼中，我是個毫無成就的女人。
我承認一個人確實也很好。有自己生活的方式，不需要靠別人，也不必在乎數著「有沒有」的擁有，去證明自己存在的價值。
可是，事實上，我會不停地去神社裡抽愛情運勢籤，買神社裡的「戀愛成就」御守。iPhone裡下載了塔羅牌，午休時會忍不住問一下，今天午餐吃什麼可能會在轉角遇到愛。臉書上訂閱的粉絲團，有一半都是關於星座專家預言的每週運勢。

愛情是一種等候。愛情是在水一方。愛情是一種遙望。愛情是一種牽腸掛肚的舉棋不定。愛情是置身其中的綿綿細雨。愛情是不經意的成就。

我根本還是會偷偷在乎的。

三十一歲的我，單身的我，帶著奶奶的遺願來到日本，卻不適應東京生活的我，常常在夜闌人靜的夜裡躺在床上敷臉時，不經意地想著，我到底在追求什麼樣的成就？

成就這玩意，究竟是什麼？

在「不成就日」裡，就連上美髮沙龍都會不順。

大地震發生的那天下午，我在表參道小巷道裡的一間美髮沙龍。頭髮才洗到一半，一根頭髮都還沒有剪，驚天駭地的地震就忽地襲來。

沒有人料到會搖到這麼劇烈的程度，以為只是個普通的小地震罷了，因此起初美髮沙龍裡的設計師還正常工作著。沒過一會兒，當整棟房子突然間像是果凍一樣被甩晃起來時，不管是手上拿著剪刀或吹風機的設計師，還是打扮得漂漂亮亮來剪髮的客人，大家全都顧不了形象，立刻往屋外衝去。

地震稍微停歇，大家回到店裡以後，緊接著又來了好幾次的大餘震。原班人馬的我們，像是碟片壞了似地重複播放著某一段情節，同樣動線進出店裡好幾次。終於在餘震不那麼頻繁以後，我總算坐回洗髮的躺椅上，卻已經筋疲力盡地像是參加完了百米賽。

那時候我還不知道九級的震央，災情有多麼的淒慘，但是，我很快的就知道，第一個災難，在我的頭上發生了。

因為店裡的瓦斯跟水電都停了。

看著鏡子裡頂著一頭白色泡沫的自己，配上一身咖啡色的洋裝，我像看見了一杯冷掉的卡布奇諾。

「陳小姐，真的非常抱歉！請稍等一下，我們馬上想辦法。」「陳小姐，一時之間熱水恐怕還不會來，是不是麻煩您先移駕到沙發上等候。真是不好意思。」「陳小姐，不好意思，要不要看其他本雜誌？」「陳小姐，喝杯茶嗎？真不好意思。」

十分鐘內就分別有五個不同的人過來問候我。

每個人都知道我叫做陳小姐。一年前，我偶然走進這間店時，是這間店的第一個外國客人，大家對我留下很深的印象。

「不好意思，那也麻煩你們幫我先想想辦法，別讓泡沫流下來。」

忽然想起以前在語言學校裡，日本老師說，不管遇到什麼事情，你覺得你對也好你不對也好，反正先講「不好意思」就對了，這樣便能融入日本人的社會。因此，當我也無意識地說出「不好意思」時，連自己都覺得有點做作。

店裡的人拿了毛巾將我頭上的泡沫給抹掉，然後又拿幾條白毛巾把我冰冷的頭給包裹起來。我看起來像是個頭部患傷的病人。

不久，有個不知道是修瓦斯還是水電的師傅來到美髮沙龍。店裡的員工向他解釋了一會兒，他走到管線配置箱弄了弄以後，員工嘗試再開水龍頭，水終於出來了。不過，店員對師傅搖了搖頭。最後，師傅不知道跟員工說了什麼，什麼也沒做就離開了。

店員苦著臉，向我解釋，目前是有水了，不過還是沒有熱水。大地震時為了安全起見，會自動切斷瓦斯，但通常只要再度啟動就可以有熱水了。店員剛剛試過以後，熱水還是沒有來。師傅說，可能要回去跟瓦斯公司的總部確認一下這一帶的瓦斯輸送狀況。

「意思是這一帶都沒有瓦斯了嗎？」我問。

「恐怕是這樣的，不好意思。」店員回答。

這附近的美髮沙龍很多，我本來還打算能不能請他們向其他店家情商一下，至少讓我先把頭髮給洗乾淨回家休息，但顯然也是沒輒。

「其實冷水也是可以的。」我說。

「真的很不好意思！冷水恐怕會讓客人感冒，所以……不好意思。」

我放棄了。其實他們不敢讓客人用冷水洗頭的原因，與其說是怕客人感冒，不如說怕客人因為感冒而怪罪起店家來。

日本服務業看起來處處是為客人著想，但深究起來，最終是怕擔起被怪罪的責任。所以乾脆從一開始，就不讓錯誤有發生的可能。

於是，我就這樣被繼續晾在店裡。

大地震以後，電話跟簡訊完全斷訊停擺。我想起晚上跟天皇的晚飯約會時，不由得著急起來。我這樣子不知道會拖到什麼時候才能離開，而且聽說交通也癱瘓了，萬一不能準時到相約的地點，該怎麼聯繫天皇呢？好不容易能見到天皇了，我卻遲到，這實在是說不過去。要是他動怒起來，不見我了，下次又不知道是何年何月？

愈是這麼想，我愈是著急。恰好身旁走過一個設計師的助手，我喚住他。

「不好意思，我有點趕時間，是不是直接幫我用冷水洗頭就好，我不太在意是冷水還是熱水。」

當這男孩回頭時，我發現我從未在這間美髮沙龍見過他。

「這樣嗎？嗯，那麼這樣的話，我去和設計師說一聲。」

「不要緊的，設計師還在忙別的客人。你就先幫我洗吧，等一下我會和設計師說是我的意思，你不用擔心。」

「這樣嗎？可是，用冷水容易感冒。」

他顯得有點為難。他為難的表情，反倒令我覺得愧疚。

「我不太容易感冒的。」

「陳小姐的身體很好。」

「也不是，是我年紀不小了，皮比較厚，不容易受寒。」我自嘲。

「快別這麼說！沒有這樣的事。」

男孩慌張地猛搖頭，然後點頭答應了我。

老實說，我竟然希望他多搖一下頭。我很久沒見到那麼有誠意的搖頭。我能分辨那不是一個店員對客人的制式反應，而是出自內心的。

出自內心，一個男人害怕女人生他氣的真實反應。

美髮沙龍裡工作的男孩女孩總是打扮得很潮流，這男孩也不例外。不過，比較特別的是掛著黑框眼鏡的他，身上散發著一點那個年紀不太有的書卷氣。

那個年紀？當我想到自己開始用「那個年紀」去說別人時，不免顫抖一下。

確實也是。三十一歲的我，已經不是那個年紀的他們了。

沒想到，那男孩請我稍等一下以後，我又等了快十分鐘。二十歲世代的年輕人，果然辦事不力。

我有點不耐煩了，突然，從鏡子的反射裡看見那男孩，從店門口抱著一口卡式瓦斯爐走進來。他的舉動令店裡所有人的目光都投向他。

吃火鍋？店裡的設計師全笑起來，紛紛問男孩要做什麼。

男孩沒有回答，從店裡的儲藏室拿了一個鍋子，然後迅速地盛滿水，架在瓦斯爐上開始煮沸。不一會兒，水就開了。

「陳小姐，不好意思，久等了。我們現在有熱水囉。」

「山本君，酷喔！」、「拓海君，有你的喔！」店裡幾個俏皮的設計師起鬨叫好。

山本拓海。原來他的名字叫做山本拓海。

端著熱水的山本拓海，不知道因為是害羞，還是蒸氣薰著臉的緣故，雙頰頓時紅潤起來。那是皮膚白皙的日本男孩，臉紅起來的典型模樣。

我愣著，很是驚訝，一時之間說不出話來。

水蒸氣隔著我和山本拓海，視線變得愈來愈模糊。

「陳小姐，嗯……妳，還好嗎？」

當山本拓海放下熱水，穿越過蒸氣，遞上面紙給我時，我才發現我竟然哭了起來。

這一哭可把山本拓海給嚇到了。他驚慌得不知道該下一步該做什麼。

突然，他回過神來，立刻轉身拿了一盒面紙遞上來。

「不好意思，都是我的問題……」

他開口了，卻是道歉。

看著他自責的臉，我知道他誤會了。

突然間，我發現整間店裡的人都安靜下來看著我。

「不是，真的不是像你們想像的這樣，我不是被感動到哭，我只是……」

然而，大家都抱著一種既同情又不忍的表情看著我。彷彿在說，「陳小姐，沒關係，想哭就哭吧。不好意思也沒關係呀。女人嘛，我們都懂。」

一個三十一歲的單身女子，被一個二十多歲的男生給弄哭，這麼一哭，任誰都會認為是這女人感情世界空窗了太久，不過是被一點點小事情就搞得小鹿亂撞，完全沒有一個輕熟女該有的穩重。

「不好意思，陳小姐，如果妳不喜歡，我們還是用冷水吧。」

男孩小心翼翼地說。

「沒關係，就用你煮開的熱水。我可以的。」

但是我的淚水仍然一直在流。

「還是用冷水吧。」

「不不不，請用熱水吧。」

山本拓海點點頭。就在他將煮沸熱水倒進臉盆，混進冷水，然後用勺子沖洗我頭髮的剎那，我的淚水就像是發布了海嘯警報的海灣一樣倏地氾濫起來。

「啊，不好意思。拜託……管我，不要。請繼續。」

我抽搐地說，號啕大哭起來，哭到日文文法全亂了。

雖然如此，山本拓海還是懂了。只是，他大概被我嚇到了，此後不再說話，只是默默地幫我把頭髮洗乾淨。

地震。洗髮。臉盆裡的熱水。

其實，我只是想起了我最親愛的奶奶。

親愛的奶奶，在妳離開以後，我漸漸學會知道，分離這件事情是什麼。

我想，真正的分離，原來，是把兩個人的距離拉得更近。因為每一道日光，每一次落雨，以及身邊所有的事物，其實都藏著你在乎的人，種種的回憶。

那個端著一鍋熱水的山本拓海，讓我想起在九二一大地震時，過世的奶奶。

從九二一地震的那一天開始，只要可以，我一定會用最快的時間把頭髮洗好。

而在十幾年後的這一天以後，我確定洗頭髮成為了我最恐懼的事情之一，讓我在「不成就日」的黃曆上又添加了倒楣的一筆。

完美角度

九二一地震發生的那一年，我還在念大學。地震發生的那一天，我參加大學社團的活動去了香港，人不在台灣。那天晚上我和同學們玩得很瘋，到了凌晨兩點多才睡。第二天早上起床後，在旅社看見報紙上斗大的新聞標題時，我才知道發生了大事。

住在南投的奶奶，在這場大地震中離開了。

安養院的阿姨終於聯絡到我時，對方哭得泣不成聲。奶奶住的安養院幾乎有一半的樓房都垮了，死傷很慘重。我因為太震撼了，唯一的反應只是默默聆聽。

電話掛上以後，我升起滿滿的罪惡感。一想到在地震的當下，奶奶和這麼多人都在受苦，但我卻喝得醉醺醺的，剛回到飯店開始洗頭洗澡，就覺得非常罪過。

就是從那個時候開始，我對洗頭這件事情彷彿便有點忌諱似的，心裡總覺得有什麼不好的事情會在洗頭時發生。

沒想到，十幾年後真的發生了。而且，又是地震。

奶奶雖然被壓在瓦礫堆中，可是容貌卻意外地沒有受到太大的損傷。安養院裡其他不幸身亡的人，很多甚至連屍首都找不到了。

地震後一切都非常的混亂，災區裡傷亡的人實在太多了，醫療和葬儀系統崩潰，往生者的後事不得不都從簡處理。奶奶的後事因此也草草結束。

從小到大每當我要跟奶奶道別時，奶奶總是把我摟在懷裡，用她隨時間流逝而堆積著愈來愈多皺紋的臉，磨蹭我的雙頰。

「奶奶好捨不得瑛瑛喔。」

小時候是奶奶蹲下來，長大以後則換成身高拉拔得比她還高的我蹲下來，好讓她能夠磨蹭我的雙頰。那遂變成我這輩子關於道別的一種儀式。

我在殯儀館裡，用我的臉頰觸碰奶奶的臉時，奶奶當然是已經無法說話了。

「瑛瑛好捨不得奶奶喔。」

這是第一次也是最後一次，在觸碰臉頰告別時，由我開口。

身旁安養院的阿姨們都知道我和奶奶有這樣的習慣，因此哭得一塌糊塗。可是我仍舊沒有哭，雖然心裡比刀割還痛，但我想奶奶終於等到了我趕過來，和她完成這個道別的儀式以後，一定可以走得比較安心吧。

奶奶的後事處理完以後，我曾在離開南投前，去了一趟已經傾圮的安養院。

站在潰不成形的瓦礫堆面前，我好難想像奶奶曾經住在這裡，更難以想像當樓房傾垮之際，無法順利逃脫的往生者，他們的身體遭受到多麼大的苦痛。

「雖然這麼說可能很不敬，可是也許我們應該換個角度想，奶奶是在地震時受到驚嚇而導致心肌梗塞，一瞬之間就往生了，並不是因為被壓到而身亡。」

陪在身旁的安養院阿姨試圖安慰我。

我點點頭，對她微笑，打從心底謝謝這個人的溫柔體貼，終於淚水還是抑止不住地流下來。流下來的淚，在風吹來的剎那，雙頰感到暖暖的，好像是奶奶的臉貼近的溫度，令我打起了精神。

那樣清新的風，有山林的味道，完全嗅聞不出不久以前，這裡曾經發生過那麼一場腥風血雨的災難。

或許大自然就是這樣子的吧。對它們來說，一切不過是地球上自然的變動。我們只是寄居在它們身上的，全是外來者，沒有什麼權利質問它：「喂！你為什麼要來這一場地震！為什麼要無緣無故帶走那麼多的人命？」

當然我也沒有權利向奶奶抗議：「奶奶妳明明答應我大學順利畢業以後，要跟我一起去東京玩的，為什麼妳就先走了？」

奶奶小時候受過日本教育，會講日文，年輕時甚至還替日本人工作過。她對日本充滿好感，這輩子最大的心願之一就是到日本旅遊。遺憾的是她最終沒有來成。連沖繩也沒去過。

因此，當我意外地獲得到日本工作的機會時，答應的理由之中大概有一半是為了替奶奶完成夙願。

我想，奶奶在天之靈知道我能到日本工作，應該是很開心的。

只是奶奶或許開心了，我在東京似乎卻沒有過得很開心。

幾經折騰，我總算克服了地震後的交通癱瘓，見到久違的天皇。

因為電車停駛，我從原宿走到新宿，遲到了半小時。

雖然始終沒辦法聯絡上天皇，但當我看見天皇還是屹立不搖地站在約定好的地方時，覺得他真是充滿著君臨天下的氣度。

「你果然很有耐性。我真怕你等不到我，誤以為我糊塗到忘了今天的約會，就氣得走人，然後再也不願意見我了。」

我向天皇致歉。

「算啦，妳糊塗也不是今天而已。」天皇笑起來，說：「我其實不是有耐性，只是不知道怎麼辦好，只好一直站在這裡。畢竟發生這麼大的地震，手機不通，妳又沒有準時現身，要去哪裡確認妳的安危，我也不曉得。」

「既謙虛又體貼，你加深了我當不成皇后的遺憾。」

「要是這麼說的話，這輩子沒辦法娶妳做皇后，我才真是太抱歉了。」

我跟天皇大約有一個多月沒見到面了。說要約吃飯，總是沒約成。在今天以前，我已經整整兩個星期都沒有休假。每天加班，回到家都已經凌晨一點。昨天深夜，天皇打電話來跟我確認今晚的飯局時，我居然累到講到最後睡著了而不自覺。半夜尿急起床時，才赫然發現，我做了這麼糗又這麼蠢的事。

天皇在語音留言裡下令，如果我真想晉見他，就必須給自己一天假。

「我不想跟一個極可能吃飯吃到一半就睡著的女人見面。」

於是，地震的這天，我聽了天皇諭令向公司告假一天休息，還去了美髮沙龍。

我跟天皇到新宿西口的居酒屋吃飯。因為地震，很多店家都休息了，不過新宿的餐廳大半都還營業。看著電視機裡播放受災區的新聞，轉頭看見的卻是居酒屋裡杯酒交晃的畫面，像是兩個世界似的，令人感覺荒謬。

一邊喝著沙瓦酒，一邊吃著我最愛的炸蓮藕片，我告訴天皇，剛剛發生在美髮沙龍的事情。

「戴眼鏡？所以他是妳的菜吧？」

天皇喝了一口啤酒，抽著菸，推了推他臉上的眼鏡，露出一臉看好戲的眼神。

「你說什麼呀？我可能大他十歲耶。」

「這樣一哭，他肯定從此對妳印象深刻了。輕熟女的淚水，恐怕是會讓年輕男孩不知所措的。一旦不知所措了，就會全盤聽妳的。」

「你重點完全畫錯！我的意思是，當場在店裡哭成那副德性，很糗呀。」

「我的筆始終都是畫歪的。」天皇笑著說。

「而且，你還有其他地方也是歪的。」我故意糗天皇。

員工突然現身端上了串燒，是天皇最愛的「月見雞肉串」。

說完「請慢用」以後，員工的眼神突然飄到天皇的臉上。天皇害臊著抽起菸，用力吐出好幾口白霧，以為這樣就能模糊焦點。

「妳不要亂講話，搞不好人家聽得懂中文。」

員工離開以後，天皇一臉緊張。

「還好吧。他也是男生，應該很了解。而且你不是跟我說過，男生的『那裡』本來就會往旁邊歪一點嗎？很少真的會是往前又往上的標準『完美角度』。我想，就跟我們女生一樣，胸部會稍微地下垂跟外擴也是很正常的，沒什麼好害羞。」

「妳可是唯一一個見識過我『那裡』的女人。空前絕後了。」

我失笑：「我該申請專利嗎？」

「真受不了妳。」

我跟天皇是在大學一年級認識的。那年我們都才十九歲。

天皇真的跟日本是有關係的。他有一半的血統是日本人。父親是日本人，媽媽是台灣人，中學時因為父親工作關係搬到台灣，直到大學畢業了才回到東京就業。

我們開始叫他天皇，是從他擔任班代開始。當年只要是系上有什麼事情要跟班上宣布時，他就會站在講台上，雙手拿著講義，用著十足洪亮的聲音對台下「廣播」。

說也奇怪，他那種氣勢，無論台下有多吵，他就是有辦法讓眾人立刻靜下來聽他說話。有人打趣說，簡直像是天皇出來宣布事情一樣莊嚴。再加上天皇的名字叫做北村展吾。日文不好的大家，叫起日文的展吾（tengo）跟天皇（teno）聽起來很像，所以大家就開始暱稱他為天皇了。

「所以妳還是會繼續待在這間遊戲軟體公司嗎？」

天皇關心地問我。他始終認為我待在這間超時工作的公司，一定會把身心都搞壞。

「要離開這間公司，還是離開日本呢？」我困惑地問。

「妳還是想離開日本嗎？」

「本來到日本工作，有一半原因是因為覺得能安慰奶奶在天之靈。可是，這幾年下來，我發現我真的沒有特別喜歡日本。」

「因為你喜歡的是紐約不是嗎？記得以前大學時，妳最想去留學的地方就是紐約。」

「可是都已經三十一歲了。」

「嘿！三十一歲又怎樣？我還不是到了三十歲才換跑道。妳也知道在日本很少有人敢到三十歲還換工作的。景氣那麼差，每個人要是可以進到大公司裡，巴不得賴到退休。我比妳笨多了，都敢冒險了，何況是聰明的妳呢？妳條件比我好，英語能力也比我強，換個城市再出發，絕對沒問題的！想做什麼，就以實現為前提努力吧。」

天皇又展現出充滿力量的勵志神情了。

這些年來，每當我沮喪或徬徨之際，總是能從天皇那裡獲得鼓舞。

即使我們早就不是情人，也不可能再成為情人，但他在我的生命裡扮演的角色，絕對超越了情人。

我們在大二時談過一場戀愛，不過，這段戀情不到半年就告吹了。半年來我們睡過無數次，但真正發生關係，卻沒有超過三次。

他喜歡的不是女人。

我一點也不生氣他欺騙了我。相反的，因為我，而讓他徹底思考自己的方向，走到他應該也喜歡的路上，讓身為女人的我倍感驕傲。

女人果然對任何一種類型的男人來說，都是不可或缺的存在。

我主動提出分手，而他向我出櫃的那一個夜裡，是我見過他這輩子最脆弱的時候。

那一天，他倒在我的懷裡哭了很久。可是，從那天以後，他沒有再哭過。倒在懷裡哭的人都是我。不管我遇到什麼事情，天皇總是表現得冷靜而堅毅，聆聽並且解決。

大學畢業以後，天皇回到日本，因為中日文都通的關係，在東京找到一份媒體採購的好工作，生意上也始終跟台灣保持關係。

每次我見到天皇時，都覺得他更像是日本人了一點。說起來好笑，他本來就是日本人啊。但以前在大學時卻從不覺得。每次他來台北出差，看著他穿著合身好看的西裝，我都會忍不住嚷嚷著要一起合照。

「好像我真的穿西裝很帥的樣子？」有次他問我。

「是很帥啊。」

「要是真的帥，為什麼還是沒有男朋友呢？」

「那你覺得我漂亮嗎？」

「漂亮啊。」

「那我還不是一樣沒男朋友。」

我們都交不到男朋友；我們都可以相互安慰；我們都有資格批評這世界上的男人都瞎了眼睛。

一年又一年，我跟天皇一起往三十歲邁進。跨過三十歲以後，天皇變得愈來愈成熟，也來到東京工作的我，偶爾會跟天皇去新宿二丁目的舞廳喝酒。看著天皇在吧台跟其他日本男生聊天的模樣；看著他脫下西裝外套，繫著領帶、穿著白襯衫在舞池中跳舞時；再想像著他在六本木媒體採購公關公司裡上班的認真模樣，我時常覺得，如果我是男人，這就是我想要的三十歲世代的模樣。

當然，如果還能擁有一個情人就更完美了。
離開了東京，就等於要離開天皇了。
「那以後我要倒在誰的懷裡哭鬧呢？」
我佯裝輕鬆地吃著大阪燒，口齒不清地說道。
「傻瓜！」天皇突然摸了摸我的頭，說：「以後妳會遇到妳真正的國王呀。」
我看著微笑的天皇，眼眶突然有些溫熱。
這場地震好像也無意間震醒了我，提醒我應該重新調整自己生活的角度。
「電車停駛了，今天晚上要不要到我家過夜？」天皇問我。
我們吃完飯，走在人滿為患的新宿街頭。電車停駛了，大家只好走路回家。天皇去年在東新宿買了一戶大廈公寓，從新宿走路回去很近。
不過，我還沒回覆時，就聽到車站傳來的廣播，說地下鐵已經重新營運了。
「謝謝了！我還是回家吧，不曉得地震有沒有把家裡弄得一團亂。」
就這樣跟天皇道別，我回了家。
家裡除了一些書從書櫃上跌落，家具稍微移位以外，沒有什麼災情。
玄關櫃子上臉盆裡的水稍微濺了出來，不過裡面的小魚還是依然游得很自在。

九二一地震的那年，我在安養院的瓦礫堆當中，發現了一件奶奶的遺物。那是一個老舊到不行的鐵盆。臉盆底印著很傳統的牡丹龍鳳圖樣，圖樣斑駁得幾乎只剩一半。

我好驚訝奶奶竟然還保留著這個鐵盆。

小時候，我的腸胃很不好，每次當我夜半鬧肚子疼時，奶奶就會用這個鐵盆端著熱騰騰的水，蹲在我床邊替我用熱毛巾敷肚子。水涼了，奶奶就端著臉盆到廚房，再換一盆熱水過來。一直到我長大以後，一個人住在台北，冬天經痛想敷熱毛巾時，總會想起奶奶和她的那個臉盆。

我始終保留著這臉盆，甚至帶到東京來。買了水草跟小魚，放在裡面，彷佛成為家裡的鎮台之寶。

看著臉盆裡的優遊自在的小魚，我在水裡見到自己反射的容顏。想起奶奶，竟也忽然想起了美髮沙龍裡的男孩。

忍者救手機

大地震過後，雖然東京沒有遭受到直接的傷害，不過由於電力吃緊，許多商家都自主限電。這陣子不管去到哪，商店都熄掉戶外大招牌的燈光。店內因為節約能源的關係，也減少開燈，很多店舖都變得好昏暗。

「姿瑛學姊，是不是過了三十歲，就會這樣呢？」

坐在餐桌另一端的李主播，用著她一貫純真的大眼睛望著我。

「咦？怎麼樣？過了三十歲會變成怎麼樣？」我不解地問。

李主播的本名叫做李菁菁。我跟她是同一間高中畢業的，不過差了好多屆。她今年才二十四歲。我高中畢業時，她大概才國小五年級。

她不是真的主播，只在日本一家地方電視台擔任中港台新聞的編譯。她長得甜美，我們都覺得她做幕後是可惜了。以她的姿色，到富士電視台這種大公司當幕前主播也綽綽有餘。我們對她有期許，因此就叫起她李主播。

「眼睛啊。姿瑛學姊，從進來餐廳到剛剛點菜，就看學姊一直瞇眼睛又揉眼睛。我媽說，好像人近中年以後，就會常覺得光線不足，看不清楚。」

「啊？哪有這回事，我不是看不清楚，」我尷尬地回應：「我是隱形眼鏡戴久了就會過敏。哪，妳看，眼藥水，我要點一下眼藥水才能止癢。」

我撒謊，但還是拿著眼藥水，順勢點了一下其實並沒有過敏的雙眼。

我是真的看不清楚。可是，絕不是過了三十歲的關係。全是餐廳太黑的錯。

「不過，李主播，妳難道不覺得這餐廳真的是太暗了一點嗎？」

「嗯，真的是很暗，沒有錯。」

「對吧！有可能請他們把包廂的燈光，稍微調亮一點嗎？」

「呃，可是，學姊，這是忍者餐廳耶。」

李主播話一落下，咻咻兩聲，一男一女穿著黑色忍者裝，包裹得只露出眼睛的餐廳服務生忽然就從門口竄出。兩個人在我們面前交錯，搖搖欲墜地把兩盤燃燒著火苗的烤魚，放到餐桌上。我被突如其來的舉動嚇一跳，身子趕緊往後退，遠離火源。

這是在赤坂的一間忍者餐廳。從入口一進來，整間餐廳的裝潢就弄得像是在山洞裡似的昏暗。所有的服務生都裝扮成忍者的模樣，上菜時一定要擺兩道功夫或者變幾道魔術。李主播從電視上看到忍者餐廳的介紹以後，一直希望我能陪她來，說了快兩個月，但我始終興趣缺缺。赤坂是個洋人多的高級地段，我覺得這種餐廳就是專門唬洋人的。東西貴又不見得好吃，但要是喜歡東洋風情的噱頭，大概會覺得有趣。

「學姊前兩天在電話裡跟我說，有打算辭掉工作離開日本？」李主播問。

「對啊，很慎重的在思考這件事。」

李主播忽然露出詭異的笑容，說：「想不到學姊也會談網路戀情啊。」

「網路戀情？」

「難道不是嗎？一定是在網路上認識了台灣人，所以決定回去談戀愛吧。想想也是，學姊今年三十二歲吧？」

「三十一！生日過了才三十二。」我糾正她。

「談個戀愛的話，差不多一年，就三十三歲了。結婚以後，如果能順利懷孕，等到生小孩時也要三十四接近三十五了吧？所以雖然學姊離開日本，我會很寂寞，但考慮到學姊的適婚年紀，只好忍痛割愛了。」

李主播嘟著嘴，喝了一口啤酒。

要是別的女人這麼說的話，我的臉可能會垮下來。可是李主播是這麼可愛的一個女生，實在忍不住氣她。她是真的關心我，只是講起話來，不知道怎麼去修飾得更圓融。

這種性格的人畢竟也不多了。像我學得跟日本人一樣懂得掩飾真正的情緒，擅於包裝語言，喜歡的不敢直接表達，討厭的也會說成喜歡，幾年下來，真的很累。

看到李主播，好像就看到了從前的我。

「才沒有認識什麼男人呢。」我辯駁。

「是嗎？學姊的公司難道是皇室嗎？」

「為什麼？」

「每個男人都是『天皇』啊？」

李主播也認識天皇。

「那倒不是。我們公司裡的男人，沒結婚的宅得要死。結了婚的，只想吃我豆腐。」

「怎麼說？」

「成天加班已經夠精疲力盡了，經常加班完，他們總說要去公司巷口的居酒屋喝一杯。公司裡其他女生都結婚了，有藉口要早點回家做飯。可是我沒有。雖然不想去，可是也不好每次都拒絕，偶爾還是得去一下。然後，每次坐在狹窄的櫃台，幾個男人喝醉了就容易對我毛手毛腳。」

「然後呢？妳沒跟他們上賓館吧？」

「妳在說什麼啊？當然不可能。」我拿筷子戳了一下她。

「呼，那就沒事啦。只是毛手毛腳，學姊不用太在意啦。」

「李主播，妳真的對日本男人很寬容呢。」

「不要這麼說啦。學姊要說『李主播真的很喜歡日本文化』好嗎？日本男人其實很可愛的。喝醉了對女人毛手毛腳，只要不太過分，應該算是職場的常態吧。妳難道還不清楚，日本男人根本就是蜈蚣嗎？」

「我討厭蜈蚣。」

李主播跟我不同。她就是屬於那種標準哈日族的，一心一意想來日本。喜歡日本所有的一切，因此不管遇到什麼不好的事情，都能轉化成可以接受的版本。

她眼裡日本的一切，大概有百分之五十是日本男人。

「我只吃日本料理。」

曾經天皇有個台灣朋友對李主播有興趣，透過天皇傳話，結果李主播坦率地表示，「既然特地來了日本，我就只吃日本料理。」婉拒了所有非日本人的追求。

大概是她的個性很率真，喜歡的就主動出擊，跟一般保守的日本女生很不同，因此特別容易吸引到某些類型的日本男人。當然不可諱言，她長得甜美，也是一大助益。

「要是我也能像是李主播妳那麼喜歡日本就好了。加班、應酬、男女不平等的人際關係，這些困擾我的，對妳來說，真的都不成問題哪。」

我把碗裡不喜歡吃的生魚片，夾到李主播的碗裡。

李主播用湯匙舀了一片豆腐，輕緩地放入口中。我看見她忽然閉起眼睛來，臉上綻放出淡淡的微笑，一副就是好滿足的樣子。

「至少還是湯豆腐。」

她沒頭沒尾地冒出這句話來。我不懂，搖搖頭。

「有男人要吃妳豆腐，至少證明妳在他們眼中，不是皺巴巴的油豆腐，還是滑嫩的湯豆腐呀。」

聽了李主播的湯豆腐哲學，我不禁若有所思起來。

兩個忍者突然從另外一面牆翻轉出來，我又被嚇一跳。原來那面牆也是旋轉門來的。他們耍著功夫，把手上的兩盤水果在我們頭頂上轉來轉去的，好不容易才讓它們降落到桌上。可是，突然間，其中的男忍者蹲在我的面前與我四目交會時，突然動作頓了一下。直到身旁的女忍者用手肘偷偷推了推他，他才回過神來。

怎麼回事？我的臉難道沾了什麼髒東西嗎？

「兩位的餐點都已經到齊了，請問還有沒有需要再加點？」女忍者開口問。

「不用了，謝謝。」李主播說。

「等等，再來一道湯豆腐吧！」

忍者本來轉身要走，我喚住他們。

這一刻，我忽然想重新品嘗一下湯豆腐到底是什麼樣的滋味。

來東京工作以前，日本我一次也沒來過。身邊的朋友每個人都喜歡到日本旅遊、崇拜日本的藝人、愛吃日本料理，以及，喜歡日本人。

我跟天皇交往的那段短暫時光，許多哈日族朋友知道了都很欽羨。我自己一點也不覺得。我不討厭日本，可是也沒有因為天皇的關係就變得更喜歡。

天皇因為是日本人的關係，中文又通，以前在學校總圍繞著許多人想要跟他做朋友。他們對天皇好，彷彿即使他犯了錯，也容易原諒他。

所幸天皇沒有大頭症，並不會恃寵而驕。

「我不是很明白台灣人為什麼那麼愛日本耶。我喜歡台灣。台灣人很熱情，日本人好冷淡。台灣人可以隨時想到就約吃飯，日本人不行。要約的話，一定要一週之前。臨時約人吃飯幾乎是不可能的。」

天皇喜歡我隨時想到就打電話問他，要不要去師大夜市吃消夜這種感覺。按照他的說法，我們南國子民的性格很豪爽。不像是溫帶國家的東京人，扭扭捏捏的。

這樣的我，怎麼也想不到有一天會到日本工作，而且一住就是好多年。

大學畢業後，我在台北的一間網路遊戲公司當了五年的軟體設計。有一天，老闆突然跟我們說，和公司有合作的日本網路遊戲軟體公司，急徵會中文的人。那間公司裡有部分的工作團隊是在台灣和大陸。原本在這個職位的是個上海人，被某一次突來的地震給嚇到，突然就把工作辭了回上海。一時之間，公司裡沒有會中文的人，所以很急的想趕緊找到適合的人。

於是，老闆問了我們之中誰有興趣，要的話，就可以去日本工作。可是，去日本工作意思就是必須放下台灣的一切。

公司裡一片鴉雀無聲。即使是對喜歡日本的人來說，要他們忽然放棄本地的生活，隻身到日本工作，也不是一件能輕鬆答應的事。

那天在公司，我完全沒有在思考這件事。可是，晚上回到家，當我看見那只臉盆魚缸時，突然想起過世的奶奶，我的想法有了轉變。

要是天上的奶奶，知道我能去日本工作，一定很驕傲吧。

一個從生下來就沒見過媽媽，而爸爸在小學時就過世的私生女，靠著奶奶拉拔長大，竟然也能有模有樣。奶奶要是活著，即使嘴上不會說，心底肯定會是這麼驕傲地想著。

就這樣，沒什麼包袱也不帶任何期望，第二天，我向公司爭取了來日本的機會。

日文一竅不通的我，被日本公司安排每天下班後去上日文課。我原本以為只有一開始會比較辛苦，但後來才發現，這幾年下來，我沒有一天不忙碌。

天皇看到我忙成這樣，一直希望我換個工作。然而，我想的卻不只是換工作而已，而是覺得或許我真的不適合在日本生活。

每當午夜時分，我一個人從浴室裡泡完澡出來，坐在床上拿著瘦臉的小滾輪在雙頰滑上滑下時，時常會想到李菁菁。

如果能像李主播一樣，面對感情那麼優遊自在的話，是不是一切都會不同呢？

跟李主播去忍者餐廳的一週後，突然在週六下午接到她的來電。

「學姊，妳現在有空出門嗎？我需要妳。」

她人在外面，聲音聽起來很急促。我沒有問她發生了什麼事，但覺得一定是需要我，所以才希望見面的。

我們約在銀座歌舞伎座附近的咖啡館。

「學姊，真的不好意思，妳那麼忙還硬拖妳出來。」

一見面，李主播就用她招牌的無辜表情，甜美地向我道歉。

「沒關係，這個週末恰好先前的案子告一段落，我難得不必去公司加班，也不用把東西帶回家裡做。」

李主播言歸正傳，從牛皮紙袋裡拿出一疊文件放在桌上。

「他們主管來挖角。」

我翻了翻資料，是一家很有名的電視製作公司。

「那不是很棒嗎？沒想到我們的念力成真，妳真的要成為主播了。」我恭喜她。

「學姊想多了。去這裡的話也是做一樣的幕後編譯工作。」

「至少不是地方電視台了。」

我還是相信未來的某一天開始，李主播會在晨間新聞裡陪伴我吃早餐。

「可是，學姊，妳覺得我應該去嗎？」

原來，這就是李主播今天找我出來的原因。我們總覺得她可以到更好的電視台上班，甚至她自己也這麼覺得，可是當機會來臨時，她竟卻步了。

李主播突然覺得，在現在這間小公司裡工作不好也不壞，但換到那麼大公司，壓力一定會變大，而上班時間肯定也會拉長。

但，要是我的話，有人來挖角進這麼大的電視台，我當然是不會放棄的。

當我這麼說出心中的想法時，李主播卻嘆了一口氣。

「學姊真狡猾啊。自己不就是因為工作壓力太大才想離職回台灣嗎？還建議我往工作壓力更大的公司去。」

「怎麼這麼說呢？我是覺得妳有資格，所以才這麼建議。妳比我年輕，又很能適應日本職場，留在日本肯定會比我有發展啦。」

「可是，如果變成跟學姊一樣，每天加班到深夜，一定也沒機會認識男友了。然後，很快就會變成油豆腐了。」

一定「也」沒機會了。突然，又被無意的她給刺了一下。

我嘟了嘟嘴，然後無言地強顏歡笑起來。李主播說的畢竟全是事實。

咖啡喝完兩杯以後，已經是黃昏了。剛剛在電車上找了幾家銀座吃晚餐的地方，看起來都不錯，我問李主播想吃哪一間。

「啊，學姊，不好意思，我今天沒辦法跟妳吃晚餐耶。」她尷尬地笑著。

「咦？不一起吃嗎？」

「今天可能不行，因為已經有約了。」

李主播的話才剛說完，她的手機就在桌上震動起來。

我看見螢幕上顯示的訊息來電名字時有點吃驚。

「該不會是那個電視台的人氣男主播吧？」我問。

李主播甜美笑著默認。

人氣男主播可是真的誰都知道的人氣主播，就在挖角李主播的電視台裡工作。

「他結婚了吧？」我問。

李主播呵呵地傻笑起來，聳聳肩，沒正面回答我的問題。

「謝謝學姊今天陪我聊天。我會鼓起勇氣，不放棄機會，換個新環境試試看的。」

我淡淡笑著。心想，應該不是我的關係吧。

要是她真的跟那個已婚男主播搭上線的話，猶豫著要不要進那間電視台，其實也不只是工作壓力的問題。唉，算了。只要她覺得找人說說話心情能好一些，我是很樂意扮演這個角色的。如同總願意聆聽我吐苦水的天皇，我希望自己也能擁有那種助人的力量。

我跟李主播的性格差異那麼大，或許在台灣，我們根本不會變成朋友。然而，同是異鄉人的心境，彷彿對人際關係的組合也變得寬容許多。幅度變得寬廣了，反而容易結交到以前想也沒想過會認識的台灣人。

離開咖啡館以後，我依然決定要從本來準備跟李主播去的餐廳裡，挑一間決定今天的晚餐。打電話找天皇出來吧？我撥了電話給天皇，可是卻是關機的。

天色漸漸黯淡下來，氣溫也變冷了。

經過一條沒有紅綠燈的小巷口時，突然間，一輛腳踏車從轉角竄出來。腳踏車發出刺耳的煞車聲，幾乎要整個衝撞到我的身上。我驚惶地叫出來，原本邊走邊看的手機一失手，甩了出去。眼睜睜看著手機飛出去，就要落到地上的瞬間，突然，居然有個人拿著帽子湊巧接住了它。

「哇！超厲害！」

拿著帽子的人自己都忍不住驚歎。

我驚魂未定，看了看那個拿著帽子的人，才發現是戴著黑框眼鏡，在美髮沙龍工作的年輕男孩，山本拓海。

腳踏車車主在一旁不斷地道歉，問我有沒有受傷，不過我的心思已經不在那裡。

「居然是你？」我覺得太湊巧。

「不好意思。這是陳小姐的手機。」

山本拓海一臉靦腆，把掉進帽子裡的手機還給我。

「真是謝謝！拯救了我的手機。原來，你不只擅長煮火鍋。」

「大概是只要拿能裝東西的容器，我都挺擅長的。」他自嘲。

我看著山本拓海的雙眼，忽然覺得有點熟悉。

「包括穿忍者裝端餐盤嗎？」

山本拓海突然驚訝地「啊」了一聲。

「那天在忍者餐廳的真的是陳小姐？」

「你為什麼沒有跟我打招呼呢？」我問。

「我不確定是不是陳小姐，因為餐廳實在太暗了。我覺得好像是妳，可是又怕認錯人。真不好意思！可是陳小姐沒有看出是我嗎？」

我聽到這句話竟然有點安心起來。二十歲出頭的他也覺得餐廳太暗。

「你蒙著臉只剩下眼睛，又沒戴眼鏡，我怎麼認得出來？」

「說的也是。」

「你辭去美髮沙龍的工作嗎？」

「不是。是我朋友這兩週回老家，請我幫他代班。就只做兩星期而已。陳小姐遇到我的那天，是我最後一天在那裡打工。」

「難怪我總覺得你快把東西甩到我身上來。」我開玩笑。

「哈！真是不好意思。才學了兩天就上工的關係。」

「真是太巧了。」

「對呀對呀，就跟今天一樣。」

山本拓海木訥地笑著，用力地點點頭。

「陳小姐跟朋友有約嗎？」

「沒有呢。只是一個人隨便晃晃。剛剛才查附近有什麼好吃的餐廳，結果就碰到忍者救手機的精采橋段。」

「哈！」山本拓海臉紅了起來。

話題告一段落，站在街頭的彼此，氣氛似乎也尷尬起來。

「謝謝陳小姐一直惠顧我們美髮沙龍，歡迎再來！」

最後他說出了很官腔的話來。

「當然。再麻煩你們了。」

我也回到了相當制式的對應範疇。

兩個人道別，分別轉身走往反方向的路。

不知道為什麼，走了幾步路，我很自然地就回過頭。

看著山本拓海的背影繼續往前走，我好奇他要去哪裡呢？剛才他問了我，可是我卻忘記問他。

唉，算了，反正本來也就不熟的，何必多問呢。

剛來日本時就曾聽過住在這裡很久的台灣人說過：「日本人對你再好也只是客套，放太多感情了，最後只會容易受傷。別忘記我們這些異鄉人，永遠也只是過客。」住了幾年下來的我，確實也有過這樣的經驗。

正準備轉身時，山本拓海停下了腳步也轉過身來。

我完全沒料到他會轉過身。他大概也沒想到，所以當兩個人毫無預警地四目交會時，彼此的臉上都閃過一抹奇怪的表情。

不是驚喜也談不上驚訝。那到底是一種什麼樣的感覺呢？

山本拓海突然很大聲地問我：「陳小姐，方便的話，可以跟妳一起吃晚飯嗎？」

我愣了愣，然後點點頭，就這麼站在原地，等他過來。

一樣的方向

坐在從池袋開往新宿方向的山手線電車上，假使你夠幸運的話，列車從新大久保出站後約三分鐘左右，你就會遇見一段與電車賽跑的可愛風景。

黃色的總武線和綠色的山手線，就像是英文字母Y字形上的左右斜線，分別從大久保站跟新大久保站出發，往同方向的新宿站行駛。兩條線路上的電車快速靠近，最後匯聚著並排而行。時間差不多就是從新大久保出站後的三分鐘。

這時候，坐在山手線上的我，總會站到車廂的左邊。要是在總武線上，就必須換到右邊，如此才能在緊鄰車窗的近距離中，捕捉到這短暫而有趣的一刻。

其實很多電車軌道都是並排行駛的。只是大部分都是反方向的，很少有兩輛電車在那麼靠近的距離中往一樣的方向奔馳。

我第一次注意到總武線電車，從遠方快速地靠向自己身在其中的山手線電車時，老實說有一點被嚇到。那畫面真像是兩班車要朝著彼此對衝了，不過，就在幾乎在快要觸碰到一塊兒的心跳加速中，兩條鐵軌突然轉成緊鄰的平行線，在彼此消長中競爭賽跑。離開新宿站以後，山手線與總武線又分別朝向不同的方向前進。

然而，並不是每一個班次都能碰到電車賽跑的。

剛剛好遇上時，總覺得自己特別幸運。那一天，大概心理因素的關係，做什麼事情都會順一些。甚至心裡暗暗地覺得，似乎連好事發生的機率也會高一點。

我簡直是把遇見電車賽跑，當做是在神社裡抽到的大吉運籤。

然而，那一天在銀座巧遇山本拓海之前，我確實看到了電車賽跑的風景。山本拓海會主動約我吃晚飯，還滿令我意外的。那不像是一般日本人會有的作風。我們只見過兩次面而已，更何況他是美髮沙龍的店員，而我是客人，像是這樣的主客關係，在日本向來是有著循規蹈矩、不會被任何一方輕易打破的距離概念。

在那天的晚餐上，我才知道山本拓海原來只有二十一歲。

聽到他年齡的那一刻，我覺得整間餐廳裡的燈光驟然暗下，只剩下兩盞聚光燈打在我跟他的身上。所有的顧客全變身成交響樂團團員，陳奕迅的那首〈十年〉前奏就在我的耳邊緩緩奏起。

二十一歲哪，比李主播還年輕。我以為他少說有二十三歲，沒想到才二十一歲。

我跟山本拓海這麼說的時候，他推推黑框眼鏡，不是很在意地回應：「兩歲而已，沒有什麼差別啦。」

「兩歲對女人來說差很多喲。特別是我這個年齡。」

「陳小姐說這個年齡的『這個』是什麼意思呢？」

我愣了愣，解釋著：「就是像我這個可以當你大姊年齡的女人啊。」

「我覺得陳小姐跟我們店裡的女助理看起來差不多呀。分不出什麼這個或那個的。」

他又推了推眼鏡。

美髮沙龍的女性助理，最多不會超過二十五歲吧。這是他的實話嗎？或者，這下子他又恢復成日本人慣說客套言辭的性格呢？我沉默著胡思亂想。

「我是說真的喲！」

見我沒說話，他急急補充。我聽了忍不住笑起來。

山本拓海每推一次眼鏡，靦腆的模樣就讓我回想起當年認識的天皇。天皇那時候甚至比山本拓海還小一點呢。只是那時候，我也同樣的青春。

這一晚，我們從銀座走到築地市場。

我從來沒有從銀座走到築地過，沒料到原來是這麼的近。雖然我知道銀座旁邊就是築地，但每次都是分頭去的，這麼一走才發現銀座歌舞伎座再往下走不到五分鐘就到了築地市場。

原本要去的一間洋食屋，是想帶李主播一起去的。山本拓海看了手機上的餐廳訊息以後覺得也有興趣，就決定一道去。可是到了餐廳門口，因為沒有預約的緣故，店外大排長龍，最後只好放棄。

打算去別間餐廳，只是入夜以後的築地市場，還有營業的只剩下一間美式家庭餐廳和幾間握壽司店。

「既然到了築地市場，要不要吃握壽司呢？」山本拓海問我。

「尷尬的是，我不太能吃生魚片。白色魚肉的生魚片握壽司還可以，蝦子、鰻魚或花枝也沒問題，但是油脂很多的生鮪魚，完全沒辦法入口。」

「哈！我也不喜歡吃鮪魚生魚片耶！」他大笑。

「不會吧？你真的是日本人嗎？鮪魚不是生魚片裡最高級的嗎？印象中日本人都愛的。第一次聽到有日本人不吃鮪魚生魚片。」

「對呀。不曉得為什麼，我從小就是不喜歡。所以啊，我的朋友都超喜歡跟我一起去吃握壽司。因為點套餐的時候，他們可以吃我不吃的份。」

我們進了一間山本拓海推薦的握壽司店，兩個人都避開點生鮪魚，到最後連壽司師傅都好心提醒我們，是不是漏點了鮪魚握壽司，害我們笑出聲來。

「這麼一講，我可能真的不是日本人喲。」

「怎麼說？」

「我還有一樣東西不喜歡吃。妳發現了嗎？」

我的目光投向他身前的桌面。

「不會吧？味噌湯？」我驚訝。但確實他的那碗味噌湯，動也沒動過。

「噹噹！正確答案！」

「為什麼？味噌湯很好喝啊，我很喜歡喝耶。」

其實我沒說出口的潛台詞是，很多日本食物跟東西我都適應不來，但唯有味噌湯，在來到日本以後特別喜歡。

味噌湯恐怕是我來到日本唯一愛上的對象。可惜，味噌湯並不會愛上我。

山本拓海想了想以後，重複了跟剛才一樣的回答：「對呀。不曉得為什麼，我從小就是不喜歡。」

「你跳針了嗎？」我開他玩笑。

「跳針？跳針是什麼？」

「咦？你不知道跳針嗎？唱片跳針啊。」

「CD唱片嗎？」他一臉狐疑。

「不是喔，是黑膠唱片。黑膠唱片的音響才有播放針呀。」

「喔喔喔！我在二手唱片行看過老闆用過那種放黑膠唱片的音響！」

他的語調忽然興奮起來，我卻落寞了下來。

十歲果然差很多吧。至少童年的記憶就是完全不同的。當然，我不必問也知道他小時候有沒有用過轉盤式電話機或膠捲相機之類的答案了。

半晌，山本拓海又繼續開口說話。

「科技真厲害！就像我本來用CD跟MD隨身聽的，某一天開始忽然就改用手機下載音樂，如今連唱片行都很少進去了。以後的小學生肯定不知道什麼是CD吧！時代進步得真是快，對吧？」

他很特別。他好像總會察覺到我的情緒因為某個狀況或某句話低落下來，然後用一種很自然的方式將話題稍微轉開，轉成與他有關的共通性。這種同一陣線的共通性，讓我覺得自己不是那麼孤單和古怪的。

我們回顧了一下地震當天發生的事情，簡單聊了一下彼此的工作背景，當然不免也談到各自的家鄉。

山本拓海是東北的青森縣弘前人，一直都在淳樸的青森居住，直到念專門學校時才來東京，然後就在這裡工作了。

「第一次搭新幹線到東京車站時，出了月台，我在車站裡迷路了將近一小時。我心想我明明是搭車來東京，不是搭飛機啊，怎麼車站大得像是機場。」

山本拓海沒有去過台灣，可是對台灣很有好感。前陣子，北京倒是去了兩次。因為家族成員裡有親戚在那裡開貿易公司，跟著爸媽過去玩。

說到這裡，他突然開口說了一句我聽不懂的話。

「CA-BO-LI。」他用蹩腳的中文吐出這三個字。

他說是中文，可是我真聽不懂。請他用日文解釋後，才終於聽懂了他的奇怪發音。

「擦玻璃。」

他說的居然是「擦玻璃」這三個字。

「為什麼你會學到這個詞？」

「因為坐在巴士裡跟北京朋友再見時，他們說，我貼著窗戶跟他們用力揮手再見，非常認真，他們從外頭看來，好像我就是在努力地擦玻璃。」

我大笑起來。

「除了『擦玻璃』以外，還會說什麼中文嗎？」

「你好。謝謝。」

他的中文口音很可愛。

「我第一次聽到有日本人除了『你好、謝謝』以外，會的中文竟然是『擦玻璃』。」

「你好，擦玻璃，謝謝！」他又傻呼呼地說了一次。

山本拓海說，去北京玩的時候，會有想學中文的衝動，可是回到日本又沒勁了。主要是身邊也沒認識會說中文的朋友。曾經想過以後去北京留學、學中文，現在因為認識了我，感覺去台灣留學也不錯。

「以後陳小姐來店裡時，多多教我中文吧。」

「好啊，沒問題。」

兩個人很客氣地對笑著。可是，我心想，他其實也不是真的想學中文吧。不然，應該會說：「陳小姐，妳可以當我的中文老師，跟我定期語言交流嗎？」才不會是我去美髮沙龍的時候呢。拜託，我一、兩個月才去一次美髮沙龍耶。這樣要怎麼學啊？

「可是隔太久，我一定會忘記的。陳小姐，妳可以當我的中文老師，跟我定期語言交流嗎？」

我整個人愣住。難道他真的是忍者來的，會讀心術嗎？

「陳小姐妳還好吧？是不是不太方便，那也沒有關係喔。不好意思。」

「不好意思，當然沒問題。只是我平日工作有點忙，只要週末不用加班的話，調整一下時間就沒問題。」我緊張地回答，吞吞吐吐的。

「那太好了！我也來調整一下班表時間。謝謝陳小姐！」

我克制著自己不要再壞心腸地懷疑他的誠意。畢竟，他可能會讀出我的想法。

「中國大陸這麼大，為什麼只想去北京？因為沒去過別的城市的關係嗎？」我問他。

「也不是。是我喜歡北京，因為那裡有很多老東西。台北也有，對吧？聽說台北故宮博物院很棒的，有機會一定要去看看。」他說。

「你喜歡老東西？好意外。在那麼潮流尖端的美髮沙龍工作，以後要成為時尚髮型設計師的，竟然對歷史文物老東西有興趣？」

「噹噹！正確答案！」

這句話應該是他的口頭禪吧。肯定是個愛看益智節目的小孩。

「歷史文物跟時尚美髮，本來就是有關係的喲。我喜歡看古代畫裡人們穿的衣服跟髮型，還有以前留下來的種種配飾。常常在看的時候會有一種『啊，以前的人是這樣看待美麗這件事情的呀』的感覺。」

他喜歡在古老裡找新鮮元素，也喜歡在時尚中去發掘復古感覺。

「可惜所有的美麗都會消逝的。即便是在你們的美髮沙龍裡剪燙出最新潮漂亮的髮型，過了一陣子以後也會變形的。」我說。

「可是，說不定把我們覺得不再美麗的東西畫下來、拍攝下來，幾百年幾千年以後的人回頭來看，覺得很美也不一定。」

「或者是外星人看到的時候。」我打趣。

「對呀，審美觀不同囉。例如，木星人看到地球上一百歲的老婆婆時，可能會驚歎：『好美呀！皮膚上那些美麗不規則的紋路與皺摺，好似看到美味的千層蛋糕一樣。』」

「木星人也吃千層蛋糕嗎？」我咯咯笑著。

「嚐嚐！因為千層蛋糕一層層的，有點像是木星的外觀，他們覺得很親切。」

「原來如此。」

其實，我不是真的那麼在意美麗的消逝。雖然經常感慨一晃眼就到了三十歲這件事情，可是我很清楚的知道，所有的事物在走向美好的巔峰時，也同時代表就要步向凋零。這就是生命的循環與變化，毋需惶恐與心驚。

只是我仍然忍不住會思念起失去的種種。像是親愛的奶奶。

誰也不可能永遠陪在誰的身邊。有一天，我會在某個角落思念起另一個角落的天皇和李主播。或許也會想起山本拓海透露木星人愛吃千層蛋糕的這一天。

如果我活得不久，他們也會偶爾這樣想念起我嗎？或許不會。因為我是一個那麼平凡無奇的女子。但是，如果天皇忘記了我，我做鬼也要回來找他算賬的。畢竟我是他這輩子唯一上過床的女人。

離開餐廳時，我拿出手機想上網查閱電車轉乘方式，結果不曉得為什麼，怎麼樣都是收不到訊號的「圈外」狀態。明明剛剛還能用的，不知道為何現在就故障了呢？雖然一時之間無法上網也無所謂，但比起不能上網，當然還是隨時都能上網比較好。這就是在網路電玩公司工作久了，用智慧型手機也用習慣以後，患上的網路依存症。

我的手指拚命在螢幕上滑來滑去。

「拿著一支上不了網的iPhone，比愛上一個不該愛的人還痛苦。」

山本拓海看我一臉焦急，故意糗我。

「想不到你這麼年輕，好像飽經風霜似的。」

我抬頭看著他，有點驚訝他會說出這樣的話來。

他推推眼鏡，聳聳肩不語，臉逐漸脹紅了起來。

剛才說出那句話，在他身上爆發出來的犀利又瞬間滅去了。山本拓海恢復成原有的那一個彷彿涉世未深的大男生。

我對這個人愈來愈好奇了。

「那麼我從前面的地鐵站入口下去搭車。山本君呢？」我問。

「我家到了。」

「你家？築地市場？」

「我家就這棟樓的三樓。」

他指著眼前的一棟樓房。這棟樓就在築地市場的場外市場裡。這一帶樓下全是商舖跟壽司店，山本拓海說他家就在這裡。

「胡說！我沒聽過有人住在築地市場裡的。」我不信。

「是真的。」

他跑到一樓入口，從那裡的信箱掏出一張賬單來給我看，上面真的寫著他的名字。

我忽然噗嗤失笑，說：「你好極端。做潮流美髮的卻愛歷史文物；住在築地市場裡卻不喜歡吃這裡出名的鮪魚生魚片跟味噌湯。」

「我可能喜歡反差大的事物。」他說。

「比如愛上一個不該愛的人嗎？」

拿他剛才糗我的話，反將了他一軍。

他尷尬地笑起來，歪著頭，沉默地聳聳肩。

離開築地市場時愈想愈覺得有趣。從前來了幾次築地市場，那棟在市場裡的樓房，不知道從它下面經過了多少回，那時候怎麼會想到樓上會有一般住戶呢？當然更不可能預知有一天，我甚至還認識了住在裡面的人。

一個多星期以後，我跟天皇和李主播好不容易湊齊空檔時間，三個人約了吃晚餐。

我們吃完新宿中村屋的咖哩以後，到丸井百貨二樓的星巴克喝咖啡。每次我跟天皇來這間店，他一定要選靠窗的那一整排吧台式座位，而且是最右邊的兩個位子。

「你這麼帥，應該要給人看的，躲在這個角落幹嘛？」

我每次都想問原因，但都沒問，今天終於忍不住。

「帥分成兩種。一種是浮動式的帥，另一種是固定式的帥。」

「什麼鬼啊？我知道上網的浮動式ＩＰ跟固定式ＩＰ。」

「所謂浮動式的帥，就是你不小心在路上跟某人錯身，瞥見一眼時會覺得這個男生滿帥的。因為你們都在移動，來不及看清楚，留有餘韻。不過，這種人仔細看久了，缺點就會出來。因此相反的，固定式的帥就是即使他站在你面前半小時，完全沒表情，甚至睡著了，你也會覺得他帥。我自知是屬於前者的，所以不能一直給人看。」

天皇總能一針見血地講出一些好笑的結論來，並且帶著諭令般的權威。

「那女人的美也能分類嗎？你覺得我跟學姊是怎麼樣類型的美？」

李主播用她水汪汪的雙眼望著天皇。

我尷尬地苦笑起來。李主播把我跟年輕貌美的她拿來相比，不是給我難看嗎？唉，算了。要是我是男人，當然也覺得她美。

「李主播是水，瑛瑛是空氣，各有不同的存在感。都是一種不可或缺的美！」

李主播開心地笑起來。我也笑了。

天皇看著我，推了推眼鏡。

哼，北村展吾，算我沒白愛過你一場。

不過，究竟什麼樣的對象，可以稱做是「愛上一個不該愛的人」呢？

我跟天皇說了山本拓海講的這句話時，天皇露出一種詭譎的笑容。

「愛上一個不該愛的人。嘿！妳知道這是我們的心聲嗎？同男愛上直男的時候，就是愛上不該愛的人。背景要配阿妹的〈我要快樂〉。啊，好想『回』台灣哪！」

他說。話到最後主題又整個歪掉了。

「他不是同志。」我糾正。

「他那麼主動約你耶。」

「就是因為那麼主動約我，所以不是啊。」

「妳是個這麼有同志緣的女人，他當然會覺得很有親切感啊。就像是跟學校裡的姊妹約去吃飯，有什麼好害羞的呢。」

我有點不服氣。像是看到什麼好吃的甜點想吃，卻被宣判那只是模型一樣的心情。

「學姊，那個叫做山本拓海的男生很可愛嗎？」李主播問我。

咦？該不會她有興趣吧？看來我的敵人真多。

「可愛是可愛。但是，年紀太小啦。這種男生，不但不適合我，也不適合李主播。妳需要成熟一點的男人來照顧妳吧？」

「對呀，我最近發現我喜歡結了婚的日本男人。」

「啊?!」天皇驚嘆。

他並不知道李主播跟已有家室的人氣男主播有所往來。
李主播後來順利進入那間新公司工作了，雖然我沒有多問，但從每次跟李主播的言談中，我想她跟那男人還是私下往來頻繁。
「有些結了婚的男人，比還沒結婚的男人更知道怎麼去愛女人。因為他們會發現原來自己需要一個能夠談戀愛的女人，而不只是一起過生活的老婆。」
李主播用著嬌嗲的娃娃音緩緩說著。她口中的外遇，聽來都變成浪漫的童話。
「所以，我不會對學姊喜歡的那個男生有興趣。只是覺得學姊妳不要只是覺得他可愛而已。妳要讓可愛的人，變成可以去愛的人。」
「李主播的話好有深度呀。」
我雙掌托著臉頰，手肘撐在桌子上。
「可是，妳不是要打算要離開日本嗎？」天皇問我。
我像是突然被澆了一頭冷水，回到現實世界來。
「當然！我一直在思考什麼時候比較恰當。總要負責任一點，把手上該清掉的工作完成才行。而且，你那樣說，好像是我已經喜歡上人家似的。根本不是這樣喲！」我辯解。
「學姊真的很有原則呢。」

李主播無心地說。

是很有原則，還是固執得死要面子呢？或者是因為在潛意識裡，我真的被山本拓海給影響了吧。從想離開這間工作辛苦的公司，到思考不如離開日本，原因是除了天皇以外，來日本這麼多年也沒結交到什麼日本好友，而且也愈來愈不適應這裡的人際關係。但是這個二十一歲男生的出現，讓對日本從來也沒有特別好感的我，突然間有了生活的新鮮感。

就這麼離開，當然一切立刻便結束。留下來呢？不對。我跟山本拓海只不過吃了一頓飯，怎麼會想到那麼多八字還沒一撇的事呢？我果然是個太久沒談戀愛的女人哪。為什麼就不能像是天皇和李主播那樣，對感情總有清楚的見解跟做法呢？

離開星巴克，夜已深，新宿通上的店家除了松本清藥局、居酒屋跟卡拉OK店以外幾乎都關了。走著走著，突然覺得有點嘴饞，又想吃點消夜。

「再去一間吧？」我提議。

「今天要『三次會』嗎？」李主播看著手機上的時間問。

「李主播的『終電』是幾點呢？趕末班車之前回家，一定沒問題的。」

這時候李主播的手機震動起來。我又看見了螢幕上顯示著那個男主播的名字。

好吧，我知道了。

李主播對我眨眼傻笑，趕緊打開手機回覆訊息。

「那我往那邊囉！你們繼續玩得開心點呀！」

她指著新宿西口遠方的那棟大樓。那是飯店。

李主播走了以後，我跟天皇慢慢往新宿站東口前行。往車站的人很多，在招牌熄滅了的暗夜大街上，像是一群模糊了臉孔，知道方向卻又內心徬徨的魂靈。

入夜以後涼爽的風吹拂在肌膚上，感覺舒服。有一段時間，我跟天皇都沒有說話。

「瑛瑛，那我們去『東方見聞錄』喝一杯吧？吃炸蓮藕片？」天皇打破沉默。

「好啊！到西口UNIQLO旁邊那間，有靠窗的角落座位。」

我現在需要啤酒，也要我酷愛的炸蓮藕片。天皇都知道。

幾個年輕人從我的面前喧鬧而過。他們跟山本拓海應該是差不多的年紀吧。女孩漂亮，男孩也可愛。

我側過臉，看了看身旁的天皇。天皇也轉過頭看著我，推了推眼鏡。

「天皇，你還是很可愛。」我說。

他失笑，說：「嘿！很衝擊性的發言喲。」

讓可愛的人，變成可以愛的人。

可以愛了，卻又是個不該愛上的人。

天皇挽起我的手來。他心底知道我對山本拓海滋生了一點期待。因為每當我們兩個陷入感情的迷思時，他總是會這樣挽起我的手走回電車站。

跟著可愛的人一起並肩往同一個目標前進的感覺，總讓人覺得要是這一刻大地震再度襲來，路垮樓塌了也不那麼孤獨與惶恐。

天皇，你知道嗎？我有時候會想，要是我們是可以相戀的，那麼兩個人會一直愛下去嗎？還是也終將分手呢？人生的變化真的是太不可預料了。

我們穿過新宿東口的高架鐵道，準備走到對面的西口。一列山手線呼嘯而過，突然間又一列總武線跟了上來。兩列電車並肩著，倏地朝著一樣的方向駛進新宿站。

此刻，在山手線或總武線車廂裡的某個人，會不會貼在車門的窗邊，跟我有著同樣的感覺呢？兩千萬茫茫人海的東京首都圈，總有一個人，這一晚，會是屬於他的幸運夜。

吃蛋餅的幸運兒

我和山本拓海在這天下午，開始了第一堂的中文課。在築地吃飯的那個晚上，山本拓海說，打算向我學習中文。幾天以後，我果然收到了他的手機郵件，跟我確認可以上課的地點與時間。

確實，山本拓海不像是走客套風格的日本人。

他那麼的主動與積極，突然令我懷疑這些年來，那些我所遇過，為數不少、客套至極的日本人，究竟是這個社會裡的大多數人還是少部分人呢？有一群人總喜歡把「下次約吃飯喔！」當做口頭禪，但其實一次也不會約。你真要主動約他們了，他們總會有事情而不能成行。

難道我一直以來的認知錯了嗎？或者有這種性格的日本人其實是少部分而已，只是我比較倒楣，全給我遇上了？

我們約了下午在上島咖啡店上課，結束以後，決定一起吃晚餐。

吃什麼好呢？我問他。

「台灣料理！」他推了推眼鏡，笑起來說。

東京的中華料理店很多，可是會特別標榜賣台灣料理的店家是鳳毛麟角。最後，我們來到在新宿一丁目巷子裡的一間台菜館。

我會知道這間店，是因為天皇帶我來過。餐館的主廚是台灣人，妻子是蘇州人。兩個人在二十五年前，剛滿三十歲時到了東京。起初在一起打工的餐廳裡相識，因為抱著同樣的職志，結了婚，經營起自己的餐館。

「嘿！妳不覺得他們很棒嗎？」

想起天皇第一次跟我介紹店老闆的背景時，用著非常欽佩的口吻說著。天皇說，他們的故事告訴我們，只要想做的事情，不管什麼年齡都可以開始。

講起日文帶著點吳儂口音的老闆娘，有著非常健談的性格。天皇每隔一、兩週，就會到這間餐館吃飯，有時一個人，有時約我，早就跟他們打成一片。甚至過中國年時，還曾經邀請天皇跟我一起來店裡包水餃，大伙一同圍爐。

在日本沒有過中國年的習慣，老闆的邀約讓喜歡台灣的天皇開心得很，樂到喝醉。

「所以，你不覺得他們很棒嗎？」

沒想到我跟山本拓海介紹店老闆的背景時，結論也不自覺地借用了天皇的話。句子說出口時，連自己都嚇了一跳。

「真的值得學習！而且更感人的是，店裡居然有賣青森蘋果汁！」

青森出身的山本拓海注意到冰箱上貼了「青森蘋果汁」的字條。

青森以盛產香甜的蘋果聞名。我問老闆娘，以前沒賣青森蘋果汁的，為什麼忽然賣起來了呢？老闆娘說，因為兒子的女朋友是青森人，家裡種蘋果的，所以有了契機。

山本拓海說，自己老家雖然不是種蘋果的，可是很多親戚都是。

「妳知道嗎？只要有賣青森蘋果汁的地方，我一定點蘋果汁。」他說。

「這麼支持自己的家鄉特產？」

「與其說是支持，不如說是擔心。總覺得青森產太多蘋果了，每次去逛超市看到一堆蘋果相關產品時，不管銷路好不好，我都會不自覺地擔心『這麼多，賣得掉嗎？』所以，既然身為青森人，總要幫忙吃一點。」

「所有青森人都會這麼想嗎？」

「青森人都會覺得青森產的蘋果，一定比其他地方產的好吃，所以要是有得選的話，應該都只挑青森蘋果。不過，大家是抱著很自豪的心態在吃吧，很少有人跟我一樣是因為擔心生產過剩才吃的。」

「真特別。」

突然，山本拓海看著我，若有所思。

「其實，這是一種病。」他說。

「沒有那麼嚴重吧。」我想他是開玩笑。

「是真的。陳小姐，妳知道『蘋果病』嗎？」

「蘋果病？從來沒聽說過。」

「就是對某一種食物會滋生過度的同情心，像是對貓啊狗啊那樣的同情心。特別是水果。對蘋果產生同情心的，就暱稱為蘋果病。這樣的病人會很擔心蘋果過的日子不好，所以產生焦慮感。蘋果要怎麼樣才能過得好呢？就是要在最漂漂亮亮的時候，讓人給吃掉。妳想想，要是在樹上爛掉了，不是很令人難過嗎？因為這種蘋果病，讓我總是擔心蘋果賣不掉而想要幫忙多吃一點。還好離開青森以後，這種狀況改善得很多了。」

「真的還是假的？你確定那不是精神病？」

我聽得很吃驚。無意識吐出「精神病」這個辭彙時，感到有些失態。只是很自然地就脫口而出，真是不好意思。

「可能是喔。我想，大概是我小時候被家人帶去看醫生時，醫生為了避免用到敏感的字眼，就跟家人約定好說成是『蘋果病』吧。」

「但是你說現在已經改善很多了？」

「嗯，只留下了一點後遺症。」

「比方說是什麼？」

「比方說，我看出去的世界，很多東西，包括人的長相，會幻覺成蘋果的形狀。」

我愣住了。

見我一臉吃驚，答不出話來，他忍不住笑起來。

「我騙妳的啦！哈哈哈！妳還真的相信有蘋果病？」

遲了好幾秒，我才回過神來，原來被他給騙了。

我故意不說話，假裝生氣。山本拓海察覺到以後，突然很抱歉似的，直對我說了好幾次「不好意思」。我覺得有趣，決定多鬧鬧他，所以繼續保持沉默。

他的臉脹得愈來愈紅，倒像是蘋果了。然而，看著如此焦急的他，我竟突然內疚起來，覺得有點心疼。我被自己這種心態給嚇了一跳。

為什麼我會有一種怕山本拓海受傷，想要保護他的心態呢？奇怪。要是把這種感覺跟天皇說的話，他一定會笑著說：「瑛瑛，妳到了母愛要散發的年紀了。」

才不是呢。那就像姊姊對弟弟的感覺。沒錯，姊姊總也會想要保護弟弟的吧？我這樣說服我自己，但自己都覺得沒說服力。

「陳小姐真的生氣了吧？真的很不好意思，非常抱歉。」

他換成日文的敬語跟我道歉。

「你想個特別的道歉方式，我就原諒。」我為自己找台階下。

「好，讓我想一想。」

沒想到他認真了起來。

山本拓海去上廁所時，餐廳裡的電視機螢幕上，出現那個正在與李主播私下往來的男主播畫面。男主播上綜藝節目接受訪問，談到工作外的休閒生活，說最愛跟妻子與小孩去郊外踏青。旋即，螢幕上出現幾張他們到輕井澤遊玩的全家福照。

「美滿的家庭生活，壓倒性的幸福指數。」

螢幕上打出了斗大的標題。

李主播會看到這一段嗎？她會不舒服，或者真的一點也不在乎呢？

每個人都想要泅泳進愛情海的底層一探究竟，遺憾的是我們得留在水面上隨時換氣。

愛與幸福無論再怎麼浩瀚，我們卻永遠離不開表面。

上完廁所的山本拓海回來時，白皙的臉上堆著意味深長的笑容。
「我想到跟陳小姐賠罪的方法了。」他說。
「是什麼？」我好奇。
可是他故作神祕，不發一語。

不發一語的天皇站在我的面前，大概有十秒鐘都沒眨過一次眼睛。
他的表情從剛才現身之際，就隨著愈來愈靠近我而產生微妙的變化。直到站在我的面前時，整個人完全動也不動的，吃驚地盯著我看。
「為什麼一副呆若木雞的樣子？」我不解。
「呆若木屐？木屐還有分呆跟不呆的嗎？」他納悶。
我聽了噗嗤失笑。天皇的中文好歸好，成語還是不行。
「你的表情看起來好像很震撼。」
「能不震撼嗎？」天皇的眼睛這下子睜得更大，指著我的頭說：「陳姿瑛小姐，您可以解釋一下，為什麼要把一支黑色大湯匙蓋在頭上嗎？」
「你真失禮。」我抗議。

好吧，我承認被天皇這麼一說以後，原本覺得還滿新潮少見的髮型，現在看起來真的像是一支湯匙蓋在頭上。

這頭「湯匙頭」是山本拓海的傑作。那一天，他故作神祕說想到了向我賠罪的方式，結果是提出替我免費剪髮的建議。

「他根本還不是正式的設計師呀，真不敢相信妳竟然答應了他。」天皇搖著頭說。

「我知道啊。可是，他一片誠意，我不好意思拒絕。你不知道他一臉多麼誠懇的樣子。要是換做你，肯定也不忍拒絕的。」

「他是不是一邊說一邊推眼鏡？」天皇問。

我點點頭。

「難怪妳又難以抗拒了。唉。」

天皇說完，點起菸來，然後也不自覺地推了一下眼鏡。

「我覺得我應該要見一見這個人。」天皇說。

「為什麼？」

「瑛瑛，妳相信我看男人的眼光嗎？」

「相信啊。你總是有眼光，是別的男人沒眼光。」

「所以我覺得有必要檢視一下，這個令妳失去理智的男孩子是不是好人。」

「我沒有失去理智。」我急急辯解。

「我猜現在的妳應該打消離開日本的念頭了吧？」

我不知道該怎麼回答。因為，我確實沒有再積極思考離開日本的事情了。

「那麼還會考慮換工作嗎？」天皇又問。

我猶豫地點點頭。

「我確定要辭掉現在的工作，並且轉換跑道了。」

天皇不等我回答，搶先說道。

「之前就聽你說過要轉換跑道做自己的事。可是，到底是什麼事呢？」我問。

「開酒館。」他的眼神忽然亮起來。

我很驚訝。天皇說，他要跟朋友合資開一間西班牙風格的小酒館。

「今天晚上約妳出來，就是帶妳看看我們想頂下來的店舖。」

眼前這個穿著西裝，在六本木的摩天大樓裡上班的男人，準備辭去高薪的媒體採購工作，竟然為的只是要去開酒館？誰都知道做餐飲業是錢少事情多，吃力不討好的工作。天皇真的是有決心，要做自己想做的事情。

那間天皇跟朋友準備頂下來的店舖位於高圓寺，是一棟兩層樓的房子。目前的店家也跟酒館有關，但不是西式的，而是和風的家庭式居酒屋。

天皇偶然來到店裡，知道老闆跟老闆娘希望返回岡山老家，正在尋找能夠將店面頂下來的人，就開始跟老闆洽談頂下店舖的工作。

「店名要叫做Little Madrid。就是小馬德里的意思。」天皇說。

「為什麼不是小台北？從沒聽過你喜歡西班牙馬德里。」

「因為合資的朋友要擔綱主廚。他擅長的是西班牙料理。其實，叫什麼我沒有特別的意見，主要是我對經營一間輕鬆自在的飲食空間很有興趣。而且，雖然店名叫做小馬德里，店裡會賣台灣小吃喔。」

「在東京的西班牙酒館裡賣台灣小吃？」我覺得好錯亂。

「當然啊！台灣小吃那麼棒，很多下酒菜也不輸給西班牙的Tapas吧！做什麼風格的酒吧我都沒意見，但店裡要賣台灣小吃，這是我唯一的堅持。」

預計將居酒屋改裝成西班牙風格小酒館的天皇，帶我走進餐館，與我分享他的種種想法。以後這裡或那裡，就要做成什麼或什麼的。一切的想像，都存在於他的腦海。

我聽著他訴說，彷彿也有了畫面，慢慢地跟著興奮起來。

「你要是開店，我要來你的店打工。」我舉起右手。

「當酒女？」天皇打趣。

「酒女？你的廚師朋友也是男同志吧？」

「是。」

「那肯定來的客人一半都會是女生或同志。在這裡當酒女，我一點價值也沒有。」

「不然要做什麼？端盤子洗碗筷，不該由妳來做。」

「我要賣蛋餅。」

「妳會做蛋餅？我從來不知道。我很愛吃蛋餅的。」

「可是我做的蛋餅，跟你在台灣一般吃到的蛋餅不太一樣。我的蛋餅是跟奶奶學的，製作方式很簡單但是非常好吃。蛋餅是不可或缺的台灣食物呀，一定適合在你的店裡賣的。」

「這麼多才多藝，難怪快找到新男朋友了。」

天皇故意糗我。他指的當然是山本拓海。

「反正就這麼決定了！為了要在你的酒館賣蛋餅，我不離開日本了。」

「少來，才不是因為我的緣故呢。」天皇大笑起來。

回到家以後，洗澡之前，我照例整個人縮起小腹，背對著牆壁立正站直。從頭、肩膀、背、臀部到腳，緊緊貼在牆壁上。忘了是從哪裡看來的訊息，據說只要這樣站立十五分左右，就會全身流汗，達到塑身效果。有用嗎？寧可信其有，不可信其無。

電視機裡出現幾個二十歲出頭穿著泳裝的漂亮女星。突然我想到與她們同世代的山本拓海。不知不覺，我的身子靠著牆壁，貼得更緊了。

拿起遙控器轉台，旅遊節目正在播出紐約特集。日本主持人問了一個問題：「請問世界上跟紐約同緯度的地方有哪些呢？」

答案是青森、北京跟馬德里。

紐約、青森、北京、馬德里。這四個同樣緯度的地方，不是恰好串起了我、天皇跟山本拓海三個人嗎？

我從台灣來到日本，真正想去的卻是紐約。從青森來的山本拓海，想去的則是北京。而總是把自己當做台灣人的天皇，即將朝著自己的理想，經營起「小馬德里」酒館，甚至還要賣起台灣的小吃來。我們像是錯置了似的，被放在只有李主播熱愛的這座城市，東京。

然而，即使是李主播，我仍不免懷疑，每當夜闌人靜之際，她真的覺得自己能在東京獲得生活的成就感嗎？不管受到情感上什麼樣的挫折與委屈，仍對東京無怨無悔，就像是對她選擇要愛的男人，不能曝光的戀情，真的不會有怨言嗎？

喜歡也好埋怨也好，期待也好迷惘也好，無論如何，不同的我們都被東京這座大都會給包容了。五光十色的誘惑；天馬行空的夢想；昇華或者墮落。

東京，都讓我們相逢了。

山本拓海問起我，頂著新髮型過了一星期有什麼感想時，我委婉地告訴他，這髮型讓我感受到了特別的滋味。

特別的滋味？他不是太懂我的說法，但顯然是以為，我應該是滿意的意思。

當然，我並沒有告訴他，所謂「特別的滋味」，是天皇所形容的，髮型像是一支倒掛在頭上的黑湯匙。

轉眼又快到了上中文課的週末下午。見面的前一天，山本拓海打電話來，說明天晚上有個也是從青森來東京工作的親戚，是個大姊，準備在家裡辦生日Party，問我要不要一起去。他解釋，大姊人很好，喜歡外國朋友，所以已經跟她提過了我。所以，要是我願意的話，下了課以後，可以一道過去。

山本拓海在別人的面前，是怎麼樣描述我的呢？是不是也說「那位大姊」呢？我有點好奇，他口中的那個大姊是幾歲？我想，應該是比我年紀大吧。可我終究沒有問出口。要是跟我差不多年紀呢？想到這裡，我不免有點失落。

可是，他找我一起去參與聚會，甚至為此先去跟他的朋友介紹我，我心底終究是感到喜悅的。

「不過，每個人必須準備一樣食物。看是要事先做好帶去，或者到大姊家再料理都可以。我會準備甜點，青森蘋果派。」

「自己做的嗎？男生也會做甜點嗎？」

「其實，是第一次啦。明天早上開始做，可能會失敗也不一定。」

他的語氣充滿著內疚，彷彿已經失敗了，準備道歉的模樣。

「陳小姐不如做一點台灣小吃吧？」

他這麼一建議，我腦海中迅速浮現的就是蛋餅的模樣。

我特別在星期六晚上去超市買好需要的食材，並且把抄了食譜的筆記本給翻出來。

筆記本上抄寫的食譜，是以前剛考上台北的大學，要離開老家時，特別問了奶奶所寫下來的蛋餅煎製過程。雖然我煎出來的口感，永遠跟奶奶煎的有差，不過，聊勝於無。奶奶過世了以後，我在想起她的時候，常常會一個人在家裡煎起蛋餅來。吃的時候彷彿就感覺，親愛的奶奶依舊陪伴在我的身邊。

嗯。決定就做奶奶的蛋餅，給山本拓海跟他的朋友吃吃看吧！

可是，第二天跟山本拓海碰面的時候，他好像發生了什麼事情一樣，顯得心神不寧。完全沒有提到晚上Party的狀況，也不好奇我到底準備要料理什麼。講起話來變得帶著很有距離感的禮貌，簡直又恢復成在理容院時初次見面的態度。

喜歡新舊落差的山本拓海，在情緒上的高低點也反差得很大，而且轉變得迅速。

上完課以後，他向我道謝，竟匆忙地準備離開咖啡館。

「山本君，所以，不去你朋友家了嗎？」我終於問了。

「啊！不好意思，我沒有告訴妳嗎？今天有點混亂，我一直記著一大早就要發信跟妳說的，沒想到忘了，還以為已經跟妳說過。不好意思，真的很抱歉！」

我一向以為他是很細心的，原來也有這樣的時候。

「原來取消了。」我說。

「其實沒有取消，是我不能去了。真不好意思。」

「沒關係。本來就是你朋友的聚會，我只是去湊一腳的。」

我安慰他，或者是安慰我自己。

「我今天臨時要去那間忍者餐廳打工。」他解釋。

「打工？你又幫朋友代班嗎？」

「嗯，算是吧。」

他有點欲言又止，似乎藏有什麼祕密。

大概打工的時間逼近，他在不斷的道歉中，急急忙忙就趕去了餐廳。

我拿起提袋離開咖啡館，而提袋裡是事先準備好的蛋餅材料。山本拓海最終並沒有問我，我為晚上準備了什麼台灣料理。也沒有想到我是不是已經把材料帶出門，而他忘了告訴我不去了，現在該怎麼辦。

可是，我能埋怨什麼呢？他畢竟不是我的男朋友，也不是個可以保護我的男人。

縱使再怎麼細心，再怎麼可愛，山本拓海也還是個二十歲出頭的大男孩。一個在必要關頭就會忍不住任性起來的孩子。那跟一個懂了點人情世故，知道怎麼去讓一個女人開心又讓她傷心的三十歲世代男人，本質上依舊不同。

李主播說，她愛結過婚並且年紀稍長的男人，也許是這個道理。

走向車站的路上，我掏出手機，把通訊錄翻過一遍，最後還是撥電話給了天皇。

「嘿！妳不是應該跟某人去朋友家開Party的嗎？」他驚訝地問我。

「天皇，你要吃蛋餅嗎？」

我沒有回答他的問題。

「準備在『小馬德里』賣的蛋餅嗎？好啊。」

「那我現在過去你家煎給你吃。」

「現在嗎？」

「不方便就改天，沒關係。」

「現在來當然沒問題啊，我是在想需要我先去超市幫妳買好食材嗎，還是妳已經準備好了呢？」

我聽了差點落淚。什麼時候我才可以遇到一個跟天皇一樣體貼我的男人，是我喜歡他，而他也會愛我的呢？

「快過來吧！我快餓死了呢。」

天皇沒有問我到底山本拓海怎麼了。我估計，等會就算我不說，他也不會多問。

搭電車去天皇家的路上，我想起奶奶的蛋餅食譜。

奶奶的蛋餅，雖然說是蛋餅，但其實更精確地說，是混了蛋汁的麵皮煎餅，並不是先擀出一張麵皮，然後打蛋蓋下去的那種早餐店蛋餅。

奶奶的蛋餅是用加了水的麵粉，撒上蔥花跟鹽，再打進蛋攪拌以後，直接以麵糰下去煎製而成的。厚厚的麵皮煎餅，帶著質樸的口感，很輕爽。

我想起要上台北念書的前夕，拿著筆記本，問奶奶她的蛋餅怎麼煎時，奶奶一開始說得很含糊。把該用的食材講完以後，關於製作過程只說麵糰不要和得太稀，這樣煎起來比較好吃。當然也不可以太少水，免得過濃。又說煎的時候不要攤得太薄，太薄也不好吃。

「完全聽進去了，卻無法懂。」我搔搔頭說。

「自己斟酌一下，煎看看就知道！」奶奶說。

想到這裡，我突然很想問天上的奶奶，這輩子從沒跟她討論過的問題。我想知道奶奶這個世代的人，是怎麼看待愛情這種東西的呢？不知道她如果在世的話，會怎麼回答。

不要太稀，也不要太濃；不能太厚，也不能太薄。

世界上所有的事情，恐怕都是難以一次就斟酌出來的。

今天以前，我以為山本拓海就要成為吃蛋餅的幸運兒了。可惜忍者忙著去練功，無緣成為第一個吃到我親手煎製蛋餅的男人。而天皇又誤打誤撞地奪走了我生命裡的另一個第一次。不過，奶奶的蛋餅應該給值得的男人吃。所以，我甘願。

既荒謬又有趣的結果，想著想著，我無意間抬起頭，瞥見在地鐵的玻璃上，黑壓壓的一片之中，倒映出了一張其實不算太差的笑顏。

謎樣轉折

住在紐約、青森、北京跟馬德里的人，不曉得會有多少人知道，自己正與世界上哪些地方的人，生活在同一個緯度上呢？風格全然迥異的四個地方，看似毫無關係，不過因為是在同一個緯度上，卻又感覺有了一種遙遠的、同一陣線的陪伴。

我把行事曆附錄的世界地圖攤開，用紅筆圈連起了這四個地方，又將紅線拉到東京，最後跨過海洋，停在台北。

不過幾秒鐘就畫完的線條，實際上卻各自離得好遠。

那天以後，山本拓海跟我之間彷彿也拉出了一條線。以為將漸漸縮短的距離，突然間又拉長了。他沒有再來電也沒有來信。當然本來我們就不會每天通信聯繫，只是經過上週的事情以後，心裡總有個疙瘩。一個不明白究竟發生什麼事的疙瘩。

又是工作加班的生活，疲憊的一星期，過去了。以前夜裡要是睡了，若聽到手機鳴起，我都懶得管，倒頭繼續睡。可是，這一星期以來，只要聽到手機郵件通知響起，都會忍不住爬起來看。以為是他傳來的電郵，結果，多是垃圾訊息。

終於到了星期六晚上，他傳了電郵過來。令人失落的是，他有禮貌地道歉，說要取消這一週的中文課。

他沒有解釋理由，我回了信也只是簡短地說：「好的，明白了，那麼下週見。」

其實，我甚至懷疑下週也不會再見。

我終於還是主動跟天皇講了這件事情和我的感覺。

星期天下午，我們約在新宿三丁目的追分糰子吃和菓子。他帶了一疊室內設計圖，是「小馬德里」的改裝提案。

他一邊聽我的苦衷，一邊翻閱著設計圖，沒有開口，只是頻頻點頭。

「天皇大人，你到底有沒有在聽我講話？」我忍不住抱怨。

「有啊，怎麼會沒有。」他推了推眼鏡，卻繼續看著設計圖。

「那你簡短重複一次我剛剛說了什麼。」

「簡單來說就是：『我愛上了山本拓海，可是他不愛我。』」

「胡說，我哪有這樣講！」

「瑛瑛，」天皇終於放下設計圖，認真看著我：「妳講來講去，其實真正要說的應該是這句妳沒說的話吧？」

「哪有。是你的中文聽力變爛了……」我不承認。

「是妳的中文表達能力降級了。」天皇笑起來。

天皇給了我一個忠告。他說，我跟山本拓海最大的不同，就是年紀。如果我也是二十多歲，那麼他覺得我這樣演內心戲，他倒是沒意見。但問題是我已經三十多歲了，面對愛情，不應該再把時間浪費在猶豫上面。

天皇說，山本拓海才二十一歲，肯定沒什麼戀愛經驗。所以，如果我真的想跟這個男生進展到下一步，就應該是我帶領他，變得更主動一點。

「比起山本拓海來說，妳的特質是什麼，知道嗎？」天皇問。

「皺紋比較多、倦容特別明顯。」

天皇搖搖頭：「妳是有經驗的人，該把經驗換成判斷跟決定的能力，而不是跟著二十歲世代的人一起搖擺。」

「你真看得起我。我的經驗有多少，能不能拿來當做參考，你很清楚。」

「感覺我必須登報道歉才行。」天皇苦著臉說。

吃完和菓子離開店家時，我想起來上週煎蛋餅給天皇吃，但他一直沒正式回覆我，以後到底要不要在他的小酒館裡賣我的蛋餅。

「關於蛋餅，我覺得少了一點什麼。」他說。

「你上星期明明說很好吃的！」我有點生氣。

「好吃是好吃，但就是少了點什麼。」

「到底少了什麼？」

天皇想了想，說：「少了點愛。」

「奶奶的食譜上沒記到這一點。」

「因為那是基本的呀。食譜也不會寫著要妳準備鍋子吧？奶奶早就加進去的東西，妳沒看見罷了。總之，小馬德里要的是被全神貫注的蛋餅！」天皇溫柔地提醒我。

全神貫注的蛋餅。

那一晚，我確實是帶著山本拓海吃不成的遺憾，在一種相當分心的狀態下煎蛋餅給天皇吃的。這樣的蛋餅，就不是全神貫注煎出來的蛋餅吧。

天皇真正想告訴我的，是不要猶疑。想做什麼事情時就放手專注去做。

晚上回到家，睡前，我總算決定主動發一封郵件給山本拓海。

山本拓海的回信比往常都來得慢。

傳去的信裡我問了他：「一切還好嗎？這星期的中文課打算怎麼樣呢？」第二天他回傳的信上依舊簡潔地寫著：「謝謝。週末的時間還不確定，有可能還是要去打工。再跟陳小姐聯繫。不好意思！」

山本拓海白天在美髮沙龍上班，晚上還要去忍者餐廳打工，簡直一整天都在工作。當然，我也是一整天都在上班，但他的工作是服務業，完全不會有坐下來休息的機會，比起待在辦公室裡的我來說顯然是辛勞許多。

我不太明白為什麼只是幫朋友代班卻要那麼的拚命。不過，每個人都有自己面對工作和生活的態度。不是身為對方的自己，永遠也不可能真的明白當事者的想法。

一直跟天皇和李主播說考慮轉換工作跑道的我，結果還是沒有具體的行動。

公司裡與我同期應徵進來的一個韓國女生，之前請了產假，回來上班不久，一個月前反而是她提出了辭呈。

今天晚上，公司同事們要替她舉辦歡送會。歡送會的餐廳巧合地選在築地。距離山本拓海在築地場外市場的公寓，大概走三分鐘就能到了的一間居酒屋。

公司裡大多是已有家室卻仍不安分的中年男人，對於韓國女生的離職，並不是太遺憾。畢竟，她早就結婚，而且現在還有了孩子。

可是，我卻有點惆悵。因為同是外國人，年紀相仿又是同期進公司的，私下總有共同的話題。其中之一，就是批評公司裡幾個老色魔的男人。如今她要離職了，我在這公司裡好像又孤單了一點。

在歡送會的居酒屋包廂裡，一整條長排的榻榻米坐席，對坐著十幾個人。韓國女生因為是主角，自然坐在中間，我則坐在她的旁邊。

韓國女生的酒量實在不可小覷，簡直是以比我快兩倍的速度消耗掉桌上的啤酒。而且，臉色一點也沒有改變。

「從今以後不必再忍受上司臉色跟聽老男人的黃色笑話，可以悠閒地在家帶小孩，不用每天朝九晚五的上班，真令人羨慕哪。」我對她說。

「是嗎？可是我更緊張呢。我其實還是希望出來工作的，但先生比較希望我可以留在家裡帶小孩，還說家裡的收入交給他就行。問題是我不是日本女人哪，習慣結婚就辭掉工作待在家裡。比起收入的多寡，擁有一份工作這件事更感覺踏實。」她說。

她的先生是日本人。我從來沒問過她跟日本人結婚的感覺，她也沒有在我面前抱怨過。這是第一次她跟我透露婚姻心事。

「真正的挑戰，恐怕現在才開始。」她說，又吞下幾口啤酒。

一個女人學歷跟工作經驗都擁有，足以向人證明自己具備能力，只是自願選擇進入家庭。有家室、有孩子、不必工作、讓老公養。這就是在許多台灣男人跟女人的眼中，有成就的女人了吧。

但無論如何，即使是挑戰，她也算是已經站在舞台上了。

那我呢？我的舞台在哪裡？

「今後我們全公司就要靠陳小姐支撐啦！為我們帶來男性的福利！哇哈哈！」

坐在我前面一個五十幾歲，喝得滿臉通紅的日本上司持著酒杯，搖搖晃晃地站起來大聲喧譁。全包廂裡的人跟著起鬨，他一時興起還彎下來故意摸了我的臉一把。

真是討厭。但我也不能當場發飆。你當然也可以舉發這是職場性騷擾，問題是他是上司，而且一鬧起來，全公司整棟大樓都知道妳發生了什麼事情吧。從此，恐怕連警衛都知道妳就是那個被性騷擾的台灣人。

歡送會結束以後，幾個日本同事又嚷嚷著要二次會。所幸韓國女生跟我一起編個理由退場，終於不必再跟這些酒氣沖天的男人鬼混在一起。

我一個人走回地鐵站時，回頭望向不遠處的築地市場。

拉下鐵門，熄了燈的築地市場，跟印象中總在早晨喧囂到不行的形象截然不同。

住在築地市場裡的山本拓海也有這種落差。

我沒有傳手機郵件給山本拓海，告訴他我正在築地市場，但是我卻調頭走進了市場。此刻的心情，並不是想要聯絡上他，只是一個人想在這裡晃一晃。

走到山本拓海的公寓樓下時，抬頭看見他的窗裡一片黑暗。二樓的餐廳已經打烊了，但戶外坐席周圍架起的紅色燈籠依然亮著，散出了一圈寂寞的光暈。

「陳小姐！」

我嚇一跳。山本拓海的聲音從身後傳來。

天啊，這下子我豈不像是個女變態，偷窺男生的公寓？

這一晚，山本拓海看起來有點疲憊，不過笑容依然燦爛。這兩週感覺到他有點冷淡，可是，彼此之間拉開的距離似乎又在這一瞬間，從他的笑容裡消融了。

「嗯，其實是剛剛，公司幫同事舉辦歡送會，就在旁邊的居酒屋。」

轉身，我尷尬地看著他，結巴地解釋著。

「趕時間嗎？要不要上來坐坐？」

約我進他家嗎？他跳過我的解釋，給了我台階下。

「喔，不好意思，是不是有點顧忌呢？畢竟是女孩子。我實在很差勁，想法太不周全。要是不方便的話，下次，如果有一群人的聚會，陳小姐比較放心的話，隨時再來玩。」

大概我遲疑了一下，他補上了這句話。

聽到他邀請我去他家，才剛剛高興起來的情緒，立刻又被他給澆熄。

「對呀，你怎麼亂邀一個女孩子在這麼深的夜裡去你家呢？」我只好故意這麼說，還故意拉緊衣襟：「雖然我都可以當你大姊了，但怎麼說還是個單身女子耶。」

他看我搞笑，故意學我，拉緊褲襠說：「放心，沒忘記，我是忍者。」

我笑出聲來。

如果現在不進他家，下次還要等到什麼機會才能更拉近彼此的關係呢？

「既然你這麼說，那我就上去囉。沒在怕的！」

趁著他還沒反悔，我立刻這麼說。

我撥撥頭髮故作爽朗，假裝完全沒有男女私情的遐想。

不過，也許山本拓海是真的對我有不會有任何遐想。這麼想的時候，忽然又有點憂傷了。可是，難道我心底是期望著他對我有非分之想嗎？哎呀，真的是太邪惡了我。果然三十歲以後的女人，想法都比較大膽。一定都是天皇教壞我的。

「在偷笑什麼呢？陳小姐？」

「喔，沒事、沒事。」我撒謊。

這麼熱鬧的觀光地，餐廳與店舖的樓上原來還有普通的住戶，以前從來不知道。而想到住在這裡的人，卻不愛吃鮪魚生魚片跟喝味噌湯，就更有趣了一點。

山本拓海的公寓不大，不過以一個男生居住來說是剛剛好。

「不好意思，因為不知道有客人會來，家裡有點亂。」

他一進門就緊緊張張地把散亂在床上，晾乾過的衣服給收集到一旁。然後，我注意到他背對著我，以為我沒看見，迅速地將放在書架上的一個相框給翻面蓋下來。

那相框裡是什麼照片？是他的前女友嗎？

山本拓海的房間算是乾淨整齊的，但仔細一看，還是可以發現很多小地方的粗心。比如漫畫亂丟、洗碗槽裡堆著還沒洗的碗筷等等。外表看起來時尚，乾乾淨淨的山本拓海，私生活也有這一面。不過，正是這樣才讓我覺得，這是個男生的房間。

「二十一歲男生的房間，原來是這個樣子的呀。」我環顧四周，興味盎然地說。

「陳小姐身邊都沒有二十幾歲的男生朋友嗎？」他問。

「沒有喲。跟我同輩的男生，要不是結了婚，已經沒有了單身的房間，再不然就是男同志，比女生房間還要講究。所以這麼說起來，我還真的很久沒見過單身男子公寓。」

「陳小姐的房間又是怎麼樣呢？很好奇呢。」

「完全歐巴桑房間。」我噗嗤一笑：「隨處都能發現各種維他命、美容用品，還有門後貼滿超市折價券的歐巴桑房間，你不會有興趣的。」

「很生活感哪！」

我當然沒告訴他，在窗前綁了一串戀愛成就御守的震撼畫面。如果他要來我家的話，我首先得先把那些戀愛御守給藏起來才行。

走到房間的底端是一面窗子，推開來有個小陽台。望下去，首先是二樓餐廳的戶外坐席，接著視線穿過紅燈籠的光芒以後，一樓就是築地場外市場的街道。

「住在築地市場裡究竟是什麼感覺呢？」

我一隻腳踏到陽台上，身子倚著陽台上半身高的柵欄，端詳著夜裡打烊後的市場。

「像是驚悚片吧。」

「驚悚片？為什麼？」

「跟著成堆的，等待被人生吃的魚屍體一起生活，想起來不覺得有點恐怖嗎？」

「第一次聽到有人這麼說的。」

「請原諒一個眼睛看出去，全是蘋果的怪人。」他笑著說。

喝了杯茶，時間也不早了，我準備回家。

「不多留一下嗎？」他問。

「該不會是故意想要我錯過終電吧？我擔心過了十二點，忍者就會變成衝鋒的武士了。」我打趣，又作勢把衣襟給拉緊。

今天踏進了山本拓海的家，對我來說已經是一大進展了。要是李主播的話，夜裡踏進了喜歡的男人的家裡，大約就會天亮才出門了吧。

山本拓海說要送我去車站，然後在他進廁所時，我的好奇心使然，忍不住偷偷翻開了書架上那個被蓋過來的相框。

不是女朋友。是山本拓海的全家福照片。

一張很奇怪的照片。

這張照片並沒有拍好。我所謂的沒有拍好，是他的雙親站立在另一個年紀比山本拓海稍長，坐在椅子上的男生兩側（應該是他的哥哥吧），可是山本拓海卻離他們三個人起碼有一步的距離站著。三個人都露出開心的笑容，只有山本拓海肅著一張臉。任誰來看，這張照片都不會是一張拍得成功的照片吧？可是，山本拓海卻放進相框，擺在房間裡。但既然在乎，又為什麼不希望別人看到呢？

聽到山本拓海走回房間的腳步，我趕緊將照片又蓋下去。

天皇和朋友準備合資開設的「小馬德里」籌備得如火如荼。

他時常會在深夜打電話過來，問我許多關於店內裝潢的問題。大多是希望我從女性的觀點去幫他想想，什麼樣的小酒館氣氛是會吸引女生的。或者，要讓女生感覺到貼心，店裡的擺設和裝潢要注意哪些地方。

老實說經常加班到很晚，回家以後都累垮了，卻還要回答天皇許多問題，其實有點累。可是，每次聽到電話裡天皇充滿信任的聲音，對自己要做的事情又那麼認真時，就覺得挺感動的。我老是賴著他，抱怨生活不順遂，現在總算能夠幫忙他，也是應該的。

只是每次我說完想法，天皇就會說：「嘿，我覺得妳這想法很好。只是啊，如果（這樣那樣）的話應該更適合。」

「天皇，你根本比我還要細心的呀，我幫不上什麼忙的。」我說。

「不不不！所謂的啟發，就要以一個原點為基礎，才能有所啟發。妳的存在就是那個原點呀，知道嗎？」

「最好是。」

我賭氣地說，其實心底聽了倒也是歡喜的。

畢竟一個人要是可以成為另外一個人的原點，便是有了無可替代的重要性。

星期五晚上，我難得提早完成手邊的工作準時下班，天皇恰好來電約我在新宿吃泰國料理。我到了以後才發現，原來飯局不是只有我們兩個人。天皇旁邊還坐了一個男人。

我一看到這個場面，就邪邪地笑起來，並對天皇使眼色。

原來，他就是要跟天皇合伙開酒館的朋友。年紀比我們大兩歲，跟天皇一樣也是從事媒體服務業的，因為工作關係兩人結識。現在人住在大阪，今天因為出差來東京。

幾個月前跟天皇聊起來時，才知道原本學過廚藝的朋友，有辭掉工作到東京開店的念頭。天皇因為鼓勵他，繼而發覺自己也感興趣，最後拍板定案，決定兩人一起合伙。

比起天皇來說，這個男人顯得比較沉默寡言一點。不過並不難以親近。當我們在聊天時，他就算沒有插話，也總是保持微笑，誠心聆聽的樣子。

趁著他去上廁所時，我趕緊掌握時機，拷問天皇。

「還不快從實招來。你交男朋友了？」

我用力踹了他一下。

「不是啊，只是生意上的合伙。」

「他住大阪，在那裡是不是已經有男友？」

「不知道。我也很好奇。可是我想他沒主動提起，我就也沒多問。」

「依我看案情並不單純。」我眉頭一皺。

「好啦，我承認我對他是有好感。滿可愛的呀，不覺得嗎？但是我不會對他怎麼樣的。現階段真的只是生意合伙而已。」天皇抽起菸來。

「邪惡的西班牙酒館即將誕生。」我笑著說。

「對了，昨天電話裡問妳，閣樓可以怎麼運用，有什麼想法嗎？」
「有。我有新的想法了。」
「是什麼？」
「放一張你們兩個人躺得下的雙人床吧。」我糗他。
那男人回到座位，我們裝作沒事，相視而笑。
「我錯過了什麼嗎？」那男人也跟著我們笑起來。
「在跟瑛瑛討論每天賣的蛋餅，是不是要限量。」天皇搶話說。
「對，有聽展吾提過呢。很好奇蛋餅的口味，期待盡快吃到！」
「你一定會覺得好吃的。」天皇說。
「真的嗎？」
「瑛瑛有信心吧？」天皇望向我，希望我接話的樣子。
「當然。而且，現在有愛加料了。」
我諷刺天皇。
「啊？」那男人一臉困惑。
天皇在桌子底下，用腳踢了我一下。我瞇起眼睛，呵呵地傻笑起來。
離開泰國餐廳以後，天皇的朋友先行離開，天皇拉著我準備再去二丁目喝一杯。

走過伊勢丹百貨對面巷子裡的末廣通餐廳街時，遠遠地瞥見李主播的身影，正從一間西餐廳裡走出來。

「太巧了，是李主播耶！我們找她一起去吧！」

我興奮地準備跑過去喚她，可是，就在我快接近時，腳步停了下來。從後面趕上腳步的天皇站在我旁邊，面對著不遠處的李主播，我們都沉默了下來。

李主播跟一個剛從餐廳衝出來，帶著墨鏡的日本女人，在店門口起了爭執。李主播的聲音，完全被對方的大嗓門給了壓下去，只是不斷地聽見那個女人，要李主播把話給說清楚之類的。

李主播看來並不想理會她，可是卻甩不開她。只要李主播腳步一往前，那女人就擋在她的面前。到最後，甚至出手用力抓住李主播，使勁地搖晃她的身軀。

「怎麼回事？」天皇問。

我根本沒有準備回答天皇，就立刻衝上前。天皇嚇一跳，叫住我，但我沒理會。

當李主播看見我時也嚇一大跳。

我拉開李主播，站在她跟那個墨鏡女人的中間。我要讓她知道，咱們台灣女生可不是好欺負的。

「妳是誰啊妳？跟妳沒關係！」那女人憤憤地說。

「不准再過來！」我說。

「不怕的話，我連妳一起揍。」她說。

「瑛瑛！」天皇趕過來，拉住我，並對那女人說：「發生什麼事情？」

結果，天皇才剛開口，那女人就火冒三丈地用力將我推開，要去扭打我身後的李主播。那女人力氣之大，超乎想像。這時候，我到底是為了想保護李主播，或者只是不認輸，已經搞不清楚了。總之，我也用盡全部的力氣去阻擋她。天皇企圖拉開我們，大家就這樣扭成一團，完全不顧此刻人正在大街上的形象。

倏地，啪的一聲，我的臉頰一陣酥麻。

四個人同時停滯了上一秒的動作。

我被甩了一個耳光。

李主播用著渙散的眼神看著我，有些顫抖的右手，尚停在她的胸前。

打了我一巴掌的竟然不是那個墨鏡女人，而是李菁菁。

從星空降落

當熱騰騰的炸蓮藕片端上桌時，我忍不住整個人往前傾，用力深呼吸了一口氣。

哇！實在是太香了。

這世界上居然有一種食物，明明心裡知道是很不健康的東西，卻同時具備著治癒人心的效果，想來真不可思議。

每次在心情沮喪時，只要有一盤炸蓮藕片擺到眼前時，我就會立刻感到振奮起來。任何不愉快的念頭，在喀嚓一聲咬下炸蓮藕片的剎那，暫時都被拋在腦後了。

每次在居酒屋吃炸蓮藕片時，我偶爾會想到奶奶。喜歡日本文化的奶奶一向也愛吃油炸食物，特別是天婦羅。不過，她應該從未試過炸蓮藕片。要是奶奶也能吃到的話，應該會跟我一樣愛不釋手吧。

跟過去的炸蓮藕片不同的是，今天這一盤，居然是天皇親手下廚炸出來的。

「天啊！天皇你再創佳績耶！竟然會炸蓮藕片？」

我驚訝地簡直要尖叫。

先前我並不知道天皇在廚房弄什麼。我問他，他故作神祕地要我坐在廚房吧檯上乖乖等候。沒想到端上桌時，竟然是炸蓮藕片。

「第一次炸，不曉得成功不成功，妳試試。」他說。

整個人埋在香氣之中的我，立刻揀起一片來嘗嘗。

「啤酒！再給我一罐冰啤酒來！太好吃了，我要配啤酒。」

還在廚房不知道弄什麼的天皇，聽了大笑起來。

「妳剛剛那罐已經喝完了？這麼快！冰箱裡還有啊，自己拿，別客氣。」

他繼續埋頭苦幹著。

我起身去拉開冰箱大門，拿出一罐啤酒來，然後在拉開瓶蓋前，先把沁涼的罐子貼到臉頰上冰鎮一番。

「真的不需要搽藥嗎？不痛嗎？」

不知道什麼時候轉過頭來的天皇，關心地問。

「打下去的聲音很大聲，不過並不怎麼痛。本來也以為會很痛的，結果比想像中好一點呢！一定是年紀大，觸覺遲鈍了。」我自嘲。

「胡說，我可是愈來愈靈活。看，還會學炸蓮藕片。」

天皇話都還沒說完，我就拉開啤酒罐，一把抓了幾片蓮藕片塞進口中。

「哇！真是太美味了。一口啤酒，一把炸蓮藕片，實在爽快。真的很好吃耶，你自己有吃過嗎？快來吃吃看。」

我嚷嚷著，像個興奮過度的小女孩。

「嘿！真的很好吃耶。」

天皇吃了一片自己炸的蓮藕片時，睜大眼睛說道。

「對吧、對吧！快配啤酒。」

天皇又從廚房拿出兩道配酒的小菜。我一看，終於忍不住拍起手來。搭配啤酒一起吃，馬鈴薯泥跟可樂餅，簡直跟蓮藕片是手牽手的好兄弟。

「怎麼覺得妳被打了一巴掌以後，好像腎上腺素激升，那麼High呢？」

天皇笑著搖搖頭。

「大概是我有被虐狂。」我說。

說也奇怪，被李主播打了一耳光以後，我竟然食欲大開。好像身體的所有氣力，都被那一巴掌給打散了，很快的，肚子就覺得飢餓起來。

天皇家的廚房設計了一個L形的小吧檯，將燈光轉暗以後，再放出合宜的音樂，氣氛就如同個小酒吧。

此刻，天皇跟我在吧檯兩側對坐著，猛喝啤酒跟吃美味的下酒菜，彷彿想要藉此沖淡剛剛發生、令我們都感到震驚的事情。

李主播打了我一巴掌以後，有好幾秒鐘，現場的每個人都瞠目結舌。我由於太震驚，消磨掉了難過或氣憤，只能呆呆地佇立原地。

李主播好像也被自己的行徑給嚇到了，怔怔地看著我，然後身體顫抖起來。

我原以為她會向我道歉，但沒想到她的淚水忽然從眼眶中奔瀉而出。緊接著，她一句話也沒說，轉過身就使勁全力地跑開，消失在我們的視線之中。

跟李主播起爭執的那個女人早就離開了，現場只剩下跟這件事情原本毫無關係的我和天皇。怎麼會這樣呢？太荒謬了。我的手摸著被甩了巴掌的臉頰，依然殘留的酥麻感覺，讓這一切更顯得更不真實。

天皇對於來不及阻止這一切的發生而感到內疚，不放心讓我一個人就這樣回家，於是帶著一點久違的大男人口吻，要求我先到他家。

大約還沒從事件中回神過來，或者也不知道該怎麼面對吧，以致於在去天皇家的一路上，兩個人的談話竟然完全沒有講到剛才的事件。

我只是不斷地嚷嚷著：「我好餓喔。」

在地下鐵車廂的車窗玻璃上，看著倒映出的自己，我下意識地摸起酥麻的臉頰，同時也瞥見天皇始終充滿關注的眼神。

把一盤炸蓮藕片吃完時，天皇終於一針見血地戳開問題。

「李主播怎麼可以這樣呢？妳是在幫她耶。」他說。

「這不是平常的她。我想一定有什麼苦衷吧。」

我聽見天皇為我出氣，感到安慰，但也只是淡淡地回應。

「嘿，我說瑛瑛，妳是受害者耶，還一直幫她說話？真是。」

「也不是幫她。我只是有點擔心就這樣跑掉的李主播，現在會去哪裡？跟她起爭執的女人是誰呢？常跟我聊心事的李主播從來沒提過，一定有什麼苦衷吧？」

天皇聽我這麼說，嘆了一口氣。

「她有苦衷，難道這樣打人一巴掌，別人不會有苦衷嗎！妳老是為別人著想而委屈自己，偶爾該生氣的時候也應該生氣吧！」

天皇說的話令我陷入深思。似乎是這樣子沒錯。跟天皇分手以後，我期望他能勇敢面對自己的性向。奶奶過世後，我希望天上的她開心而來到日本。在公司被男人吃了豆腐，也總以顧全大局為思考，只要不太誇張就隱忍下來。現在則是被李菁菁打了巴掌，還體貼她應該是情緒遇到了困境。

天皇說得對，我老是希望別人快樂，其實，我也有不少苦衷啊。

愈想愈委屈，啤酒罐被我重重地放下，砰的一聲把天皇給嚇到。

「對嘛！你也這麼覺得對不對？李主播真的很不懂事，雖然說我比她年長，可以包容她平常的任性，可是再怎麼樣也不能這樣打我吧？而且應該哭的是我才對呀，結果反而是她哭著跑走了。」

我突然間將壓抑的情緒一傾而出。

正當天皇開口準備說話時，門鈴突然響起。

他去應門，門一打開，我看見出現在門口的是上次在居酒屋一起吃飯，要跟天皇一起合資開「小馬德里」的大阪男。

大阪男姓大澤，不過，我跟天皇私下提到他時，都暱稱他為大阪男。大概是因為大澤整個人的氣質，跟東京男人真的不同。短髮、黝黑的皮膚，蓄著修剪整齊的鬍渣，動作跟講話完全沒有一點中性的感覺。簡單來說，就是我對大阪男兒的印象。

他站在門口，很快地就發現家裡還有別人。

「方便嗎？」大阪男問天皇。

「當然，瑛瑛也見過你的嘛，快進來吧。我跟瑛瑛今天晚上去吃飯。」天皇回答。

大阪男向我微笑，點點頭。我也禮貌性地點頭回應。

這麼晚了還來天皇家？肯定是要在這裡過夜了。大阪男進了天皇的家，好像很熟悉這裡似的，就把包包放進天皇的房間裡，出來以後又自己開了冰箱拿冰啤酒喝。

他看見桌上的空盤，問我們剛剛吃了什麼。

「炸蓮藕片。」天皇回答。

「喔，上次教你的？終於自己試做了。好吃嗎？」

「還不錯。對吧？」天皇看向我。

我愣了一下。大概是太專注於觀察他們兩個人對話時的表情與口吻了，沒想到他會突然把問題丟給我。

「呃，好吃。連我這麼愛吃炸蓮藕片的，都覺得好吃了。」

「原來是瑛瑛喜歡吃炸蓮藕片，難怪展吾想學。下次換我炸給妳吃！保證妳吃過以後，連店裡賣的都不想再吃了。」

「那以後只好到『小馬德里』吃了。」我說。

「我也等著吃台灣蛋餅！」

大阪男掛著溫暖的微笑說道。

他的笑容裡彷彿有著某種釋懷。好像本來還懷疑天皇為了誰想學炸蓮藕片，現在終於知道是我，於是放心了的感覺。因為那個對象，是我，是個女人。

大阪男在客廳看電視時，我在廚房幫天皇洗碗盤。

「他這兩天來東京出差，明後天也有些開店的事情要討論，所以就住這兒了。」

天皇用中文跟我說。

我笑出來，說：「幹嘛跟我解釋呀，好像我們還是情人似的。」

「沒有啊。只是剛剛忘了跟妳說他今晚會來，突然出現，對妳不太禮貌。」

「你太客氣了。」

「既然身為天皇，就要講究皇室禮儀的嘛。」他自嘲。

「所以，你們現在算是在交往了嗎？」我問。

「還不算吧。其實，我們沒有討論過這個問題。」

「也是，想這麼多幹嘛呢？反正行動勝於思考吧。」

我這句話一說出口，雖然聽起來語氣並不差，但不知道怎麼，連自己都感覺到帶著一點不滿。

他看著我，苦笑起來，一臉似是而非的表情。

雖然早就跟天皇不是情人了，可是，這一刻我竟然還是有點落寞。當天皇知道我的生活裡出現了山本拓海的那時候，是否也曾帶著這樣的情緒呢？

開心卻又落寞的情緒。開心的是對方的感情世界，出現了新的曙光；落寞的則是，彷彿跟著自己同一陣線的伙伴要先脫隊了。

「總之，今天妳睡我房間的床，然後我睡房間地板，他睡客廳。」他說。

「我要回家的。」

「是嗎？」

「是的。」

「那房間的床不就空著了？」天皇笑起來。

「最好是。」我故意用手肘撞他。

我哪是那麼遲鈍的女人呢？都已經看見大阪男把私人用品放進天皇房間裡了，要是還要留下來當電燈泡，豈不是太白目了。

天皇的公寓大廈位於地下鐵副都心線的東新宿站。用走的，就可以走到新宿鬧區，反方向的話則能走到新大久保站。

走在路上，剛才靠著炸蓮藕片解消掉的悶氣，療效似乎過了，一股混合著孤獨與寂寞的感覺再次充滿糾結於心口。

新大久保幾乎整條街都開滿了韓國餐廳。不只有年輕人大排長龍的餐廳，還有不少熱中韓劇的日本中年女性會來這裡採買藝人周邊商品。街頭路燈上掛設的擴音裝置，甚至不時也會有韓文的廣播。這裡儼然已經成為韓國村了。

幾個說著韓文的短髮女生，和長得好看且身材又高大的韓國男生，從我的身邊打打鬧鬧地走過。

年輕的他們大概是來這裡留學的吧，頂多二十歲出頭，跟山本拓海一樣的年紀。雖然聽不懂他們在說什麼，可是，卻依然感染到他們愉快的氣氛。

看著女生的髮型，突然間覺得很想明天去修一修頭髮。

才一想到剪髮，很自然的，下一秒腦海就浮現出美髮沙龍裡山本拓海的臉。

要現在打電話去預約嗎？可是已經打烊了吧？不過就算打烊了，店裡應該還是有員工會在的。試試看吧。我於是拿出手機撥了美髮沙龍的電話號碼，不過，響了好幾聲都沒人應答。正當我準備斷線時，電話卻接通了。

對方報上了店名和招呼語，我一聽，就知道是山本拓海的聲音。

「不好意思，請問現在還可以預約嗎？明天晚上。」

「哇，陳小姐！是您嗎？晚上好啊！」

聽到山本拓海充滿了能量的聲音，原本有點疲憊的我，也打起精神來。

「果然還是一聽，就知道是外國人講日文的口音吧。」我說。

「是陳小姐的聲音，我很熟悉了。」他說。

預約完成後，我在想應該怎麼為這通電話作結呢？

「謝謝陳小姐的預約。那麼就明天晚上七點整，麻煩您了！」

結果，山本拓海卻如此正經八百地回答了。

因為店員必須等客人先掛掉電話以後才能斷線，所以他不再說話了。顯然是在等我先掛電話的意思。最後，我吐出了「謝謝」兩個字以後，就把電話給掛去。

真不知道現在二十歲出頭的小孩子，到底在想什麼呢？

也許什麼都沒想。是我們這些前中年期的人，老把事情想得太複雜了。他邀我上樓去家裡，就純粹只是參觀一下而已，並沒有什麼附加的涵義與暗示。

走到新大久保站前，看到幾對摟在一起的情侶時，老實說，我真有一刻衝動得想去便利商店買強力膠，把這些情侶全部給黏起來。

好啊好啊，愛抱嘛，既然這麼愛在外面抱來抱去，就一直給我緊緊抱下去。

當我意識到竟然冒出如此邪惡的念頭時，自己也嚇一跳。

三十歲以後的單身女子，是不是心裡的空房，有一半都會被惡魔給租去呢？

這下子我的胸口更鬱悶了。

刷卡進站後，手機忽然震動起來。來電顯示竟是山本拓海。

「不好意思，陳小姐，剛剛忙著關店，匆匆忙忙就掛了電話。」

他的語氣充滿歉意。

「別這麼說，是我太晚打電話去預約，干擾了你們的工作。」

喜悅的情緒已經盡量壓抑了，應該不會被聽出來吧？

「陳小姐要回家了嗎？」

「對，正準備回家。」

他想要做什麼呢？

「一直不知道陳小姐住哪裡？」

「我住代代木上原。」

「小田急線吧？待會要在新宿轉車？」

「嗯。有去過那裡嗎？」

「沒有耶。有什麼特別的嗎？」

「沒什麼特別的，只是普通的商店街跟住宅區而已。」

「這樣啊。陳小姐明天也是要很早上班吧？」

「是啊，雖然真的不想上班。」

「不上班不行呀。不上班就沒錢，沒錢就不能剪頭髮了。」

我失笑：「是，山本老師。我知道了。」

這樣的話應該是像我這個年紀的人，對他說教的台詞才對。然而，第一次被一個二十一歲的男孩給訓話，卻感覺有點甜蜜。

果然沒錯，我想我確實有被虐狂。

電話掛去後，我搭乘山手線到新宿轉乘小田急線回到了代代木上原。才一出站，電話又震動起來。我有點詫異，因為竟又是山本拓海打來的。

「陳小姐，是北口還是南口呢？」

電話一接起來，山本拓海劈頭就問。

「啊？」我一頭霧水。

「我沒聽錯吧，是代代木上原站，不是代代木八幡站，對吧？」

「咦？難不成山本君現在人在代代木上原？」

「對啊。可是，陳小姐會從北口還是南口出來呢？」
「是西口。可是……」
「啊！還有西口呀！我真笨。陳小姐到了嗎？」
他打斷我的話繼續問。
「我剛出站。」
「好，那妳等我一下喔。我過去西口那裡。」
呃，我們剛剛有約嗎？沒有吧。我還沒老化到這種健忘的程度。
不一會兒，山本拓海就現身在我面前。
「噹噹！時間算得很準吧。」
他推推眼鏡，露出很燦爛的笑容。
為什麼眼前的這個男孩，就算是在那麼深的黑夜裡，笑容依然能被看得那麼清楚呢？也許，可愛的人，本身就是燦亮的光。
我故意裝作不想主導氣氛，所以不開口，想看看山本拓海到底要做什麼。
「今天晚上我們替店長慶生，訂了很大一個雙層蛋糕，結果吃不完，每個人都切了一大塊帶回家。」
他把手上拎著的蛋糕紙盒，提到我眼前。
「你特地過來，只是為了帶給我一塊吃剩的蛋糕？」

我故意裝作有點不高興的樣子。

他緊張地補充：「不是這個意思。不是剩下來的！嗯，對啦，其實要說是剩下來的也確實沒錯。不過，其實是蛋糕一送來，我們就覺得太大了一定吃不完，所以只切了一層，另外一層蛋糕就先拿起來，完全沒碰過喲。我想陳小姐應該會喜歡這個口味，所以就趁著新鮮直接衝了過來。沒先聯絡，真不好意思。」

大概是見我故作毫無表情的模樣，他愈說愈心虛，聲音愈來愈微弱。

「很好！我現在正想吃甜點來振奮一下精神！」

我爽朗地回應。

終於在我笑起來，雙手接過蛋糕以後，山本拓海才鬆了口氣。

「要去我家喝個東西嗎？都特地來了。」

我提出邀請。原來真的說出口，也沒想像中那麼困難。

「可以嗎？好哇。」他推推眼鏡說。

進LAWSON買了幾罐啤酒和沙瓦酒以後，我們沿著打烊的商店街走。已經是夜裡快十二點了，安靜得讓人誤以為全世界都同時那麼的寧靜。

「下次白天來吧。晚上店都關了，看不到什麼。」想了想，我又說：「不過就算是白天來，也是一些咖啡館和餐廳而已，沒什麼特別值得一看的。」

「不會呀，我已經看到很值得一看的喲。」

他一語雙關看著我，專注地說。

「小孩子不要亂講話。」我笑起來。

「我不是小孩子了。」

山本君，到底是不想被看做長不大的年輕人，才會在年長的人面前說出這句話的。以後，你就會明白了。

我指著轉角的五層樓公寓。

「喏，就是前面那棟。我住三樓。」

可是，等到我打開公寓樓下的大門時，山本拓海卻停住了腳步。

「怎麼了？不上來嗎？」我轉身問。

「我想，我還是在對面的公園把酒喝完就好了。」

「這樣啊？」

我有點詫異他突然的變卦。

「陳小姐明天一早就要起床上班吧，我想想，還是在公園裡把酒喝完就回去比較好。這樣不會打擾到妳休息。」

女生主動邀請男生到她家裡，結果最後一刻男生卻反悔，簡直就是給女生難堪。要是當年天皇這樣對待二十歲的我，我一定會哭出來的。

可是，我已經不是那時候的陳姿瑛了。

成長，講好聽點就是累積經驗；講難聽點就是讓一個人臉皮變厚。

從LAWSON出來時，本來是我提著的那袋酒，山本拓海堅持由他來提。他話說完以後，就把啤酒從塑膠袋裡取出。

「那我也在公園裡把蛋糕給吃了吧。」我說。

「真的嗎？」

這一天，山本拓海的話似乎特別多。他分享了一整天在美髮沙龍裡的瑣事，我也講了自己的。當然，最重點的就是莫名其妙被好友打了一巴掌的橋段。在說這些事情的時候，我第一次向他提起了天皇跟李主播。看起來他聽得很認真，只是不曉得是否真的感興趣。

話題告一段落，蛋糕跟酒都解決了以後，原本坐在公園板凳上的山本拓海突然起身。我以為他要準備回家了，沒想到他走前幾步，竟躺到草地上。

「陳小姐，妳也過來試試看！妳曾經躺下來，看過這裡的天空嗎？」

「躺下來看天空？從來沒有。」

被他這麼一說，我也充滿了興趣。我躺到了他身旁的草地上。

「好奇怪。為什麼一躺下來看，整片星空似乎被放大了？好像是眼睛裝上了廣角鏡頭那樣的感覺。」

「對吧，很神奇。而且不能只是抬頭，一定要躺下來看。」

躺著看星空，身旁的建築退場了，好像整個人都跟著溶入了天空裡。

「心情不好時，我偶爾就會這樣，到樓頂躺著看星空。也不曉得為什麼，看著看著，心情就會漸漸好起來。」他說。

「星空還是同一片的，只是看的角度不同，感受就不一樣了。大概是這樣，心情不好也能轉換其他角度來面對吧。」

山本拓海突然從我身旁坐起來。他低頭望著還躺在草地上的我。這樣的近距離，如此特殊的角度，令我瞬間心跳加快。

「要是跟我同輩的人在一起，肯定聽不到這樣的話。」他說。

「對不起。太無聊的話，對吧？什麼事情都搞得太認真了。」

「不會，我喜歡喲。我喜歡跟陳小姐聊天。」

我沉默地看著他。

此刻，我所仰望的夜空，有一半都是山本拓海的臉龐。

躺著看的星空，被放大了，山本拓海的臉亦然。四周的樓房退場了，星星也退場。我感覺到自己緩緩地要溶入他的臉龐似的，直到一瞬間，突然黑暗一片。而下一秒，光源又慢慢地從他的臉龐周圍竄進。

山本拓海吻了我。

「啊。」

他發出驚訝的一聲。

「呃。」

則是我的回應。

「不好意思。」

山本拓海推推眼鏡，一臉尷尬地說。

「你吻了我？」我問。

「好像是這樣。」

「你確定？」

「也不是太確定。」

他歪了歪頭，接著又再一次俯身吻了我。

「嗯，確定了，是一樣的感覺。我確定剛剛吻了妳。」他說。

這一天過得特別的長。

從來不知道原來一天之內，可以發生那麼多戲劇性的事情。

簡直像是去參加威尼斯影展似的，把幾小時的片子內容濃縮成十分鐘的宣傳片。我在短短的幾個小時之內，就歷經人生的許多轉折。被好友甩巴掌、目睹前男友有新歡，以及，從星空降落下來的吻。

一次機會

美國奧爾布賴特學院的心理學家蘇珊・休斯曾說，女性大多數會透過第一次跟對方的親吻，就暗自決定是否要跟對方交往，或是到此為止。

不知道是從哪裡聽過這種說法的，整個晚上，這句話就像是在我的腦海擱淺了似的，完全離不開我，搞得我幾乎整夜沒睡。

真的是這樣嗎？

不可能。這種言論沒有任何根據，一定又是網路謠言罷了。

女性老是被妖魔化成情緒化的形象。我們怎麼可能只會因為一個吻，而且還是第一次，就決定要不要跟對方交往呢？這種說法太輕浮了。

身為女人的我們一定是很細心地經過審慎的思考，從各方面去評比一個男人的優缺點以後，最後才做出恰當的判斷，要、或者不要跟他交往。

然而，一閉起眼，想到山本拓海竟然會突然吻我，還是感到意外。

山本拓海的那一吻，算是所謂值得交往的那一種嗎？

究竟他只是喝了酒，恰好在星空下氣氛對了就順水推舟，或者，其實他一直都是想要吻我的呢？

「你吻了我？」我問。

「我確定剛剛吻了妳。」他說。

幾個小時前，山本拓海跟我的對話，此刻，又迴盪在耳邊。

我以為在親吻過後，他終於還是會提出希望到我家的念頭，然而，並沒有。

「那就晚安了。不好意思，陳小姐，那麼唐突地跑來找妳。妳下班已經夠累了，還把妳拖到那麼晚。」

「其實我都很晚睡的。而且，現在也不是太累啦。山本君呢？」

我在暗示我還有空，而且，還有力氣做別的事情。

這樣會不會太直接啦？講完以後，我有點後悔。

「陳小姐還是早些休息吧……而且，我的『終電』時間快到了。」

山本拓海看了看公園裡的時鐘。

「啊，對，末班車錯過就麻煩了。不好意思，讓你特地跑一趟。對了，蛋糕很好吃，真的很謝謝你！」

我只好這麼說。

我還未從那一吻的情緒裡醒神，他已經回到現實。剛才的擔心是多餘的，因為他並不懂我的暗示。

山本拓海推了推眼鏡，靦腆地笑起來，搖搖頭。

道別以後，走不到兩步，我還沒轉身離開，他突然回頭。

「陳小姐？」

我緊張了起來。回心轉意了？早知道今天早上出門時，就應該把房間整理乾淨。

「我們下次再去別的地方看星星吧！」

他露出無邪的笑容。

「嗯，好……好啊。看星星，很棒！再從不同角度去看嘛。」

我盡量把臉上刻意擠出來的笑容，佯裝成很期待的樣子。

一個年輕的、正值血氣方剛的男人，如果喜歡上一個女人，一定滿腦子想的都是要跟對方上床的吧？記得天皇曾經跟我這麼說過。因此像是現在這種大好機會，男人肯定是不會錯過的。可是，山本拓海卻一點興趣也沒有的樣子。

除非、除非對他來說我並不是一個女人，而是一個長輩。

唉。我本來就是大他十歲的長輩哪。

明天還預約了要去美髮沙龍剪髮，到時候碰到山本拓海，面對今天晚上發生的事情，兩個人會不會很尷尬呢？

不知道什麼時候，我就在這樣反反覆覆的思索中睡著了。眼睛再睜開來時，已經是床邊的鬧鐘凶狠地作響之際。

下班後按照原定的預約行程，去了原宿的美髮沙龍。

這是第一次帶著那麼緊張的心情去剪髮。回想起剛來日本時，就算是第一次去剪髮，面對日文很糟而無法溝通的狀況，似乎也沒那麼緊張。

結果，進了美髮沙龍以後，根本沒見到山本拓海的身影。

「陳小姐，今天山本君休假，由我為您服務洗髮。請多指教。」

替代山本君工作的女孩客氣地說。

原來他休假了。為什麼？這就是二十歲出頭的男生會做出來的行為。一定是覺得自己只是無心親吻了我，不知道該怎麼面對，因此今天乾脆臨時請假逃避。

只不過是一個吻罷了，就那麼沒擔當。要是真的把幸福交托給這樣的年輕男生，他隨時都可能會再消失的。我的失望情緒漸漸地累積成不滿。

剪完髮，在櫃台結賬時，今天看來特別忙碌的店長突然跑過來。

「陳小姐，不好意思，今天都沒跟妳打到招呼！」

「別這麼客氣，快去忙吧。」

「對了，」店長轉頭對工讀生說：「東西轉交給陳小姐了嗎？」

「啊！我忘了！真是抱歉。」

櫃台的工讀生一臉抱歉，急忙地打開身後的置物櫃，拿出一張裝著信封的卡片。我狐疑地接過來。還沒有將卡片抽出來之前，店長開口解釋。

「是山本君要轉交給妳的。他今天臨時休了下午的假，說是有事情。不知道是什麼事情，應該卡片裡會寫吧？好好奇喲！哈！」

店長突然閃出一抹相當八卦的眼神。

「原來如此。」

「我們家山本君很上進的喲。」

店長突然邪邪地笑起來，竟然還發出這樣的言論。

「啊？店長在說什麼啊？」我尷尬笑著。

「我們都沒收過他的卡片呢！就連過年的賀年卡也沒收過。」店長說。

「賀年卡？我連電話簡訊也沒收過！」

正經過櫃台的另外一位設計師打趣地加入戰局。

我趕緊向大家道別，慌張地逃出美髮店。當然，她們並不會知道，我其實感到心虛的不是這張卡片。

在表參道上抽出卡片時，看見是一張活動邀請卡。一場在澀谷針對震災募款的地方物產義賣活動，時間就在今天。卡片翻過來，山本拓海署名寫了一句話。

「來吧、來吧！有空一起來玩喲：）」

最後還畫了一個很可愛的笑臉。

不知道為什麼，看著山本拓海的筆跡總感覺他就在我面前，用著充滿元氣的聲音，陽光的笑臉對我揮手。而且，話說完以後，還要很認真地推一下眼鏡。

看到卡片上寫著災區義賣的物產中，有著「青森蘋果」這幾個字時，回想山本拓海曾說他總是擔心青森蘋果賣不完，因此患上「蘋果病」的玩笑，就忍不住笑起來。

可是，也許今天還是不要見面的好吧？就在我這麼想著的時候，手機突然收到一封簡訊。打開一看，是山本拓海寄來的。

「算準了妳應該差不多剪完頭髮了。噹噹！猜對了嗎？不知道妳收到邀請卡了沒有？有點擔心美髮沙龍裡那個有點少根筋的妹妹（笑）。有空就來吧。不好意思，我也是很臨時才被同學找來參加的，沒有提前先約妳。」

結果，我還是去了。

抵達了卡片上寫的地址，澀谷宮下公園的廣場時，我一下子就看見穿梭在義賣會場中的山本拓海。

要不看到他也很難。他把自己打扮成了一株蘋果樹，除了頭以外，整個身體都綁滿了人造樹葉和假蘋果。本來就因為皮膚白而容易臉紅的他，大概是下午在大太陽下曬得太久了，即使現在都已經入夜，雙頰依然通紅。他的手上提了一籃地方物產，遊走在各攤位之間，向往來群眾熱力叫賣。

會場上還有其他人，扮演名產的人形模樣，但就屬山本拓海的蘋果樹，人氣最旺。

他的周圍始終尾隨了不少小孩搶著要拍照，而向他買東西的人似乎也最多。至於買東西的人之中，絕大多數是女高中生或女大生。想來，她們的主要目的自然也不是買物產，而是在買完東西時可名正言順地跟山本拓海來一張合照。

山本拓海果然是很受年輕女孩族群的歡迎啊。

走到他身後時，他沒有發現我。
「請給我一粒青森蘋果，謝謝！」我說。
「陳小姐！真高興看見妳來了！」
他轉過身看見我時，笑得好燦爛。
「還好我來了。不然我怕下次見到你，認不出你的臉來。你的臉快要曬得比蘋果還要紅了。」
「對呀，下午好熱喔。可能已經被太陽烤成蘋果派了吧？」
「變成蘋果派那可麻煩了。會有很多年輕妹妹搶著要吃。」
「變成蘋果派的話，當然會跟昨晚一樣，第一時間先送到妳面前呀！」
他的話才剛說完，似乎就發覺不小心主動觸碰到了昨晚的事。兩個人尷尬地閃開了眼神，沉默著沒說話，可又像是在揣摩對方正做何感想。
「呃，那個，山本君，你快去忙吧！我自己逛逛！」
我打破沉默。
「可以嗎？真不好意思，那我就先失陪了。其實我負責義賣的蘋果，只剩下半箱就賣完囉。所以也開始幫忙其他區域的攤位義賣。」
「想不到山本君除了會剪髮跟忍者功以外，賣東西也很有一套。快去吧，我可不希望你因為蘋果沒賣光而得憂鬱症。」

「好！喏，這是妳的蘋果。算我請妳！」

「那我就不客氣了。」

咬著蘋果，繼續逛著義賣會場。

買了一些地方物產以後，最後帶了杯啤酒，坐進帳篷休息區裡休息。

從休息區裡恰好可以望到山本拓海義賣的角落。

看著那群十幾二十歲充滿熱血的年輕人，像是大學社團招生似的嘉年華，大家拉著各種手繪海報，活潑地用各種造勢的方式叫賣著，真是感覺所謂青春，莫過於此。即使是義賣，自己沒有收入，也能自娛娛人地好開心。

扮成蘋果樹的山本拓海穿梭其中，一群朋友跟著應和，有時喊口號，有時一問一答介紹義賣的產品，甚至大伙兒還圍成一圈跳起舞來。

看著他們，我的嘴角也不自覺跟著上揚起來。

我沒有見過這樣的山本拓海。

美髮沙龍裡的他，總是畢恭畢敬的，而私下和我見面的他，雖然經常會冒出一些天馬行空的玩笑話來，但總的來說仍是在意著應對進退，怕一不小心就冒犯了對方。

可是，此刻眼前的山本拓海，才是他這個年紀應該有的樣子吧。

總是說從跟年長的人相處中，能獲得成長的山本拓海，這一刻，在我看來，跟著同年紀的朋友打成一片，才是真正可貴的成長不是嗎？成長不是學習來的，成長是體驗來的。

在我二十歲的時候，我跟同學們有過這樣的回憶嗎？

「小姐，對不起，我們要準備收攤了。」

不知道過了多久，突然一個大男孩，站在我面前。

陷入種種思索跟回憶的我，這時候才發現，義賣活動已經結束。各攤位都在收拾雜物，休息區的帳篷也準備撤掉了。

「沒關係，讓她坐著就好。那邊等一下我來負責收拾。她是我朋友，等一下要跟我們一起去喝慶功宴的！」

正在遠處打包收拾的山本拓海，朝這裡喊著。

「原來是山本君的朋友呀，不好意思。您請坐、請坐。」

身旁的大男孩說。

什麼時候說要一起去喝慶功宴的？雖然山本拓海沒詢問過我，就擅自替我決定，可是不曉得為什麼，這一刻，我並不感到生氣。相反的，竟然有一種，偶爾被大男人的態度對待一下也不賴的感覺。

已經換下蘋果裝的他，穿著汗水溼了一半的白色短T恤，身上揹了一大袋行李，手上又提了兩袋東西。

「陳小姐，一起去喝一杯，沒問題吧？不好意思，剛剛沒有先問過妳。」

「可是，你們都是很熟的一群朋友了，我怕大家跟我沒話題，會很尷尬。」

「一起來了，自然就會熟了嘛。他們都是很能聊的個性。」

「也許有一個長輩在，你們就放不開了。」

「誰是長輩？」

我指著我自己。

「妳根本還是新生兒。」

「咦？我不懂。」

「我認識妳多久？」

「幾個月而已。就是地震的那一天，不是嗎？」

「對。在我的生命裡，妳是那一天誕生的，所以，妳的年齡就是從那一天開始算起。現在還只是個新生兒而已呢。」

山本拓海雙手提著東西，只好用手腕推了推下滑的眼鏡，然後看著我，帶著相當認真的眼神微笑起來。

我愣著，不知道該怎麼反應。活到三十一歲，就算把不愛女人但是夠體貼的天皇算進來，也從來沒有一個男人對我說過這樣的話。

結果，以為所謂的慶功宴是在居酒屋，後來卻是去了卡拉ＯＫ。

比起台灣的ＫＴＶ，日本的卡拉ＯＫ實在乏味得多。吃的東西不好吃，歌也很少是原聲原影的。我因為會唱的日文歌也不多，在全是日本人的卡拉ＯＫ場合裡，大概就是陪笑的角色。雖然如此，但看著山本拓海這群年輕孩子鬧翻天的樣子，也是滿有趣的。

「陳小姐，再點幾首歌來唱唱吧？」

山本拓海把點歌的遙控器交給我。

「我比較會唱的日文歌只有兩、三首，剛剛都唱過了。」

「也有中文歌呀！唱中文的嘛，我也可以學習一下中文。」

「大家都不懂中文，會冷場啦。」

「誰說的。就像是大家的英文也不好，還是會聽英文歌呀，對吧？」

幾個女孩子聽到山本拓海的話以後，突然擠到我面前，對著麥克風起鬨起來。

「中文歌嗎？好呀，我想聽、我想聽。」

「我也想聽！說起來，從來沒有真人在我面前現場唱過中文歌耶！」

「唱嘛、唱嘛！大姊！」

大姊！

來了。這個辭彙終於蹦出來了。

透過麥克風放送的這個辭彙，在音響的回音中膨脹起來，布滿整個包廂，壓擠著我。

講話的漂亮女生泰然自若，完全不覺得踩到了我的地雷。

「那我先幫陳小姐唱一首中文歌好了！」

「咦？山本君也會中文歌？好！要聽要聽！」

山本拓海裝著若無其事，把女孩手上的麥克風搶來，說是要先唱一首歌，其實是意識到我聽到了「大姊」這兩個字，而替我轉移話題化解尷尬吧。

其實我真的不介意的。只是，當我被喚大姊時，看見山本拓海身處在他們之中，就特別感覺到他確實跟我是不同世代的。

唱完歌以後，他們還要去「二次會」換家店繼續喝，我找個理由說還得回家處理明天上班要準備的東西，因此婉拒了。

道別後，走在澀谷繁華的夜街裡，第一次覺得，這地方還真是擠滿了滿坑滿谷的年輕人。實在是好嘈雜的地方，不太適合我。

「陳小姐！」

山本拓海突然從身後喚住我。

「咦？你不是跟同學去二次會了嗎？」

「我陪陳小姐一起去車站。」

「不用啦，這裡又不是不熟。況且我不是小孩子了。」

「妳是啊，忘了嗎？剛剛說，妳還是個新生兒。」

「新生兒不會走路，你可是要揹我的。」

「好啊。我可以。」他不假思索。

「拜託，你那麼瘦。路人看了會說我這個老大姊欺負小男生。我真的可以一個人走去車站的。路上那麼多人，不用擔心危險。」

正當山本拓海準備回答我時，突然，聽見一個女孩子在對街大聲喊叫他的名字。

「拓海君！真的不跟我們去二次會嗎？」

是剛才在卡拉ＯＫ裡，喚我「大姊」的那個漂亮女生。

她真的是很漂亮的女生。雖然完全不認識她，可是從剛剛到現在，我直覺她一定喜歡著山本拓海。

「快去吧！山本君，人家在等你。快跟你的同學們去居酒屋，好好地乾一杯。記得，把我的那杯也算進去一起痛快喝掉。」

他認真地點點頭。

以為他要離開了，結果他突然接近我，一把拉住我的手腕。

「有一件事我想跟妳說。」

我倏地心跳加快。

「請妳務必答應，可以嗎？」

不會吧？那個漂亮的女生還在對街看著呢，他一定要選在現在表白嗎？

「嗯，是什麼事，你、你說啊。」

「請妳答應我，」

他停頓了一下，我嚥了嚥口水。

「今天早點睡！」

我愣了一下。

「陳小姐剛剛說要回家處理公事，可是，陳小姐今天看起來有點累了，所以無論如何想提醒妳，不要熬夜，請早點睡。」

「喔，你要說的是這件事啊。我盡量啦。」

臉部表情有點僵硬，但我還是試圖擠出禮貌的笑容。

「難道陳小姐在猜什麼事嗎？」

「沒事、沒事。」我撒謊。

「那我去找同學了。」

「嗯，晚安囉。」

「晚安。」

「對了，陳小姐！」

才一轉身，他又叫住我。山本拓海似乎很喜歡來回馬槍這一招。

「過兩天，妳有空陪我去中目黑或下北澤嗎？」

「可以是可以啊，不過，為什麼呢？」

「我最近想幫家裡替換一些家具，想聽聽陳小姐的意見。」

我答應了他。有哪個女人能拒絕一個可愛的男生邀約去逛家具店呢？況且，所有的女人都愛男人陪著逛家具店的。

想像著那些家具如何組合在一間房子裡，即使彼此的愛還是那麼的虛幻，卻彷彿具體了海市蜃樓的畫面。

對街的漂亮女生又喊了一次山本拓海的名字。

山本拓海輕快地跑到對街，終於沒有回頭，消失在澀谷的燈海裡。

「真不知道為什麼，我都要把這些事情跟你報告。」

「大概因為我是妳的家庭聯絡簿吧！」

隔天，我把跟山本拓海從公園裡意外親吻到澀谷義賣活動的事，告訴天皇。

「你真的是知道我太多祕密了。」

「可不是我逼妳的喔。」

「就因為不是你逼我的，我才納悶我幹嘛都得跟你說。」

「不喜歡的話，那以後妳不要說就好了嘛。」

天皇喝了一口啤酒，推推眼鏡，露出一副很委屈的樣子。

我看了覺得又心疼又好笑。

「好，那我以後就不說了。」我說。

「嗯。」

天皇欲言又止，點點頭，最後抽了口菸。

接下來兩個人陷入一陣沉默，默默地吃著手上的串燒。

這天晚上加完班，已經九點多了。我打電話給天皇，發現他也才剛下班，所以約來新宿御苑對面小巷弄裡的一間居酒屋。

這間店我們今天第一次來，是天皇最近聽朋友介紹的新發現。比起連鎖居酒屋來說，這裡安靜許多，比較能聊天。只是店很狹小，只有櫃台前的一排站位，也就是日文中所謂的「立吞」，只要站個五、六個人，店就客滿了。最重要的是店裡也有賣我愛吃的炸蓮藕片。
「啊，不行、不行！我還是要跟你講。」
終於，我還是忍不住了。
喝著啤酒的天皇差點笑到岔氣。
「他還要約我去中目黑、下北澤買家具耶。買家具這種事情，那麼生活居家的事情，一定覺得對方是滿親近的人，才會想約了一起去吧？」
「誰說的？那只是妳們女生的想法。一起約去買家具，跟一起約去看球賽，對很多男生，特別是異性戀男生來說，沒什麼差別。」
「可是我們都接吻了，他又三番兩次私下約我，早就不是原來美髮沙龍裡的主客關係，應該是對我有意思才會這樣。」
「這個嘛，真的很難說。男人這種動物，是用水做成的。」
「沒聽過這種中文啦！用水做成，我們是用來形容女人的。」
我用手肘撞了一下天皇說道。
「男人其實很沒原則的，尤其在性跟愛面前。所以比起女人來說，更像是水不是嗎？放到哪裡，就順勢變成那樣的形狀。」
「你在說你跟大阪男喔？」
「哪有！我、我、我是在說山本拓海跟妳的事情耶。」

天皇的臉突然更紅了。不知道是害臊，還是啤酒的關係。

「不要老是猜測人家，妳自己呢？」天皇趕緊轉移話題似的，問：「自己一直在擺擺盪盪的。如果山本拓海真的跟妳告白，說要交往，妳能接受嗎？還有，就算是妳接受年齡的差距好了，我一路聽下來，總覺得這個男生也許有點可愛，不過性格曖昧而且善變。這個部分，妳確定也沒有問題嗎？」

我默默無語，聳聳肩，對天皇吐了吐舌頭。

「瑛瑛，妳有想要結婚嗎？三十一歲了。」天皇問。

「後面那句不必講。」

「如果妳想結婚，山本拓海可能不適合吧。可是，如果是想談談戀愛，那就無妨呀。給自己一個機會談談戀愛也好嘛。」

我笑起來：「你又在說你跟大阪男？」

「哪有。」他推了推眼鏡。

「說一下你跟大阪男現在進展到什麼地步了？早就上床了吧？」

「沒有啦。」

「怎麼可能。他都睡在你家了。而且他也跟男朋友分手啦，還有什麼顧忌的？」

「真的沒有上床過。」

「你真是有夠『東京電力公司』的。」
「這句中文不懂。」
「就是事到如今，還想隱瞞核電輻射外漏沒那麼嚴重。我才不相信你跟大阪男那麼清純。」
「因為，他說，他不喜歡做愛。講白了就是他性冷感。」
天皇靠近我的耳邊悄悄地說。
「我很難相信有不喜歡做愛的男同志。」
「妳這是一種偏見。就像不是所有女人都愛吃甜點一樣啊，什麼樣的人都有。」
「那也是。可是，你沒辦法接受吧？不做愛，只戀愛。」
不曉得為什麼，自己說完都忍俊不住笑起來。
這次換天皇聳聳肩，對我吐了吐舌頭。
「對了，有件更重要的事。我們正在討論『小馬德里』應該在幾月幾號開張比較合適。還有正在擬定開幕Party的邀請名單。」
「太好了！終於快要開張了！」
「說到開幕Party邀請名單，應該找李主播嗎？」
「李主播啊。唉，應該還是要約一下吧。只是那次巴掌事件以後，她就沒有再跟我們聯絡了。要我自己主動去聯繫她，也怪怪的。」

「妳當然不要主動去聯繫她。因為妳已經對她夠有誠意了。」

我喝了口酒，點點頭。

可是老實說，我還是很關心李主播現在狀況如何。畢竟以前她遇到什麼心事，都會來找我商談，最近不再找我了，心裡煩悶的事情該跟誰訴苦呢？

半晌，天皇忽然把手上剩餘的啤酒一飲而盡。

「工作、工作！還是回到原點，不要想太多了。本來我跟大阪男就是因為工作而開始的，沒有私人感情關係。現在就回到原點就對了。」

「別這樣，給自己一個機會談談戀愛也好嘛。」

我故意借用天皇的話說。

他對我翻了個白眼。

離開居酒屋時，老闆問我們滿意今天的東西嗎？我們點頭說真的好吃，下次還要來。

「多介紹給朋友噢！拜託了。連鎖居酒屋當然是便宜，餐點選擇也多，不過偶爾也是要給我這種個人經營的小店一次機會嘛！只要來過，一定會喜歡的。」

熱情的老闆操著關西腔說。

確實如此。人生，說穿了就是從各種大大小小的機會組合而成的。

給自己一次機會，只要一次，試過了，也許很多事情就會從此改變。

翌日的午休時間，下了辦公大樓準備去吃午飯時，我看見好久不見的李主播站在大廳入口。

她遠遠地向我點點頭，帶著嚴肅的表情，跟過去的她判若兩人。我走到她的面前給她一個禮貌的微笑，但是什麼話也沒說。她看著我，眼神有點不安。

「嗯，學姊，那個，生日快樂。」

「生日？」

李主播從身後拿出一份禮物給我。

「是明天，沒記錯吧？」

「啊！真的。可見我潛意識作祟，多想忘記年紀增長這件事，自己都沒留意。謝謝妳，李主播。」

「學姊，妳還願意跟我吃個飯嗎？」

我笑起來：「在說什麼傻話呢？妳最近都不找我吃飯，我寂寞死了。」

李主播聽了，終於露出了一絲微笑。
沒想到我即將到來的生日，化解了李主播跟我這段時間的尷尬。
我帶李主播到人形町的一間喫茶店。
人形町一帶有很多風格獨具的小店，這是一間融合懷舊風情跟現代潮流的喫茶店。每到中午用餐時分，因應附近的上班族，就會賣起充滿家庭口味的定食。
李主播點鮭魚定食，我點日式炸雞塊定食。上菜以後，我因為餓得不得了，說了「請開動」，就忍不住大口吃起來，李主播卻顯得毫無食欲的樣子。
「怎麼？不喜歡？」
我突然抬頭，才發現她愁容滿面。
「也不是，只是……」
「喔，老天，妳不要跟我說，妳懷孕了喔。懷了那個男主播的孩子。」
「我跟他分手了。」
李主播的震撼發言，讓我放下筷子。
「那妳的工作，會不會丟了？當初是他介紹妳進這間電視台的吧？」
哎呀，我竟然冒出這句話。可見我真是時時刻刻放不下工作的人。
「應該不會吧。分手是他提出的，而且也跟我保證不會動我的工作。」

「那就好。男人沒了可以，工作沒了可麻煩，連自己都餵不飽。妳這麼天生麗質的女生，就是該有好收入的工作。去百貨公司買下那些像是為妳量身打造的衣服，然後每天都漂漂亮亮的才對。懂嗎？」

我又拿起筷子繼續進食。

「學姊。」

當我再次抬起頭來時，赫然發現李主播紅了眼眶。

「別哭啊！妳還那麼年輕，看看學姊，沒有男人還不是吃好睡好的，每一天都覺得明天可能會實現『戀愛成就』御守的保佑，出現什麼命運中註定的男人。」

「不是啦！我難過，是因為學姊都被我打了耳光，還一直為我著想。」

「喔。那件事啊，算啦算啦。學姊皮下組織很扎實，還撐得住一個耳光的。」

沒想到這麼一說，李主播的淚珠更是嘩啦嘩啦地落下。

等到她稍微鎮定一點以後，我催促她趕緊吃點飯。她在邊吃邊講的過程中，才告訴我原來那天，那個在店外和她發生爭執的女人，是男主播的妻子。李主播會打我一巴掌，實在是因為一時心急，不小心失手的。

「你跟男主播的事情被她知道了，所以才來找妳興師問罪？」我問。

「其實我跟男主播的事情，她很早以前就知道了，而且是男主播親口告訴她的。那天她來找我，是要求我要懷男主播的孩子，但是生下來以後必須把孩子歸她。那麼，她就不會計較我跟男主播繼續往來。相反的，如果我不這麼做，她會想盡辦法阻止我跟她先生再往來，而且還會到公司放黑函把我搞垮。說到底，不就是要我一定得替她懷孕嗎？」

「什麼？我頭好痛。這情節太戲劇化了吧？」

「因為她根本無法受孕。年輕時墮胎把子宮搞壞了，沒辦法生孩子。」

「可是，以前我在電視上看過他們全家福的訪問呀？」

「那些孩子都是領養的。她很害怕她老公會因為孩子的事情休了她，所以跟男主播達成協議，用這種外遇換取孩子的方式維繫婚姻。」

「不可思議。這樣維繫婚姻的目的又是何苦呢？」

「有些女人就是喜歡婚姻的。形式大於一切。那個女人在很多地方組織都擔任賢妻良母的楷模角色，據說將來還想進軍政壇。對她來說，形象很重要吧？可是我現在並不想要生小孩。我跟男主播也只不過是談談戀愛罷了，不想要捲入那麼複雜的關係裡。」

「男主播也認同妳，所以趕緊主動跟妳分手？」

李主播點頭。

好不容易，午餐終於吃完，李主播也要去上班了。步出餐廳，準備回辦公大樓時，我突然好奇李主播送我什麼生日禮物。打開提袋，原來是一條漂亮的圍巾。圍巾旁放了一個信封，我以為是生日卡片，打開來卻發現不是。

「這是什麼？入場券？」我再仔細一看：「啊？交友聯誼!?」

「學姊，我們去參加交友聯誼吧！」

李主播像是突然活過來的一個人般，眼睛一亮。

日本社會很流行在學校跟公司舉辦「聯誼」的交友活動。形式不一定，有時候只是幾個人的小型餐會；有時候因為人數多，每個人會在衣服上別上號碼，在紙上寫下感興趣的對象，經過配對以後，要是恰好雙方皆有好感，都選擇對方，那麼就安排一對一的聊天。

李主播真有創意，竟然送我一張聯誼活動的入場券。

「每個星期都固定有兩天，會在銀座的這間俱樂部裡舉辦。」

「銀座的俱樂部？很貴吧！」

「不貴、不貴。要是學姊真的能在聯誼活動遇見好男人，獲得未來的幸福，那我這一點小投資實在就太划算了。怎麼樣？一起去吧！」

「可是，妳才二十四歲，很多人追妳，何必參加這種聯誼？」

「很難說呀，說不定恰好就在聯誼裡碰到什麼好機會。啊，明天晚上就有耶！聯誼八點半才開始，下班後還來得及。走嘛！明天學姊生日，說不定就會在那裡收到老天爺給妳的大禮呢！」

老天爺真的會網開一面，放過我愛情的「不成就日」，給我一個生日大禮嗎？

雖然我實在不喜歡參加這種團體活動，可是，沒辦法拒絕李主播，而且想到天皇說的「給自己一個機會」，所以，最後答應了她。

第二天晚上，我跟李主播直接約在聯誼的地點見面。

這麼漂亮的餐廳，平常進來吃一頓晚餐恐怕要花不少錢。何況今天是聯誼，另外還要繳參加費的話，費用一定很可觀。

「李主播，妳真的花太多錢了。」

「學姊，放心啦。偷偷跟你說，男主播給了我一筆不少的『分手費』喔！」

分手費？我真的不明白現在年輕人的想法了。

進了餐廳，看見陸續進來的人以後，我發現這個聯誼雖然沒有特別限制年齡，但很顯然的並不是針對三十歲以上的，所以，全場幾乎都是二十幾歲的人。

活動還沒開始，我好奇地看著每個人，突然，發現一個熟悉的面孔在餐廳角落裡一閃而過。不會吧？山本拓海不可能會出現在這種交友聯誼場合吧？

我忍不住起身去搜尋，可是剛剛看到的那個長得很像他的人卻不見了。

李主播喚我，我回到原來的位子上。

我沒有告訴李主播，看見一個人長得很像是山本拓海，出現在這裡。

接著，餐廳裡的人愈來愈多了，李主播發揮她花蝴蝶的功力，全場飛來飛去的。而我，卻偶爾仍覺得那個很像是山本拓海的身影，在我一不注意時又穿梭在人群裡，然後被一群漂亮的妹妹簇擁著轉檯到其他角落。

到底是不是他？

席間，有幾個男生過來打招呼，可是，彼此講了什麼，我根本記不清楚。到最後大概是板著一張臭臉，於是再也沒有其他男人來跟我搭訕。

我開始一個人窩在角落裡直喝悶酒。

整個氣氛，變得很不舒服，讓我覺得實在沒辦法繼續待在這裡了。

最後，活動進行到一半，我只好跟李主播道歉，說我酒好像喝得有點多，頭很痛。然後騙她，剛發現月經提早來了，整個人變得好疲憊，坐不住，很想回家休息。

「哇，妳看，學姊，一定是這裡的男性賀爾蒙太濃烈了，影響到妳！」

李主播最後很遺憾地答應我先離開。我看她玩得很開心的樣子，所以也很放心。

走出餐廳，當然，滿腦子還是想到山本拓海。

看來，他那麼努力工作，還去忍者餐廳打工賺錢，最後就把錢花在這種聯誼的場合。

今天找我去看家具，明天、後天再找別的女生陪他去看，反正他長得可愛，女生緣很好，就讓不同的女生們幫他打點好家裡要想替換的東西就好了嘛。

也許他也跟每個人都講了看星星的事，都約了下次要去看星星；也許，他也吻了每一個一起看星星的女生。

在通往地鐵站的銀座小巷弄裡，我愈想愈氣。

可是，也許我看到的並不是山本拓海呀？突然，我覺得自己真是可笑。只是看到一個很像他的人，又沒有證實，怎麼就被搞得心情七上八下的呢？

結果，本來是氣山本拓海的，現在變成了氣自己。

天皇今天早上還傳簡訊給我，問我晚上沒事的話，請我吃飯。早知道我就還是跟天皇吃飯就好了，竟然跑來參加聯誼，還以為老天爺真的會給我一個禮物。真是失心瘋。

突然，銀座四丁目十字路口的和光百貨揚起了報時的鐘聲。

我第一次覺得和光百貨的鐘聲聽起來那麼淒涼。

不要再敲了。酒精作祟下，我幾乎誤以為它敲了三十二下。

今天以後就是三十二歲了。

算了，我為什麼還要待在東京呢？回台北吧。朋友都在台北，在台灣工作也不像是在東京那麼辛苦。況且在這裡跟日本男人也完全沒有什麼發展性可言哪。

親愛的奶奶，對不起。

我沒辦法在日本鴻圖大展，讓天上的妳可以跟朋友炫耀。

我抬頭看了看銀座的星空。

好不容易，轉了幾班車，筋疲力盡地回到我家附近，經過公寓前的公園時，突然又在路燈下看見很像山本拓海的男生。

我今天是怎麼了？酒喝多了嗎？還是邁進三十二歲以後，眼力真的就會快速退化，還產生了幻視？真是太感傷了。

「陳小姐！」

不只幻視，還有幻聽。

「陳小姐！妳還好吧？」

突然我被一把拉住。

我轉過身看，那個正在我面前的男生，是貨真價實的山本拓海。

「你不是在銀座？」我問。

「啊？銀座？為什麼？」

「喔，沒事。」

「我才剛剛下班，從原宿過來的。我從傍晚就開始打電話跟傳簡訊給妳，可是妳一直沒回。」

我看了看手機，果然有未接來電跟簡訊。我剛才完全無心察覺。

「然後你就跑過來這裡癡等？」

「我想說，反正本來就想要跟妳見一面。所以就過來賭賭看。噹噹！結果我很幸運，真的等到妳了！」他憨憨地笑起來。

見他一副那麼淳樸的笑容，我覺得很罪惡。剛才在銀座，我把這個才二十一歲的小男生，想成了什麼呢？

「你特地跑來要見我一面？」

「今天不是陳小姐生日嗎？真抱歉，我之前都不知道。中午在美髮沙龍整理客戶資料時，才剛好發現。所以，本來想約你吃晚餐。」

「真不好意思。」我心底暖了起來。

「沒問題啊！反正現在見到了，還是可以把禮物交給妳！」

語畢，他把腳邊放著的一大袋東西拿給我。

「生日快樂！」

「這是什麼？那麼重。」

「妳打開看看！」

我打開袋子一看，先是愣了一會兒，接著噗嗤大笑。

「礦泉水、餅乾、電池、蠟燭、鋼盔、口罩跟口哨？這是我的生日禮物？」

「這是地震救難包喔！我想說第一次見到陳小姐時，在美髮沙龍裡哭成那樣，一定是很害怕地震，所以買點實用的東西。那個礦泉水和餅乾都是可以保存好幾年的。」

「是很實用。可是，生日禮物要浪漫一點的東西吧？」我笑著說。

「不好意思。妳不喜歡吧？」

山本拓海突然露出好失望的表情。

「哈！沒有啦，我喜歡啊。超有創意的！謝謝你。」

說完這句話，他才重展笑靨。

「其實，嗯……」

接著，他吞吞吐吐，欲言又止。

「怎麼了？」

「其實，還有一份禮物。只是陳小姐可能不一定會收。」

「還有禮物？『噹噹！』我真幸運。在哪裡？」我學他說話。

他指著他自己。

這下子，這個禮物，比剛才令我發愣的時間更久了。

「這次，是真的不喜歡了吧？」

他打破沉默，尷尬地問。

我明明是喜歡著他，也期待著跟他有進一步發展，可是，腦海閃過在澀谷公園裡的義賣跟卡拉OK時的畫面，覺得更適合他的對象，應該是那些青春活潑的女孩才對。

「山本君，你可能沒有想清楚吧。你才二十一歲，而我今天開始就是三十二歲了。當你的朋友身邊交往的，都是年輕貌美的女生時，你的女朋友卻是一個可以當你阿姨都綽綽有餘的女人。你的朋友會笑話你的。」

「首先，五歲也好十歲也罷，我一點也不覺得女大男小的年齡差會是什麼問題。況且我根本不覺得妳跟我有差多少歲。再來，我一點都不在乎朋友的眼光，我只在乎妳的想法。」

山本拓海說得又認真又自信，我心裡是受到撼動的，但表現出來的態度卻又扭轉成了不安。

我聳聳肩，說：「年輕人總是很會說，實際的行動力就……」

「給我一個機會。拜託！」他打斷我的話。

我的眼眶忽地溫熱起來。

永遠都在等待機會的我，永遠都在神明面前祈求「戀愛成就」的我，何德何能，可以讓這樣的一個男孩要求著，給他一次機會呢？

山本拓海緊緊地抱我，吻我，我泛著淚光的雙眼望向遠方的星空。

親愛的奶奶，妳跟老天爺一定混得很熟吧？這肯定是奶奶情商老天爺送我的生日禮物。這麼一想，我更激動地哭起來。為什麼我在這個男孩的面前總能夠放心地哭呢？

「妳還好嗎？陳小姐？」

山本拓海放開了我。

「沒事、沒事。再繼續抱我，可以嗎？」

因為宿醉而帶著點頭痛的我再次睜開眼時，看見躺在身旁的他，還有我，都光著身子，而他手還掛在我的胸前。忽然，我有些害臊了起來，輕輕地把他的手給撥開。結果，身子一動，把他給吵醒了。

山本拓海揉了揉眼睛，白裡透紅的肌膚，簡直比我的皮膚還好。

「早安！瑛瑛。」

「瑛瑛？你怎麼會知道我的小名？」

「是妳昨天晚上做愛時，一直要我大喊妳瑛瑛的！」

我噤聲。

「妳還喊了好多奇怪的話，都是我聽不懂的中文。比如說……」

我打斷他：「好了好了，不用告訴我。」

「所以，瑛瑛收下這份禮物囉？」

他再次指著他自己。

我凝視著他，微笑起來，緊緊地抱住他。

小馬德里風雲

那一夜以後，我跟山本拓海算是進入了全新的階段。

兩個人見面的次數更頻繁了，在彼此家裡留宿的次數也愈來愈多。不只更在乎對方的想法，同時也對彼此的倚賴更深。

「瑛瑛，以後這就是妳漱口杯跟牙刷喔！」

他喚我的名字，從陳小姐變成了瑛瑛。

那天晚上，我留宿在山本拓海家裡，在進浴室洗澡前，他堆滿笑容，一邊說一邊把新買的牙刷跟漱口杯交給我。

看著他把「我的」牙刷跟漱口杯，放在洗臉台上他的牙刷旁時，心底忽然有種暖暖的感覺。

所謂情人，一開始，便是這樣的吧。首先是從自己的家裡，多擺上一副對方的牙刷與漱口杯開始，接著，原本過夜後會把換洗衣物帶回家清洗，漸漸的也直接留在對方家裡。

像是一種領土的重新界定。是實際的範圍，也是心底的。

因為山本拓海說想要改變家裡的陳列布置，卻老是不曉得從何下手，請我幫忙給點意見，所以我陪了他去中目黑跟下北澤逛家具店。

「我以為做美髮這一行的，應該很有審美觀呢。看你也滿會搭配穿著，應該對室內設計也很在行才對。」

「噗噗！這題答錯了！」

他雙手交叉畫十，搖搖頭。

「我的整理術，最大範圍只限於我個人。超過個人，像是一個房間的時候，就束手無策了。」

「可是你現在房間裡的家具擺設也不差呀。」

「那是以前剛搬進去時，有人幫我打點的呀！」

有人，指的是他的前女友，或者是他身邊那些女孩子們吧？

直到逛起街時，我才相信山本拓海所說的話。他每指出一樣東西，然後再問我這個搭配剛剛那個感覺合不合時，我都不免有點吃驚。因為，實在完全不搭的兩樣東西，他竟然會想要放在同一個空間裡。

「所以嘛，就說需要妳。」

始終認為被一個人需要，是很榮幸的事。無論是愛情、親情或友情，唯有被人需要了，就算是只有一個人也好，你將知道你活在這個地球上，原來是對世人有益的。生命的存在感，油然而生。

他誠懇地注視著我。暖暖的笑容，像帶著蜜，就快從酒窩裡溢出來。

最後，我幫他決定了所有他想更換的家具。

離開店舖時，忽然想到，這輩子竟會突然替一個男生決定他家裡的東西，就覺得好有趣。

我們畢竟不是同居，他怎麼會全都聽我的呢？這個男生，以後就要每天住在我所決定的空間陳設裡了。想著想著，我忍不住失笑。

「笑什麼？」他問我。

「沒什麼。」我搖搖頭。

「妳是不是笑我很像小孩子？」

「你很在意我覺得你像小孩子嗎？」

「二十一歲太小了。我希望我快一點讓人覺得，我是個成熟的男人。像瑛瑛就讓人覺得不是輕浮的小孩子了。」

「等你到我這年紀，我就是四十多歲了。天啊，不敢多想。」

「四十多歲一定還是跟現在一樣，看起來很年輕吧。」

「才不可能呢。三十歲還可以被誤認為是二十歲後半，但四十歲就是四十歲了。四十歲怎麼樣就是跟三十歲出頭不一樣，騙不了人的。」

唉，算了。才二十一歲的山本拓海，怎麼會明白一個女人對年紀的感覺呢？況且，一個男人即使四十歲了，也會比同年紀的女人看起來年輕一點。

「妳忘了嗎？我上次說過了，不管怎麼樣，妳在我面前還是個新生兒。」

我聽了又笑起來，摸摸了他的頭。摸完了以後，才發現，這動作還真像是長輩對待晚輩的態度。

「妳這次肯定是笑我像小孩子了。」

我停住腳步，忍不住轉身抱住他，什麼話也沒說。

視線從他的耳際，投向遠方的天空。東京的天空為什麼總是可以這麼的湛藍呢？陽光從無止盡的藍天灑落下來，整條街沐浴在柔和的光線裡，靜悄悄的，彷彿連風都不想走動了。一切，好像就會這樣真空無菌地保存下去。在真空之中，彷彿世間的所有事物都將不老，永不消逝。

幾個星期以來，每逢星期六，我們會這樣在午後一起去逛街，晚上則輪流到對方的家過夜。到了星期天晚上，他則習慣到我家吃飯。我負責做一些簡單的家常便飯，而飯後他便會主動要求收拾碗筷與清洗。

這樣子生活的我們，可以算是「在一起」了嗎？

我踏實地感受著，同時卻也不踏實地擁有著。

親愛的奶奶，我有時候很想知道，曾生活在不同年代的我們，愛的甜蜜與憂愁，到底會有什麼樣的質變呢？

我很想聽聽妳若有似無，卻總是意味深長的想法。

晚上，我來到即將開幕的「小馬德里」。

經過好久的籌劃、裝潢和準備，終於完工，只等待良辰吉日開店了。

這段時間，我跟山本拓海的狀況，天皇一路掌握。

天皇聽了我對彼此「在一起」的困惑以後，一口氣喝掉半杯啤酒。

「拜託，如果這樣不是在一起，難道要在廟會裡表演『老揹少』疊在一起，才叫做『在一起』嗎？」

他翻了翻白眼。

「沒想到你連『老揹少』都知道！」

「我可是天皇呢。」

「在一起、不在一起；喜歡、不喜歡。現在的年輕人不知道是怎麼想的？像我們這種老派的、三十歲世代女人，還是希望能清楚確定，自己在對方心中的定位吧。」

「情人又不是GPS，要定什麼位？情人不需要定位，情人只需要體位！」

我聽了噗嗤而笑。

「你們在說什麼那麼好笑？翻譯一下！」吧檯廚房裡的大阪男一臉好奇。

「沒事沒事，提到老朋友的笑話。」天皇胡謅。

天皇把剩下一半的啤酒給乾掉，用力把杯子砰的一聲放在吧檯上，然後自顧自地說，就是喜歡這種啤酒杯撞擊在吧檯上的聲音。

他聽了我的最新告解以後所下的結論就是：我真的想得太多！

「愛情是很政治的。創造一個模糊的空間，對妳也不是壞事。你們才剛開始在一起，到底會有什麼狀況也還需要時間才知道。在模糊的空間中，妳也可以更自在地決定要不要這段關係吧。」他說。

「說到底是我年紀大了，所以才著急。山本拓海那麼年輕，沒打算定下來也很正常。對他來說，就算是模模糊糊地談場戀愛，也不浪費時間。」

「瑛瑛，先別管山本拓海怎麼想，讓我先問妳，妳真的想跟這個小男生定下來嗎？」

「雖然知道很沒安全感，但是既然喜歡一個人，很自然就會這麼想吧。特別是女孩子。」

「之前我也說過了，如果只是給自己一個機會，談談戀愛的話，我想絕對沒什麼問題，舉雙手贊成。可是如果，妳期望有很長遠的穩定關係，那我真的也不知道會怎麼發展。」

「畢竟差了十歲。」

「差十歲不是問題，真的。我身邊有好幾對同志情侶也都差十歲喲！夫妻之間差十歲的例子更多了。」

「我知道。不過，那幾乎都是男大女小的關係呀。相差十歲的姊弟戀，到底有多少模範可循呢？天皇，你說，我會不會很幸運，恰好就成為十歲姊弟戀的最佳典範呢？」

我雙手托著腮幫子，整張臉貼近天皇的面前，露出無辜的眼神。

「這個嘛，剛剛我已經說了……」

「我不是要聽這個答案！」我撒嬌，打斷天皇的話。

「嗯！瑛瑛有奶奶的保佑，還有皇室的天皇庇護，一定沒問題！」

他拍起胸脯保證。

這些年來最配合我的男人就是天皇了。我安慰地笑起來，即使明知不會是真的。

「瑛瑛，不是每個人都跟妳一樣，需要有口頭上的確認，才感到安心。特別是異性戀男生。像山本拓海這樣個性的人，或許就是直接以行動做為表達。所以，妳想的問題，對於他來說可能根本不存在。真的想要踏實的感覺，為什麼不直接問他？」

「嗯。」

「妳在怕什麼呢？」天皇又補上這一句。

我在怕些什麼呢？天皇的問題，我竟無法回覆。

因為，我心底其實是暗暗地知道理由的。

我害怕的是一旦開口以後，忽然發現山本拓海原來真的只是想玩玩而已。給他壓力，他便退縮了，我久違的溫暖就將瞬間降溫。

「總之，好好想一想我剛剛說的話吧。」天皇說。

「已經牢牢記住了。情人不需要定位，只需要體位。」

「不只是這一句！」

我一邊吃著自己剛剛試著煎出來的蛋餅，一邊想到天皇剛剛冒出來的這句話，又忍不住笑起來。

「好像啊！」我忽然說。

「像什麼？」

「你剛剛說那句話時的神情，跟山本拓海超像的。」

「指二十一歲的這個部分嗎？謝囉！確實最近看電影，我還被問有沒有帶學生證！看起來太年輕也有點困擾呢，得一直解釋。」

「拜託，哪來的自信！」

我大笑，喝了口啤酒，用力把酒杯放在吧檯上時，聽到撞擊的聲音，的確感到一陣舒暢的快感。

我吃下一塊蛋餅，突然覺得真好吃，好像愈來愈接近奶奶做蛋餅的手藝。

而我這又是哪來的自信啊！

「小馬德里」終於開幕了。

早在開幕前一個月，天皇就請我幫忙，在Facebook跟Twitter上開了社群專頁。我的正職雖然是遊戲軟體公司，但多少也和網路脫離不了關係。宣傳見效，開幕酒會上除了天皇跟大阪男的朋友外，幾乎有一半都是住在附近，聽說了新店開幕而來捧場的客人。

這一天，同時也是山本拓海跟天皇和李主播初次見面的日子。說來好笑，山本拓海一點也不緊張，甚至跟天皇和李主播一樣，相當期待彼此相見歡。唯有我一個人，不知道在緊張些什麼。我其實是怕天皇跟李主播不喜歡山本拓海，也擔心山本拓海表現不夠好，毀了初次見面的形象。想了想，我真的太像是媽媽帶小孩新生入學了。

從中午起，我就到店裡幫忙。說是幫忙，其實更接近於打雜，像是排列桌椅、清掃店面和布置裝飾這些小事，畢竟歐陸料理我哪能插手呢？唯一可以盡到一點心力的，就是煎幾片奶奶的蛋餅，並準備幾道像菜脯蛋這樣適合當做下酒菜的台灣料理。

大部分的料理，當然還是交給主廚大阪男。我和天皇兩個人的工作，預計就是聽從大阪男的指示，幫他從冰箱裡取出食材，清理成能立即下鍋烹飪的狀態。天皇還負責飲料跟調酒，可惜這我也不懂，只能幫他找恰當的杯子。

李主播和山本拓海是受邀貴賓，他們在開幕酒會六點半開始以後，陸續混在人群中現身。

這一晚，李主播穿了連身套裝，迷你裙露出了她美麗修長的雙腿，簡直像是「少女時代」的團員，充滿女人味。當李主播一踏進店門的剎那，我幾乎以為，店裡所有的聚光燈頓時都轉向她的身上。

至於山本拓海，則出乎意料地以一身西裝現身。平常在原宿美髮沙龍裡，總是穿得很型男的他，沒想到穿起剪裁合身的西裝，立刻從一個學生氣質的大男孩，躍升為帶著『大人味』的社會新鮮人。

我上前迎接他們，同時請天皇過來，正式介紹彼此認識。

「北村展吾，我們都暱稱他『天皇』，是我大學同班同學；李菁菁，我們都叫她『李主播』，是我高中學妹。兩個人都又帥又美，在不同的領域中，都是超人氣偶像！」接著，又反過來對天皇和李主播說：「山本拓海。」

只講完名字，就打住了。我忽然不好意思也不知道，應該怎麼在山本拓海的面前，向別人介紹他跟我的關係。

但，顯然山本拓海一點也不在意。在我介紹完他的名字後，他立刻露出極為燦爛又令人感到誠意的笑容，推了推眼鏡，分別向天皇跟李主播微微鞠躬。

「初次見面，今後請多多指教。我是山本拓海。因為陳小姐而認識了你們，真的很榮幸。」

當我看見天皇露出笑意，並也推了推眼鏡時，我知道，他已經完全過了天皇這一關。

大阪男喚我進廚房幫忙，我忙了一陣子後，便已經看見天皇跟山本拓海兩個人拿著啤酒，在門口暢談起來。
不一會兒，李主播跑進廚房裡，嚷嚷著說要幫我的忙。
「不不不！妳今天穿得那麼美，不該進來廚房的。」
「我就是因為穿得太美了，才要進來廚房一下。妳就讓我假裝多少也會弄一些料理。」
「為什麼？」
「學姊，一個女人如果打扮得夠美，那最多也就是成為男人眼裡的女友或情婦。但是除了貌美以外，如果還懂得一點廚藝，那麼就將超越任何一種身分，並總稱為兩個字：完美。」
「是可以嫁出去的意思就對了？」
「學姊果然聰明！難怪可以拐騙到小帥哥。」
「別亂說了。」
「學姊，其實妳比我想像中來得厲害嘛。山本拓海看起來很不錯喲！能夠打敗他周圍所有二十歲世代的女生，讓他對妳情有獨鍾，從今天開始，我對學姊刮目相看了！」
「他不一定對我情有獨鍾的。我見過對他有好感的年輕女生們，就像是李主播妳一樣，都很活潑又甜美。像妳們這樣的美眉，只要多對男生放電幾次，引誘一下，沒有一個男生能夠忍多久的，肯定逮到機會就上床。」

「這樣的年輕女生確實有吧，但絕對不是我喲。我可是要審查男人的身家財產背景的，那得花一點時間才行。」李主播笑起來，最後像是評審鼓勵參賽者似的結論說：「我相信學姊，一定有特殊的魅力能抓住山本拓海的！」

「是什麼？告訴我，我自己都好想知道。」

李主播搔搔頭，甜甜地笑起來，說：

「嗯——秘密！」

她拋下一句沒頭沒尾的話，就像個仙女似地飄走了。

就在她潛入人群以後，則換天皇走進廚房裡。

「辛苦了！妳去休息一下吧，這裡我來就可以。真不好意思，妳明明不是員工，卻硬把妳抓來幫忙。」天皇說。

「忽然這麼客套幹嘛？對了，你們剛剛聊得很開心？」我問。

「山本君？他比我想像中來得健談呢。我們聊了很多他老家青森的事。他還說，下次一起去青森旅行，他當導遊。」

「一起去？他跟你？喂！你在啤酒裡下藥嗎？」

我用手肘推了天皇一下。

「不是。他意思是說找大家一起去。你、我還有李主播。不過，就算是他真的約了，我跟李主播也不會去的。」
「為什麼？你覺得他不討喜？」
「是不想害你們曬傷。」
「害我們曬傷？難道你們不來，青森的太陽就會小一點？」
「不是。是有兩個大電燈泡二十四小時照著你們，豈不會曬傷？」
我忍俊不住，說：「真不知道該說你的中文是好還是怪！」
「人好就好囉。」天皇推了推眼鏡。
不知道曾幾何時，推眼鏡的手勢，總會讓我聯結起山本拓海的臉。
就在這個時候，我才發現，整間酒吧都沒見到山本拓海的身影。
我以為他去上廁所了，但廁所卻是空的。會不會在店門外打電話呢？我走出酒吧，在門外等了一會兒，始終也沒看到他。
撥電話給他，他沒有接。留了言，經過半小時也沒有回電。
「難道人不舒服？」李主播問。
「那也不至於沒說一聲就走。他不是這樣的人。」我說。
好像是替他辯解似的，希望天皇跟李主播不要誤會他。
「我相信他一定遇到什麼急事。以為可以馬上回來，但是沒辦法？」
好心的天皇，試圖勾勒他可能發生的狀況。

我搖搖頭。真的不知道。

開幕酒會完美落幕了。可是，對我來說，卻不甚圓滿。

我的情緒已經從一開始，不解山本拓海為什麼消失，到最後累積成有點氣憤了。為什麼搞出這種名堂呢？明明知道是如此重要的日子，卻那麼失禮地從酒會中不吭一聲的消失。虧他穿得人模人樣的，實在太不給我面子了。

酒會結束後，店裡只剩下我和天皇、大阪男和李主播。

因為心情不好，我一語不發地洗碗。

天皇和李主播當然也感覺到我的情緒，於是也沉默下來。

「大家都累了吧！那麼安靜？今晚謝謝大家幫忙！真是太成功了！等一下收拾完畢以後，我請大家再去別的地方喝一杯吧！大家還能喝吧？」

大阪男舉起雙手，但面對的卻是一片鴉雀無聲。

不知道發生什麼事的大阪男，笑容頓時僵住。

我知道大家都是為我好，可是，我不喜歡那種破壞大家氣氛的感覺。

「我想去！」我說。

所有人都望向了我，似乎很驚訝。最後，大概是順從著我吧，三個人都沒有異議地同意了。

離開酒吧，大阪男跟天皇走在前頭帶路，我們朝著高圓寺車站的反方向前進。酒吧附近有一座小公園，大阪男說，只要穿過小公園，很快就能到他最近發現的一間不錯的小酒吧。

在踏進公園的入口時，昏暗的路燈下，看見不遠處有兩抹身影向我們迎面走來。起初沒有特別留意，直到逐漸靠近，看得愈來愈清楚時，我才驚訝地發現，其中一個人是山本拓海。

終於，山本拓海也看見我們，臉上露出驚詫的表情。

「你怎麼，變成這個樣子？」

我甚至有點口吃了。因為，我不可思議地看見山本拓海，臉頰挫傷，嘴角掛彩，頭髮亂成一團，全身沾滿泥沙。原本帥氣的西裝、領帶早就不知道跑去哪裡，白襯衫的鈕扣也掉了一半。

山本拓海看著我，露出歉意的眼神。

「發生了什麼事情？」我問。

「不好意思。」他回答。

站在他身旁的男人也同樣的狼狽。當我瞥見這個人的臉時，忽然覺得好像在哪裡見過。我一定不認識他，但到底為什麼又有點印象呢？

他發現我們都在看著他時，顯得很不自在。

「拓海，你看看怎麼樣吧。我也會想想辦法的。」他壓低音量說。

山本拓海轉過頭，看著他，說：「你也會嗎？你也會想辦法？」

我從沒聽過山本拓海用這麼冷淡的語氣說話。

那男人沉默著，伸出手似乎想去拍拍山本拓海的肩膀，但山本拓海立刻閃了開來。最後，他默默地掉頭離開了公園。

「到底為什麼？」我忍不住追問。

只見山本拓海仍是一臉歉意，最後只吐出「不好意思」這四個字。

「別只是說『不好意思』嘛！」

天皇見我情緒激動，打斷了我的話，說：「山本君，附近有間大醫院，有急診可以幫忙處理一下傷口。帶你過去吧？」

「謝謝北村先生，我沒有什麼大礙！」山本拓海回答。

「可是，總不能這個樣子搭電車回家吧？」

「沒問題的，真的不用去醫院，我想。」

「那這樣吧，你們在這裡等我一下，我馬上回來。」

天皇沒多說什麼，很快地就轉身離開，跑出了公園。不到五分鐘，天皇氣喘吁吁的，拎著一個黃色塑膠袋回來。原來，他衝去了藥房。

「簡單清一下傷口吧！你覺得沒什麼，可是回家途中如果感染了，就不是鬧著玩的。」天皇說。

山本拓海怔忡著不語，顯然是沒料到天皇會跑去買藥回來。

事實上，我也沒想到。可是，這應該是我要想到的事情才對。結果，我卻只是顧著想問出山本拓海消失的原因。對於這麼不貼心的自己，我感到愧疚。

「現在不是沉思的時間噢！」

天皇語畢，把拎著黃色塑膠袋的手，伸向山本拓海。

「真的太不好意思了！竟然讓北村先生特地跑一趟！」

山本拓海終於開口。

「啊！你自己沒辦法擦藥呀！我真的很粗心。瑛瑛，還是妳來吧！瑛瑛她比我細心多了。以前在班上，要是有誰受傷，她一定是第一個幫忙帶同學去保健室的。交給她就沒問題了。」

天皇把裝著藥的塑膠袋轉交給我。

我知道天皇是故意的。我哪裡比得過他的細心呢？他說的那件事，只不過發生過一次而已。因為是我把人家給絆倒，害對方受傷的。

可是，山本拓海聽了天皇的話以後，似乎真相信了。

「那就麻煩妳了。謝謝瑛瑛。」他說。

稀薄的燈光，落在他的臉上，又從他深邃的眼珠折射回來，滲透著一股無助感。彷彿這一刻，無助的他決定完全信任我。這竟讓我升起更多的疼惜。

接過藥袋，一行人移動到公園裡的座椅邊以後，我開始用雙氧水和藥膏，替山本拓海消毒從臉到手腳的破皮傷口。整個過程，山本拓海就算是很痛，也頂多只是皺眉，忍著沒叫出聲來。

「嗯。大功告成了！」

我看著山本拓海的臉，忍不住笑出來。

「很醜，對吧？」

「像是貼了繃帶的青森蘋果，有點滑稽。這下子，你可能要滯銷，沒人願意吃了。」

「早知道應該再被打得慘一點，變成蘋果泥，至少小Baby願意吃。」

大家聽了笑起來。

「這種事不要再有第二次了，好嗎？」

天皇一邊說，一邊脫下了他的襯衫。

「不嫌棄的話，交換一下衣服吧！你那樣回去會嚇到路人的。」

「北村先生……」

山本拓海的聲音有點哽咽。

「不快點，我會感冒喔！」

山本拓海點點頭，也褪下襯衫，穿上了天皇的衣服。因為身材比較瘦小，衣服顯得有點大，但至少不是剛才狼狽的模樣了。
這一晚，我們帶著自己的心事，各自解散，把困惑暫時丟給無邊無盡的黑夜，在睡夢中如常地迎接另一個天明。

小馬德里開幕的第一週，生意差強人意，天皇說，那是因為靠著朋友之間的幫忙，以及發送折價券的緣故。可是，朋友畢竟有限，折價券也發完以後，第二週開始，業績明顯下滑。
為什麼呢？我問天皇，他告訴我，可能是因為高圓寺這一帶住的大多以學生族群居多，大家可能還是會去比較便宜的連鎖居酒屋或咖啡館。
雖然也有幾間像是小馬德里這樣價位不太便宜的歐式酒吧，但大多已經有了固定的客源。暫時不可能吸引他們轉檯，又還沒有擴展出新的客層時，生意自然就不會太好。
「那該怎麼辦好呢？」我問天皇。
「才剛開業一週，狀況還說不準吧。再繼續多多宣傳囉，也許再發一些折價券之類的。我是還滿樂觀的，可是大阪男性格跟我不同。因為他只會料理，不懂經營，所以就會有點擔心，怕生意還會惡化下去。」

「那，不會影響到你們兩個人的關係吧？」我小心翼翼地問。

「我們的關係？」天皇笑起來：「我都不確定，我們現在是什麼關係呢。反正也沒想太多，順其自然囉。」

「所以你也是這麼教導我的吧，北村老師。」

「沒錯！那麼，請告訴老師，順其自然的陳姿瑛與山本拓海，那天晚上以後，有什麼新的進展嗎？山本拓海康復了嗎？」

「這兩天我還沒見到他。他休假在家修養，我只有電話跟簡訊問候。聲音聽起來，感覺比想像中恢復得快。他自己也說，都沒什麼問題了。」

「妳沒有再問他，那晚到底發生了什麼事嗎？」

「沒有。也許見了面以後，看當下的氣氛再決定問不問吧。」

「也是。對了，那天晚上，他身邊的男人是誰？」

「我不認識。可是，覺得有點面熟，像是在哪裡見過。」

「是嗎？會不會山本拓海曾給妳看過照片？」

「照片？」

我仔細回想那人的臉，並回溯著是否曾在什麼地方或狀況下，看過山本拓海朋友的照片。

「啊！我想起來了！唯一一次，看過山本拓海跟別人的合照，是第一次到他家的時候。不過我不太確定，因為那張照片，幾乎只看了一瞬間而已。」

「一瞬間？」

「對。會說是一瞬間，是因為他刻意把相框給翻面蓋住，是我自己去偷看的。在公園裡站在山本拓海身邊的男人，有點像是照片裡的人。可是，那是一張很奇怪的照片。」

「奇怪的照片？怎麼說？」

「看起來像是張全家福照，不過山本拓海板著一張臉，但其他人卻笑得很開心。而且山本拓海站的地方，離另外三個人都很遠。」

「那麼奇怪的一張照片，他卻裱框留著？」

「是有意義的照片吧。」

「所以那個人是他的哥哥？」

「我不知道。而且照片應該很久以前拍的，只是覺得神韻很像。不過，原來他的哥哥也在東京嗎？我並不知道。」

「總之希望山本君沒事才好。」天皇結論似地說。

山本拓海復工的第二天，晚上我約了去剪髮。

這一天也是在那晚的事件後，第一次和他見面。

我刻意預約了打烊前的時間，並跟他說好了，準備在剪完頭髮以後，先在原宿逛一逛等他下班，然後再一道去吃晚飯。

在約定的時間抵達美髮沙龍時，卻看見有三個彪形大漢站在門外，而且還是黑人。我不是對黑人有偏見，但他們三個人看起來確實挺凶神惡煞的。

我驚恐地經過他們面前，瞄到他們對我投以殺意的眼神，令人不寒而慄。

終於踏進了店門，竟發現裡面一個客人也沒有。

設計師跟櫃檯的助理全消失了，整間店只剩下店長跟山本拓海。

店長背對著我，而山本拓海則低著頭。

「連續兩天都這樣站在門外，請也請不走。雖然說他們只是站在門外，什麼事情也沒做，但是來我們店裡的，女客人居多，看到這個場面就不太敢進來了。大家在網路上貼了照片傳開來，預約的人也都陸續取消。」

我聽到店長正在語重心長地對山本拓海訓話。

「店長，真的很對不起！」

「山本君，你一直跟我道歉也沒用。我不知道這些人跟山本君你到底有什麼關係。我認識你這麼久了，一直都覺得你是很乖的小孩，當然也相信你說的，不是你的緣故。可問題是，他們就說是因為你而來的。他們到底是為了什麼而來呢？接下來如果每天還是這樣，我們真的要報警了。」

「店長，請不要報警。」

「那麼山本君，你告訴店長，我們該怎麼辦呢？」

低著頭的山本拓海，不發一語。

場面陷入僵滯。我故意清了清喉嚨，輕輕道出一聲：「不好意思！嗯，我預約了剪髮。」

店長回過身子。

「啊！陳小姐！真抱歉，讓您久等了。」

店長的目光越過我，望了望仍站在門外的幾個壯漢。

「嗯……今天……設計師都下班了，可能……」店長欲言又止。

「如果店長有空的話，是否可以麻煩店長呢？」我問。

「當然可以！如果陳小姐不介意的話。」

我笑著搖搖頭。

「真的很抱歉啊，今天讓您遇到很奇怪的場面。」店長不斷道歉。

「不要緊的！只要不會剛好又遇到大地震，就沒什麼好怕的。」

店長笑起來，看來我試圖緩和緊繃的氣氛，有點成效。

「山本君，先替陳小姐洗頭好嗎？麻煩你了。」店長說。

山本拓海說好，點點頭，請我到洗髮的座椅區。整個洗頭的過程中，他又恢復成店員對待客人時公事公辦的口吻，禮貌而保持距離的態度。

我想，此刻的他並不能跟我多說什麼。當然，店長就在旁邊，我也不方便問他到底發生了什麼事情。

但，究竟今天又是什麼樣的狀況呢？

坐回剪髮的座椅上，他開始替我吹乾頭髮。趁著店長暫時離開之際，我終於忍不住開口問他。

「外面那三個壯漢，跟那天晚上在公園裡的事情有關吧？」

我看著鏡子裡，站在我身後的山本拓海。

彼此的眼神，在鏡子裡四目交會。他沉默了三秒鐘左右，原本客氣但不多帶情緒的臉，突然強顏歡笑地擠出一個笑容。

「噹噹！正確答案！」

「有什麼我可以幫忙的嗎？」我問。

吹風機的聲音，嗡嗡作響。

「沒關係。不好意思帶給妳麻煩。」

「我現在不是客人，你不要再那麼客氣。」

「不好意思。」

「拜託不要再說不好意思。」

「那麼可以幫我一個忙嗎？」

「你說。」

「今天晚上，妳可以陪我去居酒屋，吃妳最愛吃的炸蓮藕片嗎？」

我有點詫異，他提出的請求。

「當然可以！但是你必須也答應我，把你遇到的困難告訴我。如果你覺得我一個人沒辦法解決，我可以找李主播一起想辦法。你別小看兩個女人湊在一起的力量喔！我們總會有很多點子的。當然，還有天皇。你知道他就像是個大哥哥一樣，一定會很幫忙你的。」

山本拓海默默地點頭。

吹風機的馬達繼續嘈雜地運轉，好似也代表他心底紊亂的情緒。

「就算我們幾個人都解決不了，至少可以陪你喝幾杯，你大可在我們面前大吐怨氣！總之，只要你說了，我們一定會想辦法，懂嗎？」

山本拓海緩緩地點頭，說了一句：「謝謝！」但他的聲音太弱太輕，很快就被吹風機的噪音給擊潰在空氣裡。

就在那一刻，我從鏡子中瞄到山本拓海側過身子，偷偷拭去眼角的淚水。

他發現我注意到了，企圖忍住的淚水，竟又忍不住奪眶而出。

這下子可扯平了。

我們都在這間美髮沙龍裡，在彼此的面前意外地落淚。

我因為那一天而改變了此刻的人生際遇，所以暗自想著，或許山本拓海這麼一哭，他的人生將翻開新的一頁也說不定。

「一切會好轉的！」

所以我拍拍山本拓海的手，這麼告訴他。

因為，我就是這樣遇見了你呀。

「是嗎？為什麼？」

「祕密！」我說。

店長回到我們的視線之內了。在她走過來之際，山本拓海放下吹風機，用雙手替我撥弄頭髮時，偷偷地用指尖摸了摸我的雙頰。透過鏡子，我遞送給他一個微笑，他終於也恢復了一直以來的陽光笑容。

想起李主播說過，我具備了能抓住山本拓海的特殊魅力。

那到底是什麼呢？我瞄了瞄鏡子裡的自己，仍然不是很清楚。

東京的可能性

那一夜，山本拓海一身狼狽地現身在公園裡，站在他身旁的男人，果然就是他的哥哥。原來，山本拓海的哥哥一直都在東京。他從來沒跟我提過。

「他一直都在東京。可是很多時候，我其實並不覺得他在東京。因為在東京的他，跟過去在青森時的那個他，根本差太多了。」

山本拓海在美髮沙龍落淚的那一天，終於告訴了我，他和家族之間的狀況。

這天晚上，我約山本拓海和天皇一道吃晚飯。之所以把天皇也找來，是感覺上次在公園事件以後，天皇似乎取得了不少山本拓海對他的信賴感。我想，男孩在男人的面前，有些話也許更容易說得出口。況且，對方還是貼心的天皇。

晚餐的地點約在新宿末廣通的一間藏在公寓裡的餐廳。美味的餐點都吃光了以後，大家繼續喝著紅酒。微醺之中，山本拓海的防備心逐漸卸下，在我和天皇面前，吐露心聲。

山本拓海的哥哥山本正孝，兩兄弟僅相差兩歲。從小山本正孝無論是學校成績或課外才藝，各方面都很傑出，像是個任何一對父母都想生出來的模範生。理所當然的，他成了父母親眼中的寶，但同時也被賦予過重的期望。

相較之下，山本拓海的狀況卻和哥哥相差很多。倒不是山本拓海特別糟糕，而是他哥哥的表現實在太過於突出。

於是，從小學開始，每一次父母帶著兄弟倆一起出門時，鄰居們總是對山本正孝讚譽有加。至於說到山本拓海時，經常只是在話題的最後，像是現場節目時間不夠似地蜻蜓點水提一下，然後就要趕著進廣告了。

大人稱讚他的內容，始終跟成績沒有關係。被問過幾次將來想做什麼，還沒等到山本拓海回答，大人就沒耐性地說：「只要跟哥哥一樣，就沒問題啦！」山本拓海的父親也會順著話回應：「那真的就沒問題囉。」

「跟哥哥不一樣的話，就會有問題嗎？小時候，我常常這麼想。雖然我沒有我哥那麼聰明，不是什麼事情都出色，但是『跟哥哥一樣就沒問題』這件事，我知道，一定不會是這樣的。」

山本拓海對著我和天皇說。又喝了一口紅酒的他，雙頰變得更紅了。

「我不是不喜歡我爸媽跟我哥，而是不喜歡被比較，老是看到我爸爸一臉寫著『怎麼兩個兒子差這麼多』的表情。大概就是從那個時候開始，我也變得有點叛逆。只要是一起出門的時候，都不太想跟他們走在一起。」

我想起了山本拓海房間裡的那張全家福照片。明白了為什麼照片裡的他，跟大家保持著距離，臉上不見任何表情。當然也明白了為什麼有他哥哥依偎在身旁的父母親，會笑得如此燦爛。

山本拓海進入高中以後，發現自己對於時尚領域愈來愈有興趣，特別是髮型設計。生活在青森，雖然怎麼樣也跟時尚扯不上關係，但每個月到書店或圖書館翻閱時尚雜誌，看著東京大街小巷裡被街拍的那些人，就覺得有趣。

「我常常拿一本筆記本，素描下那些雜誌裡照片中的人。然後，替他們換上另外一種髮型。我有一種衝動，很想告訴他們：『嘿！其實你如果留這樣的頭髮，或剪成這個樣子，會更好看噢！』大概那時候開始，我就萌生出想去報考有關髮型設計的美容學校的念頭了。」

因為有親戚在中國經商，山本拓海去過北京。接觸到中文以後，興起了一點興趣，所以也曾經想過是不是念個中文相關的語言科系，將來更有發展。如此一來，或許就能靠父親的期望近一點。

不過，當他在夜裡翻到那本自己手繪的髮型素描本時，依然覺得那裡面有一股強大的召喚，要他去選擇自己真正所愛的事。

山本拓海升上高二的那年，哥哥不負眾望地，考進了東京知名學府裡的法律科系。那簡直成為了家鄉鎮上的年度大事。

這一年，山本拓海也終於決定了自己的志向。

「我要去東京念美容專門學校。」

山本拓海正式對父親說出自己的計畫時，父親起初愣了一下，後來竟然忍不住笑出來。

「你哥哥準備去東京的大學讀法律系。將來畢業後，沒什麼意外，一定就是進入律師事務所當律師了。你能不能像是你哥哥一樣，好好地想一想自己的未來？」

當父親淡淡地說出這些話以後，山本拓海心裡就明白了。

他父親其實並沒有認真聽進去他在說什麼。或者說，他並不是真的要聽他想做什麼事情。對父親來說，只有符合他所想像的未來，才是所謂的未來。

山本拓海的父親是個保守的鄉下人，帶著傳統的大男人主義，完全無法理解一個男生，為什麼想去念美容學校，想把剪髮當做夢想中的職業。對父親來說，離開青森，到東京這種大都會，應該就是去念個日後有所成就的大學才有意義。就像是他的大兒子那樣。

最終，山本拓海的母親，在父子之間居中斡旋以後，總算說服了父親同意他來東京念書。只不過，家裡大半積蓄都花在了培育哥哥身上，只能對山本拓海給予最低限度的支援，其餘的得靠他自己打工補貼，並申請學貸再日後還錢。

「到現在畢業了，還在還學貸的錢呢。因為在美髮沙龍也還只是助理，薪水不多，光是支付房租就去掉不少了！實在沒辦法一口氣把貸款還完。」

山本拓海搔搔頭，推了推眼鏡，尷尬地皺起眉頭來。

「啊！難怪之前還碰到你在忍者餐廳打工！原來如此。」我忽然想到。

「忍者餐廳，又是另外一件事情了。」他垂下了肩膀。

「不是為了多賺一點，才兼職打工的嗎？」天皇問。

「是為了多賺一點，不過，並不是為了我自己多賺一點。」

「不是為了自己，那是為了誰？該不會跟你哥哥有關？」

山本拓海苦中作樂地用雙手比起一個大圓。

「噹噹！答對了。」他強顏歡笑地說。

在我終於知道了他的成長過程以後，突然明白，一直以來山本拓海的陽光笑容，原來並不如想像般那樣溫暖。雖然燦爛，但就像是冬日裡的東京晴日，日光看起來耀眼，但吸進的空氣卻依然冷冽。

然而，至少山本拓海選擇的是熱情地對待別人、樂觀地面對這個世界，而不是因此消沉了，沒有對自己失去信心，也對人不信任。

能夠保持著這樣的能力，那是上天贈與一個人最棒的禮物。

世界上只要多一個這樣的人，哪裡還會有什麼怨恨與戰爭呢？光是這麼想著，就足以令我想對老天爺悄悄地說聲感謝。

「我哥哥在大學一年級時，一切都有如他在高中時代一樣，成績優異到甚至還拿過獎學金。可是，升上二年級以後，他好像一覺起來，偷偷被誰換了一個靈魂似的，突然間變了一個人。以前他每個星期都固定會跟家裡保持聯繫，逢年過節也會返鄉，但突然就開始疏遠我爸媽了。當我爸媽接到學校教務處打去的電話，才知道我哥已經曠課兩個多月。可是，我爸媽也沒輒，因為根本不知道他的下落。那時候我已經在東京念書，本來很少跟我聯繫的爸爸，突然間頻繁地聯絡我。」

山本拓海說到這裡就突然打住了。他沒有繼續說下去，可是我和天皇都知道下面那句話會是：只不過因為我是他唯一在東京認識的人，我也是唯一可能在這裡找到我哥的人。

半晌，他才又開口。

「過了很久以後才知道，我哥癡狂地迷戀上一個女生，像是中邪似的，什麼都聽她的話。」

那個女生是個用錢揮霍無度並且寅吃卯糧的人。不管花費什麼，都吃定了要山本正孝付賬。後來，還慫恿他去投資她朋友開的店。山本正孝居然因此預支了學費跟家裡匯來的生活費。結果，不但賠到自己的成本回不來，甚至還當濫好人，用自己的名義去銀行幫他女友貸款。銀行貸款審查嚴格，他不過是個大學生，沒辦法貸到什麼錢，最後竟接受女友的「建議」去正規銀行以外，來路不明的黑市貸款。

「從那時候開始，他就跟黑社會暴力團扯上關係了。」

山本正孝放棄了念到一半的大學。到處都背債的他，不得已只好四處打零工賺錢還債。不還的話，黑道就找上門來。

他曾經找過一次警察求援，誰曉得警察跟黑道也有串通，當天晚上，黑道就等在他家公寓門口，把他狠狠給揍了一頓。並且警告他，下次再報警，下場可就不只是被揍一揍而已。

「那他的女友呢？」天皇忍不住問。

「蒸發了。我都懷疑，其實他女友跟黑社會有什麼關係。」

「怎麼那麼傻呢？」我忍不住說。

「對山本君的哥哥來說，那是無怨無悔的愛。」天皇說。

「那根本是盲目的愛。」我搖頭，說：「我很好奇你哥哥喜歡的那個女生有什麼魅力，可以讓一個從小就那麼聰明的男生，搞不清楚是非對錯。」

「我猜想是因為那個女生，並不順從著我哥哥吧。她一定是個非常有主見，不以我哥為中心的人。對我哥來說，那樣的人也許充滿了新鮮和刺激感。」

「你的意思是說，你哥哥從小一帆風順，在家裡父母寵他，都聽他的；在學校因為品學兼優，老師也對他客氣，所以忽然出現了一個個性強硬，想要控制他的女人時，反而激起他心裡沉睡很久的一股冒險的野性囉？」我推測。

「我是這麼想的。」山本拓海說。

「生活在一個毫無阻力的世界，反而磨光了存在感。有了反抗自己的勢力時，卻忽然發現自己有稜有角的存在。」天皇喃喃自語起來。

山本拓海緩緩地點頭，一臉似懂非懂的表情。

「可是，這一切怎麼會跟你扯上關係呢？」我忍不住再追問。

「我來東京以後，只跟我哥見過一次面。是我爸要我帶家裡剛採收的蘋果給他。在那之後，他換了電話號碼，住處也變了，我就跟我爸媽一樣失去了他的消息。將近一年前，有一天，我突然接到他的電話，竟然說要跟我見面。電話裡的他，聲音聽起來好虛弱。那時候我就猜，他可能出了什麼狀況。而且，掛電話前，他特別囑咐我，不要跟家裡的人說我們要見面。」

「該不會找你也是為了錢吧？向你借錢？」我有點氣憤。

「嗯。確實是來跟我借錢的。」

「他不知道你的學費和生活費，都要靠自己打工而來嗎？」

「他真的不知道。他從小活在被我爸媽保護得好好的世界裡。所以當他知道我的狀況時，他的表情好像世界末日來了一樣，整個人好失落。結果，我看到他那麼失落無助的表情後，就心軟了。」

「結果你還是借錢給他了？你哪裡有錢？」

「我是沒錢。所以跟他說，我只能從我工作的微薄薪水裡，每個月資助他三萬日幣，再多就沒有了。」山本拓海說。

「忍者餐廳賺的錢也給了他嗎？」我問。

「忍者餐廳是高利貸公司投資的。後來，每個月給他三萬圓，他還是覺得不夠。我看他從早到晚都在打工，一天打兩、三份工，根本沒有睡覺的時間，很不忍心，問他還有什麼解決的辦法？他說，如果可以的話就是幫他去餐廳打工。打工的錢，我不會拿到，因為算是以人力折抵欠款來還債的。前陣子，他終於病倒了，這下子每個月能固定還的錢也湊不出來，所以黑道又找上他。

『小馬德里』開幕那天晚上，我哥忽然間找我，說很急，問我在哪，一定要跟我見面，所以我才叫他來高圓寺。我預感應該跟黑道的事情有關，所以不敢告訴他我確切的位置，就約了在那座公園見面。果然，見面時，他就被那幾個黑道給架著，逼問新的還債時間表。黑道看到我出現，很高興，因為多一個人可以討錢。而且，他們大概也擔心把我哥給整死了，錢也就要不回來，最近目標就轉到我的身上來。這幾天，不知道怎麼樣得知我在美髮沙龍上班，就找上來了。」

「唉，真是辛苦你了。」天皇說。

「北村先生，真的非常抱歉！『小馬德里』的開幕慶祝酒會，我卻搞出這種鳥事來，破壞大家的氣氛。」山本拓海一臉愧疚。

「別這麼說，根本不關你的事。自己都差點被揍扁了，還擔心什麼其他的呢？現在的問題是接下來該怎麼辦？」

「就還是努力還債吧！」

「真的太可笑了。搞得好像真的是你欠的債一樣。」我又激動起來，說：「你哥哥不應該把你給拉下去的。太不公平了。」

「公平這種東西，一開始就不存在吧。」山本拓海苦笑著。

我和天皇歎了口氣。

「真的不告訴你爸媽嗎？讓他們來解決你哥哥捅出的紕漏。」我問。

「我爸已經無法接受我哥消失了，如果再告訴他真相，他怎麼能承受得了呢？」

「你真的太替他們著想了。你又怎麼能夠承受得了呢？另外，你爸媽找不到你哥，難道都沒有透過警方去查詢嗎？」

「沒有。我爸那麼愛面子的，不願意。他直到現在，鄰居問起我哥的事情時，都撒謊在東京發展得很好。」

認識山本拓海以來，雖然他看起來像個陽光男孩，但老是覺得他身後有些謎團。這一晚，他身後的謎團總算散開了。他從小到大，一個人吞下那麼多的心事與壓力，性格非但沒有變質，還樂觀得很健康。

難怪他總是如此懂得察言觀色。他永遠可以察覺到我的情緒變化，一旦說到什麼而情緒低落下來時，就會若無其事地推著我轉彎。

他嫻熟於從低潮裡走出，所以也不希望親密的人深陷低潮。

趕在最後一班電車收班前，我們離開了餐廳，往車站的方向走去。

接下來該怎麼辦？想到方才天皇這麼問，就覺得有點無助。

三個人默默的，誰也沒有開口，在新宿的黑夜裡前行。好像就這麼一直往前走，不想點辦法的話，就會掉進一個更黑、更深的未知世界。

天皇和大阪男合資的「小馬德里」雖然有穩定的客源，但狀況一直還是不夠好。開業至今，很少有新客人上門。收支平衡處在捉襟見肘的窘態中。

原本天皇的計畫是離開職場，全心投入酒吧的經營。不過，在酒吧開始營運以後，天皇跟我聊過目前的狀況，我強烈建議他不要輕易辭掉工作。於是，他便決定暫時還是繼續待在原來的媒體採購公司。

景氣不好，這份工作無論薪水或職位都很不錯，突然放棄了，在日本若想要回頭一定不可能。二來是「小馬德里」的狀況沒有預期中來得好，貿然把工作的重心全部轉移過來，一定會失衡。

酒吧的營業時間是晚上才開始，天皇縱使不辭去工作，也能在下班後過來顧店。況且因為生意並不怎麼好，基本上不會太忙碌。天皇若要加班，晚點才能到的話，即使店裡只有大阪男一個人，其實也忙得過來。

我因為平日工作忙碌，只有在週末才會去店裡幫忙。就跟開幕酒會那天一樣，能幫忙的也就是收拾碗筷，料理幾道簡單的台灣家常下酒菜。

「如果可以的話，我真的也想在週末，甚至每天晚上過去幫忙！」

山本拓海聽我說起「小馬德里」的狀況時，跟我這麼說。

「天皇知道的話一定很高興。不過，你到他那裡打工，他們實在也付不出多一份薪水，對你現在的狀況完全幫不上忙。我想，這不是天皇願意的。」

「跟你們在一起，就算沒有錢我也很高興。」

「我知道啊，可問題是，你這個大好人，要幫哥哥的忙，就不得不考慮錢的問題了吧？」

山本拓海默默地點頭，充滿無奈。

在「小馬德里」打工卻分文不取的我，如果自己也想喝一杯時總堅持自費。過去偶爾在週五或週六夜晚，會跟李主播約去小酌一番，現在也直接選在「小馬德里」見。當然，李主播也是堅持自費。

這個星期五晚上，下班時接到李主播傳來簡訊，說想喝一杯，於是我們就相約去了「小馬德里」。

「還好妳們來了。不然，我剛剛才跟大阪男說，整間店只有我們兩個人，還不如回家自己調酒喝算了，省掉開店的電費。」

天皇看見我們來，苦笑著說。

「放心、放心，馬上就有其他客人了！」李主播嗲著聲音說：「一間酒館如果沒有漂亮的女生在，磁場上當然就不會吸引其他客人來。畢竟你們又不是開同志酒吧。我們現在來啦，等等就會有其他客人上門了。」

說也奇怪，不到三分鐘，果真就有一個男人進了店裡。

「李主播是女性賀爾蒙發電機，絕對無誤！」我笑起來。

李主播跟我向天皇點好酒以後，正準備掏錢包時，立刻被天皇阻止。

「不收妳們的錢喲！何況瑛瑛幫忙那麼多，又堅持不領酬勞。飲料的成本沒有多少，別這麼客套了。大阪男也覺得很過意不去，請妳們就把招待的飲料，當做我們的一點謝意。總之，我不賺自己人的錢。」

「學姊，天皇真的人太好了啦！為什麼同志都那麼貼心？」

「可不是所有同志都貼心的。」

天皇推了推眼鏡，露出自滿的微笑。

「難道真的只有搞外遇的男人才懂貼心嗎？」李主播喃喃自語。

「外遇的男人對情婦貼心，但對背叛的妻子怎麼能說是貼心呢？」

「也是。」李主播沉默下來。

「李主播該不會又跟有婦之夫交往了吧？」

天皇語畢，李主播睜大眼睛轉頭看向我。

「我什麼都沒說喔！」我一臉無辜。

「果然是！」天皇噗嗤一笑。

上回跟電視台裡的已婚主播牽扯不清的李主播，並沒有真的學乖。

前幾天，我在表參道看見她跟一個中年男人走在一起，直覺有鬼，馬上發了簡訊問她：「該不會又跟誰的老公搭上線了吧？」她才透露只是一起吃個飯，剛認識而已，兩個人之間絕對沒有做出逾矩的事情來。

「人真的是不能做壞事啊。」李主播說。

「妳坦誠妳在做壞事了。」我說。

「真的沒有啦。」

「我臉皮雖然厚，但可禁不住再被你打一巴掌喔！」

「哎喲！學姊！別這樣嘛。上次那件事真的非常、非常抱歉！」

甜美的李主播又撒嬌起來。拿起桌上的酒杯，整個人倚靠過來，作勢勸酒。如果我是男人的話，想必真的是無法抵擋李主播全身散發的女人味。

「對了，山本拓海還好嗎？」

天皇突然轉移了話題。

黑社會到山本拓海工作的美髮沙龍挑釁之後，又過了一陣子。

「整個星期都沒跟他見到面。在郵件跟電話裡，感覺起來還行。」我說。

「這孩子真的有事的話，也不太會表現出來。」

「也是。不知道該怎麼幫他。」

「瑛瑛知道他的過往後，應該又被激起了強大的母愛吧？」天皇笑起來。

「好羨慕學姊喲！我總是忍不住想找一個成熟穩定的男人來照顧我，」李主播說：「有時候也會想，要是反過來變成學姊這樣，有著主動去照顧男人的性格，那才能稱得上是個長大的、獨立的現代女性吧！」

「是主動去照顧男人的『母愛』性格。」天皇補充說道。

我氣到踢了他一腳。

「那廚房裡的大阪男呢？是你照顧他比較多，還是他照顧你比較多？」

我故意把話題轉到天皇身上。

「當然是我。」

「你們真的交往了。」李主播一針見血。

「沒有！」

「抱歉，我問了蠢問題。這年頭哪有什麼定義能界定怎樣才算交往呢。」

「記得你上次說，他對性事沒什麼興趣。還是沒改善？」我問。

「要不然怎麼會還沒有交往？」天皇翻了翻白眼。

「用心靈去愛啊，天皇！超越肉體，才是永恆的愛哪。」我揶揄他。

「超越肉體？妳說的是那種東西是木乃伊。」

我和李主播笑得樂不可支。

「愛情沒進展，生意也不見起色，這間兩個人投資的店，到底能夠撐多久呀？」我好奇地問。

「拜託，大阪男成天都在問：你在媒體採購公關公司上班，對於廣告行銷不是應該有點心得嗎？」

「接下來該怎麼辦呢？」

「有點誠意好嗎？這句話是妳用來煩惱山本拓海的，直接剪貼過來用？」

「哈！被你拆穿了。」

「我在想……」李主播忽然開口，帶著故作玄虛的口吻。

我和天皇洗耳恭聽。

「要不要兼賣早餐哪？」她問。

「早餐？在『小馬德里』賣早餐？」我問。

「對啊。這間店晚上才開始營業，白天空著要幹嘛呢？好浪費房租呢。如果中午以前賣早餐，不是很棒嗎？而且學姊，妳不覺得日本的早餐都很無趣嗎？既然晚上酒館裡也有賣台北的下酒菜，那麼白天賣台式早餐不是很好？像是美而美那種現做三明治的早餐店，尤其在冬天的時候，可以吃到熱呼呼的早餐不是很讚嗎？」

「真的！偶爾還是想念現烤火腿蛋三明治。雖然很油。」

「我也很愛耶！每次我『回』台灣，最喜歡吃台灣的早餐。燒餅油條和蛋餅豆漿，或者像是李主播剛剛說的，現做三明治的早餐店，都很喜歡。在日本都只有麵包或便利商店冰冰冷冷的御飯糰。」天皇跟著興奮起來。

「美而美真的很神奇，不只三明治，好像什麼都能賣。」我說。

「以前我常在那裡買粥或玉米濃湯呢。」李主播露出遠眺的目光。

「我常買蘿蔔糕。啊，好想吃蘿蔔糕喔！」

我的口水都快流下來了。

「啊，好想『回』台灣喔！」

天皇雙手托腮說道。他真把台灣給當出生地了。

「東京如果有一間台灣式的早餐店，好像真的很不賴耶。」我說。

「呃，問題是早上誰來賣早餐？」李主播問。

「這裡只有兩個台灣人。」天皇說。

「你不是老把自己當台灣人？而且之前你嚷嚷著要辭職。」我說。

「我聽了妳的話，暫時繼續現在的工作喔。不過，最早先說工作太忙碌，想換個工作的好像是瑛瑛妳吧？」天皇說。

「我？我是說過想換個工作。不過，我們公司自從上次那個韓國女生走掉以後，一直沒再補新的遊戲設計師。現在整間公司幾乎有一半的設計工作，都落到我的頭上來，公司不可能那麼輕易放我走。」

我和天皇一齊轉頭看向李主播。

「我只是出個點子而已！那種滿布油煙的工作，得是懂得調度廚房，而且要像媽媽一樣，每天充滿著『好想做菜給孩子吃喲』的心情，才能堅持下去。」

「妳的意思是……」天皇語畢，跟李主播又一齊望向我。

「喂，有母愛的女人，跟像是媽媽的女人，兩者有程度上的差別喲！說我有母愛我就接受了，說我像是媽媽，我抗議！」我握起拳頭來。

「看來『小台北』早餐店是開不成了。」李主播說。

「小台北？名字都取好了啊？」我詫異。

「而且要用法文Petit Taipei。我們日本人就愛用法文取店名。」天皇說。

「白天是Petit Taipei，晚上是小馬德里，你覺得怎麼樣，天皇？」我問。

「叫做『小台北』我滿喜歡的啊。現在到處都流行加上『小』字。什麼『小』都好，不要叫做『小日本』就行了。」天皇笑起來。

當我們正聊到興頭上時，店裡又進來了客人。

我們轉過頭去看，是山本拓海。

山本拓海用力揮揮手，朝著我們走來。他的臉上漾起小小的酒窩，燦爛地笑著。他笑得那麼開心，彷彿有什麼好事要宣布。

「各位，在此宣布，我失業啦！」

山本拓海推了推眼鏡，淡淡地說。

「小馬德里」播放的音樂恰好停了下來，店裡一時安靜到只聽得見，從廚房傳來的細碎聲音。

山本拓海丟了他在原宿美髮沙龍的工作。

這段時間以來，彪形大漢還是繼續不定時地出現在店門口。他們沒有做出任何破壞行動，卻嚴重干擾了生意。店長無論怎麼問山本拓海，他也沒辦法說出實情來，而且又阻止店長報警，最後，山本拓海只好跟店長提出辭呈。

這一晚，離開「小馬德里」以後，山本拓海在陪我回家的路上，一五一十地跟我說了在美髮沙龍發生的事情。

到了我家樓下，我們沒有上樓。走進了公寓前的小公園，上回一起躺下來看星星的地方。

今晚的月光特別皎潔。深夜裡，我和山本拓海坐在蹺蹺板上，兩人各自一端，很有規律地一上一下著。

整個公園好安靜，只有山本拓海和我的聲音。

「真的對店長很不好意思。雖然不願意離開這個從念書時就開始打工的地方，老想著未來可以在店裡當上正式的髮型設計師，結果，卻是必須離開。可是，唯有自己主動離開，才不會造成店裡的困擾。」他說。

「店長也很捨不得吧？」我問。

「店長幾乎是哭著同意我的辭職。她說，希望我把事情處理好以後，可以再回去。她們永遠都歡迎我歸隊。本來我還強顏歡笑的，最後聽到店長這句話，也忍不住紅了眼眶。」

「我跟店長一樣，都相信你一定能把事情處理好的。」

山本拓海突然嘆了口氣，蹺蹺板上我坐著的這一端升了起來，懸在半空中，沒有再降下去。而降到地面上的山本拓海，兩隻手托起下巴，撐在蹺蹺板椅子前的扶把上。

「真的能處理好嗎？」

他不是尋求我的回答，而是在問他自己。

公園裡的路燈照著他的臉，亮晃晃的，竟感覺有點慘白。從半空中俯瞰下去，山本拓海的眼神放空，有著少見的迷惘表情。

我忽然不知道該怎麼再安慰山本拓海了。因為，連我自己也被他的疑問給動搖了信心。

比山本拓海多了一點人生歷練的我當然知道，說出「相信你一定能把事情處理好」這樣的話來時，鼓勵的成分仍是居多的。然而，人生不是光靠努力就能順心如意的。現實總被太多不可抗拒的命運左右著，最後的結果，會往哪個方向前進，誰也說不準。

「沒關係！雖然不知道是不是真的能處理好，不過沒有試過的話，就真的不可能處理好。垂頭喪氣也無濟於事，不如好好去面對。」

山本拓海突然又恢復了他一如既往的樂觀笑容，邊說邊從蹺蹺板上跳下來，緩緩地讓我從半空中降下來。

「對吧？」

他看著我，這一回，很清楚地是在尋求我的肯定。

這才是我所認識的山本拓海。我用力點頭，報以一個充滿肯定的笑容。看著他，我一方面覺得放心了，一方面卻有點心疼起來。甚至，居然還升起了一絲愧疚感。

仔細想想，或許我的心靈根本沒有他來得強大。那麼，這樣的我值得成為他的另外一半嗎？一個比他年長十歲的女人，要是不能藉由自己的經歷，給予他更多的幫助和安全感，那麼有什麼理由和資格，暗暗地希望他應該不受同年紀的年輕女孩們的誘惑，決定與我交往呢？

「不好意思，太晚了，瑛瑛早點上樓休息吧。」他說。

「你不上來嗎？」

「不了。其實今天辭掉工作以後，我就去找了打工。明天早上開始。」

「這麼快？已經找好了？」

「現在這個狀況，一天沒收入都不行，所以就去找了。很幸運，剛好有職缺，從明天早上開始。早上是便利商店，到傍晚去忍者餐廳，有空的話夜班再去唐吉訶德。」

「太累了吧！沒問題嗎？」

「嗯，沒問題喲！」

我擔心著，但山本拓海只是點點頭，對我微笑，笑到眼睛都瞇了起來。

山本拓海辭去美髮沙龍的工作後，每天早上開始去便利商店打工，傍晚以後去忍者餐廳。偶爾便利商店沒有排班，晚上十一點忍者餐廳的工作結束後，還會去唐吉訶德量販店上夜班，直到早上七點才回家。補眠到傍晚，又再去忍者餐廳上班。

雖然他嘴上總說自己還年輕，並不覺得累，可是我知道這樣搞下去，疲勞累積在身體裡，總有一天會爆發出來。

至於他的哥哥，聽山本拓海說，在身體恢復了以後，似乎生活作息也跟山本拓海差不多，每天從早到晚忙著工作，比山本拓海還要辛苦更多。

我跟山本拓海見面的機會，突然間比過去減少很多。

原本每到週末時，我們會到彼此家裡過夜，但現在因為他得趕著去打工，考慮交通因素，就不方便再來我家。我當然可以去築地找他，不過，一、兩次之後，發現當我過去找他時，他可能怕怠慢了我，反而沒辦法抓緊時間好好休息。幾次下來，我決定放棄去打擾他。

好不容易進展的關係，現在卻因為當初沒想到的事件，突然又拉開了距離。

同住在一座城市裡，卻像是談一場遠距離的戀愛。

東京原來還是很大的。在台北，偶爾在路上碰到熟人也不太稀奇，可是在東京首都圈裡，兩個人只要有一方不勤於聯繫，而另一方也消極了起來時，偶爾就會有一種說不定自此以後，一輩子都不會再見到彼此的預感。

我不確定山本拓海的哥哥山本正孝，到底是怎麼樣跟高利貸組織討論訂定還債的時間表？總之，這陣子已經沒有聽到兩個人再被找麻煩的事。

不久，聽山本拓海說，哥哥山本正孝去了一間房屋仲介公司上班，是專門針對中國人和台灣人到日本買房投資的不動產公司。山本正孝意外地合適做這類型的工作。不到一個月，業績就進入全店業務員排行前五名，客人的評價非常好，因此很受到公司重用。

這間房屋仲介公司跟借債的地下錢莊雖然沒什麼關係，不過，只要能還出更多的錢，是不是一定要在跟他們相關的地方上班，他們並不介意。

山本正孝心底也知道弟弟為了他犧牲不少，所以還算有良心的，在自己能夠多賺一點錢以後，便要山本拓海不要再那麼辛苦。於是，辭去了便利商店的工作以後，山本拓海將時間集中到了唐吉訶德和忍者餐廳。早上十點先去唐吉訶德上班，傍晚六點之後再到忍者餐廳打工，直到晚上十一點結束。

「真沒想到有這麼多華人想到日本置產。我哥說，公司為了接應客人，還從其他地方挖角了台灣人進來，到店裡擔任海外部門的經理呢。幾乎每個週末，都有台灣人約了要看房子。」

山本拓海轉述山本正孝的話。

山本拓海打工的地點減少了，但上班的時間仍是塞得滿滿的，我們還是很少見面。這天深夜，在睡前傳了訊息給他，他說他還沒有睡，就打了電話過來。

冷冷的夜裡，我把枕頭和被子都拉到地板上，整個人窩在電毯上，兩隻腳伸進暖桌下，聽著山本拓海在電話裡，跟我說了哥哥和他的近況。

「你有沒有想過也去試試看賣房子的工作呢？讓你哥哥介紹你去試試看？薪水一定比在量販店跟餐廳好得多。」我問。

「我沒辦法像我哥那樣。他天生頭腦聰明，口才好，本來是準備要去當律師的。只不過現在把講話跟邏輯的長才，放在推銷房子上，很容易就能讓客人決定下單。」

「我覺得你也不差的。」

「如果真的要辭去唐吉訶德的工作去賣房子，那麼我還是想去美髮沙龍。」

「那當然啦，如果有機會的話。之前原宿的店家，有考慮回去嗎？」

「暫時不會吧。有點不太好意思。不過，在唐吉訶德打工的朋友，有在美髮沙龍兼差的喔！說可以把我介紹給店長。地點跟唐吉訶德一樣，都在六本木，距離很近。」

「成功的話就太好啦。沒想到這麼巧認識這樣的朋友。」

「妳知道嗎？唐吉訶德不只什麼都賣，連去打工的店員也什麼人都有。」

「比方說？」

「比方說，麵包超人。」

「麵包超人在唐吉訶德打工？」我笑出來。

「偶爾細菌人也會來。」

「那大家不都被感染生病了？」

「不會喔。因為我有帶青森蘋果幫大家補充維他命！」

雖然看不見山本拓海，但我已經可以想像他的笑靨。

山本拓海說，一起打工的朋友們，有一群恰好是玩劇團的。沒有舞台劇演出時，他們就會去迪士尼樂園兼差。最近，則是熱中去橫濱的麵包超人博物館。穿上麵包超人或細菌人的衣服，跟小朋友拍照或在館內的小劇場演出。

除此之外，還有搞樂團的人、獨立音樂的創作歌手，或者是他提到的，在美髮沙龍上班的人。

「六本木附近有很多PUB，偶爾也會見到明星。」

「你有見過誰嗎？」

「沒有。我比較想見妳。」

「這麼晚了，嘴那麼甜，記得刷好牙才能睡。」我心裡暖暖的。

「瑛瑛如果有機會恰好到六本木來時，記得過來我們店裡。我跟妳介紹那群朋友見面。最近我比較有空了，上次還跟他們去居酒屋吃飯，聽大家聊天，很有趣喔。下次妳一起來吧！」

我突然想到，那一回，跟他和學校同學去唱卡拉OK的事。

「大家都跟你一樣是同年齡的吧？」我問。

「比我小的也有。十八歲剛上大學。」

「是嗎？比你還要小啊？」

「不過，介紹我去美髮沙龍的女生，跟我同年，今年二十一歲。」

心底敏感的算盤，很快地盤算了一遍。

任誰看來，跟一個同年齡的女孩交往，絕對都比跟一個大十歲的女人交往，合理得多吧。剛才甜甜的心底，轉瞬間變成了微酸的滋味。

山本拓海突然傳了一張照片過來。

「上次去居酒屋時的合照。」他說。

好青春啊，大家。

三十歲以後，即使我們再怎麼常被人恭維看起來年輕，但其實真的就是「看起來」而已。跟這群二十歲出頭的年輕人一相比，臉的肌膚、線條跟眼睛有神與否，立刻就知道是不同的。

照片裡的每個人做足了怪表情，比著「YA」的手勢，大家應該都喝了不少酒，雙頰紅通通的。女孩們跟男孩們都很漂亮，可是在我的心中，最可愛的仍是山本拓海。

「打工還債雖然很辛苦，還好遇見一群志同道合的朋友。」我說。

「對呀！我很幸運。總之，下次瑛瑛一起來吧！他們對台灣很感興趣的！」

「好啊。」

我答應得很心虛。

幾天以後的午後，我真的因為一場會議而來到六本木。

工作結束後，心想要不要繞去唐吉訶德給山本拓海一個驚喜呢？還在手機上搜尋地址，結果不知不覺，就看到店面已經在不遠處。

忽然間，我有點猶豫了。真的要去找他嗎？

我駐足在唐吉訶德對面的溫蒂漢堡門前，舉棋不定。

就在這個時候，我感覺有兩個穿西裝的男人靠近我。一開始沒有多注意，結果，發現其中一個人愈來愈向我靠近，我忍不住轉過頭。

「嗯，不好意思，請問是山本拓海的朋友嗎？」

竟然是山本拓海的哥哥，山本正孝。

但，我幾乎有點認不出他來。畢竟那天在高圓寺的公園裡很昏暗，他又狼狽得很。可是，此刻的他，穿著筆挺的西裝，整個人看起來就是個好青年。

「來找拓海嗎？」他問我。

「喔，也不是。恰好經過，想到他好像就在對面打工。」我回答。

「我也恰好經過，有跟他去打個招呼了。剛剛我和前輩正準備要進漢堡店，突然看見妳。」

「你記性真好。那天那麼昏暗，要是你剛才沒喚我，我一定認不出你。」

「我記性還好，就是人太不好了。」

他彬彬有禮的模樣，很難想像過去闖出那麼多的麻煩來。

「那就不打擾妳了。這是我前輩，啊！對了，他也是台灣人。竟然現在才忽然想到你們都是台灣人。妳看，我記性很不好。」

這時候，我才將目光投向山本正孝身旁的那個男人。

他就是山本拓海跟我提過，從其他地方挖角過來的台灣人吧。

「你們說中文，不要介意！」山本正孝說。

我和那男人客套地向對方打了招呼。

「妳台灣住哪裡呢？」他問。

「我大學在台北。不過小時候在南投出生，大學以前都在台中。」

「台中？」

那男人突然露出很不可思議的表情。他一直盯著我，我開始覺得不自在。

「新興國小？」

「你怎麼知道！」我嚇一跳。

「六年忠班的？」

「對！」

「妳是陳姿瑛？」

「天啊！你是誰？」

這個人認出我，我很詫異，但是我完全不知道他是誰，這更為恐怖。

「你應該不認識我，我是孝班的。妳很有名啊！」

「這麼一說，我就覺得你可能搞錯了。」

「沒錯沒錯！妳是陳姿瑛，小名瑛瑛，對吧？妳難道不知道，以前我們班上的男生都暗戀妳嗎？大家都討論妳的。」

「有沒有搞錯？原來，我也有過萬人迷的時代，只是留在上個世紀。」我大笑起來。

山本正孝不知道我們發生了什麼事情，一臉迷惘。

我的小學同學（我還是不知道他是誰！）跟他解釋一番以後，他也覺得太不可思議。

「妳待會有事嗎？去喝一杯吧！」他邀約。我正準備開口想說，下次一定赴約時，他立刻搶先一步又說：「別跟我來日本人那一套，說下次一定約喔。今天既然這麼巧，就是今天了。下次不知道又是什麼時候。妳給我半小時，我和我屬下討論完事情，馬上跟妳碰面。給我妳的電話，好嗎？」

我們交換了彼此的電話。

「那就這樣，等會兒見！」

他跟我揮揮手，爽朗地笑起來，跟山本正孝走進了溫蒂漢堡。

天底下怎麼會有這麼神奇的事情呢？東京真的什麼事情都可能發生吧。

我的生活圈已經很久沒有出現來自大學時代以前的朋友了。最熟悉的天皇，跟我能夠回溯的歷史，最早也是十八歲的大一生涯。

一下子，居然退到了小學六年級。

我想著想著，覺得真有趣，忍不住笑出來。

親愛的奶奶，小學六年級的我，是什麼樣的小女孩呢？竟然現在才有人告訴我，我當年是萬人迷呢！奶奶，當時妳也覺得我充滿潛力，一輩子都不乏身邊有男人追求，可能還不到三十歲就會嫁給好人家了吧？

結果卻沒想到，都三十二歲了還在神社裡祈求「戀愛成就」哪。

我望著前方狹長的馬路，筆直地從眼前延伸開來，而視線的盡頭，就是亮著橘紅色光芒的東京鐵塔。

在火紅的昏暮中，伸向天空，像是雲端降下的天梯。

大人的選擇

真的沒想到會在東京街頭，遇到認識我的國小同學。

我竟然會認識一個如此身材高大的男人。說起話來在眉宇之間的神韻，如此爽朗且充滿成熟氣質。

喔，不。我差點忘了，那時候他也只是個小六生而已。就算當時我曾經在校園裡和他說過話，怎麼也料想不到那個孩子，未來會變成一個如此挺拔的男人。要是我從小對愛情敏銳度高一點的話，說不定小學六年級那年，就決定了我幸福的一生。

邊想著剛才發生的事，邊走進了唐吉訶德。入口處的收銀台前，沒有見到山本拓海的蹤影。在店裡繞了半圈，才終於在某個轉角的置物架前看見他。

他背對著我，站在短梯上，正在拿置物架上放著的庫存商品。東西放得太高了，身高不夠高的他只好踮起腳尖，努力拉長手臂。他身上的T恤因此被拉了起來，腰間露出了內褲的褲頭來。

山本拓海很難跟「性感」兩個字結合在一起，不過，對我來說，細瘦的他從腰間兩側淺淺突起的骨頭，是我覺得他最性感的地方。

正準備走過去喚他時，突然一個女生從轉角竄到他身後，拉起他的內褲褲頭然後用力地放開。「啪」的一聲，內褲的鬆緊帶反彈到山本拓海的身上。

「哎喲，好痛！拜託別鬧了，我在工作。」

「誰叫你昨天也故意鬧我。」

女孩話說完時，忽然眼角餘光注意了我，轉過頭來。大概是覺得被客人看到剛才那一幕，是工作上的不專業，露出一臉尷尬的表情，對我點點頭說不好意思，馬上就低調離開了。

站在短梯上的山本拓海，看到女孩的反應以後，轉身後才發現原來是我。他看到我，露出訝異又驚喜的表情。

「瑛瑛！居然是妳。」他輕盈地跳下梯子。

「剛好經過附近，就進來看一下會不會碰到你當班。沒什麼事啦，不好意思打擾你工作。」

「喔，不忙啦，其實這裡真正忙起來是深夜，因為其他能買東西的店家都打烊了，只有這裡還開著。」

「原來如此。那我自己去逛一逛，很久沒來唐吉訶德了，好像很多新鮮的東西呢。剛剛看你好像正在忙什麼吧，快去弄完吧。」

山本拓海突然頓了一下，然後馬上開口說：「剛剛那個女生就是我上次跟你提過，偶爾會去麵包超人博物館兼差的。她老是愛鬧店裡的同事，不管是男生還是女生。剛剛忘了向她介紹妳。我跟店裡的同事都提過妳喔，大家都對妳很感興趣，想請教妳去台灣玩的建議呢。」

我點點頭，不語。他好像怕冷場了似的，又趕緊發問。

「等下準備去哪裡嗎？」

「剛才好巧，在對面的溫蒂漢堡遇到你哥哥。更巧的是，他身旁的同事是個台灣人，居然說是我的小學同學。所以等一下，約了一起喝個東西。」

「太不可思議。這麼多年沒見的老朋友，一定有很多可以聊的吧！」

「不曉得呢，」我聳聳肩笑著說：「其實我根本不記得他了。」

聊了一會兒，看了看手錶，時間似乎也差不多。

「看到妳很開心！」他說。

「最近大部分都只有電話聯絡，今天看到你氣色不錯。要保持下去！」

「都是因為我工作太忙了，對不起。可是每天能夠跟瑛瑛傳訊息或講電話，就覺得很滿足，雖然見不到妳，也不至於覺得妳距離我很遠。」

年輕的孩子，倘若聽到這番告白，應該是要很感動的吧？只要靠著電話和網路，愛的力量夠強大的話，不見面也能滿足。

可是，我已經一個人生活很久、很久了。

雖然比起其他很多人來說，我算是個很自立自強的人，一個人也能享受獨自的生活，發掘生活裡的驚喜與快樂。但不可否認，仍然在某一些時候，我心底會浮現出壓抑不住的（說穿了是很無聊透頂的）渴望。

我渴望去百貨公司買衣服試穿時，有一個人可以對我講出「妳這樣穿不是很好看」，而不是店員千篇一律違心的讚美；渴望回到家煮一餐，有人跟我一起吃，然後選一片喜歡的ＤＶＤ，週末夜裡就算哪兒也不去，窩在家看電影也很開心；渴望腰痠背痛時去藥房買了貼布以後，回到家有另外一個人能幫我貼到背上正確的位置。

二十歲的孩子談起戀愛，大家都在停機坪上的跑道開始加速。跑道很長，天空很遼闊，等待是充滿期待的。再過幾年，越過三十五歲，轉眼就要往四十歲方向跌去的我，已經是飛在半空，再不找到航道降落，油就要用罄了。

原本只打算喝個咖啡，恰好是晚餐時間，跟曾世帆碰面以後，他提議到六本木Tokyo Midtown裡吃輕井澤來的「酢重」味噌料理。

舉起酒杯，明明是兩個台灣人，卻變得像日本人一樣互道「今天辛苦了」，我和眼前的這個曾經是我（不記得的）國小同學，並號稱跟班上男生一起暗戀過我的男人乾杯。

新興國小六年孝班的曾世帆。他雖然在穿衣服的感覺和應對進對上像個日本人，但身材高大的他，理了一頭短髮，清爽俐落的神情，這一點還是跟同年齡的日本男人不太相同。與其說像是台灣人，更有點韓國明星的氣質。

邊喝邊注視著他，我忍不住笑起來。

「糟糕了。」曾世帆突然搖頭嘆氣。

「怎麼了？」我有點緊張，立刻收起笑容。

「妳笑了，所以我沒機會了！久別重逢的女人，在飯局的一開始就對男人笑的話，代表這個女人對男人沒有戒心，也沒有浪漫的憧憬，只是覺得跟一個好笑的朋友吃飯而已。」

「哪來這種說法？能讓女孩子開心的男生，總比惹人哭來得好。」

「謝謝！那麼我算是敗部復活，拿到大富翁的『機會牌』囉。」

「你的『機會牌』應該多到放倉庫了吧？日本女生肯定很喜歡你這一型

的。」

「是嗎？我還是喜歡台灣女生。」

「那倒很稀奇。我身邊很多來日本的台灣朋友，因為哈日，非日本人不交往。」

「我不是因為哈日來日本。我最初只是為了想完成家族的志願，繼承家業，代替臥病在床的父親來日本擴展台灣的不動產生意。結果沒想到，父親過世後，母親就決定把公司收掉了。我誤打誤撞進了日本的房屋仲介公司上班，一晃眼就這麼過了好多年。」

沒想到我們的共通點，不只是國小同學，連來日本的動機也類似。

「那妳又怎麼會來日本？」曾世帆問。

大概所有在日本認識的朋友，包括天皇、李主播和山本拓海，所有人的話題都是從這一句話開啟的。

我和曾世帆就像是Facebook年度總結回顧似的，以一種概要方式，簡單截取了從國小畢業後到日本生活為止的生活大事紀。這樣也算是填補完成了對於彼此記憶的空缺。

大概是年齡相近，而且又都是台灣人的關係，雖然過去我們根本不熟，但一聊起來，意外地發現共通的話題還真不少。

曾世帆談了不少自己未來的生涯與事業規劃，好像三十二歲就已經把四十歲到五十歲之間的事情，全安排好了。

我和天皇或李主播湊在一起時，很少會去想像四十歲以後的生活。其實，看起來似乎還要幾年以後才會面臨的事，但時間一晃眼就會到的。

身在異鄉，工作與情感狀態都不算太滿意的我，其實對未來有一點不安。這一晚，聽著曾世帆聊他的未來，縱使與我無關，不知道為什麼，心底竟也有了一絲安心感。大概是感覺到跟我同年紀的人，原來可以如此好整以暇地把三十歲過好，如此積極地去迎接四十歲的到來，彷彿讓我獲得了某種程度的安慰。

離開餐廳，搭電梯下樓時，我忽然發現曾世帆的白襯衫沾到了醬汁。跟曾世帆說了以後，他只是「啊」一聲，便陷入不知道該怎麼辦，只好「回家再說」的困窘表情。我趕緊從包包裡拿出濕紙巾給曾世帆。

這一幕，簡直連自己也感到陌生。

天皇比女人還細心，跟他在一起時，我就是扮演曾世帆這樣的角色，只有他來照顧我的場面。至於山本拓海個性比同年齡的男生更為纖細，而且屬於那種會把自己弄得乾乾淨淨的日本男孩，幾乎也從未見過像是曾世帆這樣的狀況。

「我真的很粗枝大葉。每一餐飯吃完以後，身上一定會有一個地方弄髒。」

他拿著濕紙巾，一邊擦拭一邊自嘲地說。

「沒關係的，男人偶爾粗枝大葉一點沒什麼不好。不然像我這樣的傻大姊，哪有機會展現女人的溫柔細心？」我一臉成就感地說。

「我現在懷疑，妳才是囤積『機會牌』的倉庫主人。日本男人對這麼體貼細心的女人，怎能招架？」

「很抱歉喔，我只有拿『命運牌』的運氣。」

「怎樣的命運？」

「蒐集一堆『戀愛成就』的命運。」

「什麼意思？」

我苦笑著，沒有回答。

電梯裡只有我們兩個人。樓層的燈號往「1」的方向慢慢倒數中。有一刻我竟然瘋狂地想，要是電梯忽然卡住了，我想看看這個三十二歲的異性戀真男人，會怎麼解救一個女人？但電梯門終究是打開了。曾世帆按住開門鍵，讓我先走出去。

走向地鐵站的路上，打了個冷顫，忽然覺得變得好冷。

「陳姿瑛，妳還有時間喝一杯再回去嗎？」他忽然開口。

我看了看手錶，其實才九點。

「就在對面的巷子，有間我常去的小居酒屋，只能容得下六個客人的吧檯空間，很溫馨的一間店。老闆溫的酒、飯糰跟味噌湯特別好喝。可能不一定有位子，如果有的話，暖一暖身子再回家，怎麼樣？」

「果然是在日本混久的男生，很知道門路。」

「還男生啊？再過兩、三年就是歐吉桑了。」

他笑著，眼角堆起了淺淺的魚尾紋。

我答應了他再去喝一杯。

天皇即使到了四十歲，恐怕還是個大男孩的形象吧？跟同世代的天皇比起來，老實說曾世帆的臉確實看起來是比較滄桑一點，不過他身上散發出的一種成熟穩重，反而令我感覺新鮮。

居酒屋藏在巷子裡，很隱密，要是沒去過的人，就算在外面經過一百次也不可能知道這裡面有間店。一推開門，恰好吧檯還剩下兩個空位。

我們窩在狹窄的角落裡，溫了鹿兒島的芋燒酎來喝。明明剛剛才吃完義大利麵的，竟神奇地又像是被開了胃口似的，吃了烤飯糰跟味噌湯。

「好好喝的味噌湯！」

我忍不住贊嘆，並用日文告訴了老闆。
「是用了我的老家，和歌山的金山味噌。」老闆笑瞇瞇地說。
「其實我本來沒那麼愛喝味噌湯的。幾年前偶然進到這間店，喝了老闆煮的味噌湯以後，從此就愛上了。」
曾世帆特地用日文說給老闆聽。
「曾先生簡直比日本人還要日本人呢。」
老闆跟曾世帆的一番話，突然令我出了神。
我想到了不愛喝味噌湯的日本人，山本拓海。
山本拓海現在在做什麼呢？整個晚上，手機都沒有他傳來的訊息。不過那也是當然的，因為他還在工作。那麼，下班後，公司裡的年輕美眉，那個看起來就非常主動的日本女生，是否也會邀約他喝完一杯再回家？回誰的家呢？
「在想什麼？」曾世帆喚我。
「喔，沒什麼。不好意思，東西太好吃，專注到都出神了。」
老闆好奇我們在說什麼。曾世帆翻譯給他聽。
「真是可愛啊，東西好吃，吃到出神了。那麼以後曾先生下班回到家，是不是常常會看到你太太獃在廚房的爐台前？因為覺得自己煮的東西太好吃了？」

啊。我們被老闆誤認是一對了。曾世帆尷尬地急忙向老闆解釋，我們只是國小同學，而且是今天才在東京偶然重逢。

「這樣啊，」老闆抓抓頭，換他感到尷尬，趕緊打圓場說：「曾先生來我這兒好多年，從來沒見過帶女孩子來，今天還是第一次，我還以為終於交到女朋友呢。哈哈哈！不好意思、不好意思！不過，小姐已經有男友了嗎？」

老闆突然轉向我，我有點意外，只能傻笑。

「哎呀，曾先生！相逢的命運創造了機會。你知道該怎麼做吧？來來來，這杯算我的！大家乾了這杯，一切就從我這間小店開始。」

人來瘋的老闆見我們的酒杯空了，添了兩杯酒給我們，接著自己也倒一杯，要跟我們乾杯。場面忽然被搞成老闆要將我們送作堆。因為已經在興頭上了，不好婉拒老闆熱情，我也就順著一起敬酒。倒是曾世帆皺起眉頭來，頻用中文悄悄聲地向我道歉，我搖頭示意表示沒關係。

離開居酒屋時，曾世帆又好正式地向我道歉。

「別道歉，我一點也不在意。老闆也只是順著氣氛，好玩而已。」

「那就好。老闆常常忘了自己是老闆，跟客人一起敬酒，結果比客人還要High。」

從小巷子走到大街上時，突然飄起了雨來。本來以為只是毛毛雨，沒想到一下子就變成嘩啦啦的傾盆大雨。

我跟曾世帆都沒帶傘。巷口沒有便利商店能買傘，地鐵入口又在對街，這下子可麻煩了。就在這時候，曾世帆招下了路過的計程車。

「上車吧！妳家住哪？搭計程車，我先送妳回去。」

「代代木上原。順路嗎？」

「剛好順路。」

慌慌張張地躲著大雨，兩個人進了計程車。

東京下起豪雨來，好像是在生誰的氣一樣，完全沒有想要停歇的意思。冷雨眼淚般撲簌在窗子上，車內的暖氣把玻璃霧成了一片，我看不清外頭的路。

司機用GPS定位了我家的地址，過了好一會兒，才注意到車子已經開進了我家巷子。

計程車停在我家公寓樓下，準備掏錢下車時，曾世帆卻堅持不讓我付錢。

「我本來就打算搭計程車，只是順便載妳而已。別那麼客套了！我們可是從小到大就認識的老同學呢。」

「這我就無法反駁了，雖然嚴格說起來，今天才正式認識。」我笑著說。

「今天謝謝妳了。快回去泡個熱水澡吧，別感冒了。」

雨還是好大。還好曾世帆請司機把車子開到公寓入口，我一下車，人就站在有遮雨棚的廊下。車門關起後，曾世帆搖下車窗向我道別。司機問他，接下來往哪開，我聽見曾世帆回答「中野」時，很是驚訝。

「完全不順路啊！一南一北。」

雨聲太大，雖然距離不遠，我仍必須加大音量。

「順路、很順路……」

他的嘴巴在動，聲音卻模糊在雨聲裡。

「你說什麼？」

「沒、什、麼！晚安囉，快進房裡！」

他大聲喊著，字句被雨截斷。

他搖起車窗，在車裡跟我揮揮手。我佇立在入口的廊下，看著計程車的尾燈逐漸模糊，消失在滂沱大雨中。

轉身上樓時，手機傳來訊息接收的聲響。是曾世帆傳來的簡訊。

「願意去的地方，哪有不順路的呢？畢竟是居酒屋老闆說的『相逢的命運創造了機會』啊（笑）。早點休息吧，晚安囉！」

忽地，我在樓梯上停住了腳步。重心有些失衡的，靠在牆壁上。

樓梯昏黃的燈光下，手機的螢幕顯得特別明亮。曾世帆簡訊裡的每一個字，都因此變得好刺眼。

這樣的訊息是什麼意思呢？這一晚的我，又到底在想什麼呢？心底被一種無法解釋的情緒翻攪著，終於最後在他這則簡訊裡，攀升到了高點。

我點開簡訊，準備回覆時，又收到了一封新簡訊。

山本拓海。

「有聽妳的話，保持著元氣，做完了今天的工作喔！感覺今天的時間過得特別快，一定是見到了妳的緣故！今天吃飯愉快嗎？我也想要跟妳吃飯！」

簡訊後面夾帶了一張山本拓海的自拍照。他穿著唐吉訶德的制服，一隻手比著「ＹＡ」，露出他的招牌笑容。

最後，我沒有回覆曾世帆，也沒有回覆山本拓海的簡訊。

把手機丟進了包包裡，在嘈雜的大雨中，我聽不見自己的腳步聲。默默的，一個人，繼續爬樓梯。明明知道是要回到我的公寓裡，卻又有種不知道樓梯盡頭會通向什麼地方的茫然。

在吧檯廚房裡的天皇始終背對著我，不知道低頭在看什麼，對於我告訴他遇見曾世帆的事情，他只是嗯嗯嗯的回應，好樣很心不在焉。

「你覺得我是不是有點被曾世帆給吸引到了？」

「嗯。」

「難道果然還是同世代的男人有魅力、有安全感嗎？話說回來，怎麼會這樣呢？從來沒什麼我喜歡的類型會追求我，忽然走桃花運了嗎？明明說是喜歡山本拓海的，忽然出現一個類型完全不同的，居然動搖了。我真的是一個很不成熟的女人吧？」

「嗯嗯。」

「我很傻吧？」

「嗯嗯嗯。」

「你是蠢蛋吧？」

天皇突然轉過身，盯著我：「不是。」

「喔，原來你真的有在聽我說話呢。從頭到尾只是『嗯嗯嗯』的，拜託也發表一下意見嘛！」

「實在沒什麼好說的啊。結論很簡單，就是一個理想的男人終於現身，對妳好像有點好感，而偏偏妳跟山本拓海的關係又不是那麼的穩固，所以當然就陷入這兩個完全極端的人，到底哪一個才是妳的真命天子的困境裡。我說的這些，其實妳自己心裡也很清楚知道吧？」

我嘆了口氣，撒嬌地說：「我只是想要從你嘴巴裡聽到，確認一下而已嘛。」

「就算確認了想法，最後妳還是要確認妳自己的心。」他繼續說：「妳記得嗎，瑛瑛？之前我們曾經聊過，如果只是想要一種戀愛的感覺，不在乎結婚不結婚的話，那麼跟山本拓海在一起很快樂就好了。可是妳現在顧慮的顯然愈來愈多。首先是妳一直覺得山本拓海很年輕，即使他對妳百依百順的，妳還是擔心他身邊有更適合他的美眉。想像不久的某一天，山本拓海可能就會忽然『清醒』，決定還是跟同世代的女孩交往。」

「嗯。」我點頭默認。

「然後，妳帶著這樣的想法，去套在曾世帆的身上，所以就會猶豫是不是還是同年紀的對象好一點。曾世帆凡事有計畫的個性，讓妳覺得對未來比較踏實吧？」

「嗯嗯。」

我變成了剛才的天皇，只能「嗯嗯」回應。

「妳其實已經默默在考慮婚姻了。」

「嗯。」嗯完了以後，我才突然回神，急忙否認道：「啊？你是說婚姻嗎？沒有吧。我沒想到婚姻這件事。」

「是嗎？如果一個同年紀的男人跟妳有著共通的成長記憶，個性不輕浮，有穩定的工作，對未來又有規劃，甚至也想組一個美滿的家庭，妳不心動嗎？這個年紀的妳，做為一個女人，難道真的不會想到結婚嗎？」

我沉默下來。

「我輸了。你真的不要開什麼酒吧了，去算命吧！我投資你。」

「我只能算妳的命。」天皇笑起來。

「我倒是希望你偶爾也能好好算算自己的命。」

「算命跟馬殺雞一樣。一個人的按摩技術再怎麼高超，很遺憾的，並無法替自己馬殺雞。我要是真的能夠預知自己的命運，應該早就知道會遇見一個對性事冷感的大阪男吧？」他自嘲。

「真的。要是你不說，我無論如何都看不出來外表那麼陽剛的男生，原來性冷感。世間事果然不會百分百完美。」

「算了。無法掌握愛情的命運，至少工作的命運要努力操控一下。」

天皇語畢，又轉過身繼續低頭看從剛才就一直在看的東西。

「你到底在弄什麼？」我好奇。

「這間店的命運啊。」

「小馬德里？」
「嚴格說起來，應該是小馬德里Plus，Petit Taipei！」
天皇拿著一張他始終在看的東西，攤在吧檯的桌上給我看。
原來是一張設計稿。
「哇！你居然找人設計了『小台北』的店招牌！太酷了吧！」
「怎麼樣！不錯吧？」
他推了推眼鏡，露出自滿的笑容。
設計圖上是塊放在地上的燈箱式招牌，很日式的用色，配上簡潔俐落的排版，用著充滿設計感的字型，優雅地寫著「Petit Taipei」，而旁邊則標注上小小的漢字「小台北」。招牌的下方則用日文寫著「朝食・豆乳・コーヒー」（早餐・豆漿・咖啡）幾個字。一個打算賣蛋餅、火腿蛋三明治的台灣式早餐店，突然間好像因此就高級了起來。看著看著，令我興奮了起來。
「真的要做了？」
「當然。我是個說到做到的男人。因為平日白天大家都要上班，所以我的想法是目前只賣週末兩天的早餐。」
「週末限定。感覺會吸引到日本客人耶。」
「沒錯。愈是限定的，我們愈是愛。」

「問題是誰來賣？」

天皇突然兩手合掌，向我低頭。

「我？誰幫我決定的？」

「拜託、拜託啦！非妳莫屬了。只有妳會煎出奶奶煎給妳吃的那種蛋餅啊！至於三明治、飲料還有收銀結賬，全都由我負責，妳只要幫忙做蛋餅就好了。」

「我教你怎麼做就好了，用不著一定要我做吧？就讓大阪男做呀，他才應該是這間店的廚師不是嗎？」

「他是『小馬德里』的廚師，他只會做義大利料理。況且Petit Taipei賣的蛋餅，又不是一般早餐店的那種蛋餅，是瑛瑛奶奶做的家常蛋餅，只有妳來做，才有辦法傳遞出愛的感覺嘛。」

「最好我的愛是有這麼多，多到需要靠著蛋餅來輸出。」

看著天皇一副好誠懇的模樣，最終我還是敗給他，答應了他。

過兩天，Petit Taipei的燈箱招牌就送來了。下班後，天皇請我到店裡一趟，迫不及待要讓我感受一下招牌亮起來的震撼。

天皇領著我進酒吧的小倉庫裡，在漆黑的房間中，亮起了「Petit Taipei」的招牌。我們都沉默不語，兩個人靜靜地盯著那燈箱。確實，那燈光炫亮得令人感到幸福。是一種亮起希望的未來，等在前方準備開展的溫暖。

我承認，因為看到這塊招牌，激起我更多的參與感，對於「小馬德里」週末限定的Petit Taipei早餐店也躍躍欲試。

天皇果然是個計畫周延且充滿行動力的人。以為上次不過是閒聊起賣早餐一事，怎料他就默默地一個人完成了所有的準備。

可是，奶奶的蛋餅終究是真的美味，或者只因為是我親愛的奶奶煎給我吃的，所以才覺得好吃呢？我有點擔心。

雖然一直以來都有在夜裡經營的「小馬德里」賣蛋餅，但畢竟在眾多的下酒菜當中，那並非主食，點的客人不算多。一旦成為早餐以後，蛋餅就會躍升為主角，吃的人也會變多，是不是真的符合眾人的口味，我不確定。況且，夜裡上酒吧跟早晨買早餐的客人，本來就是不同客層。

早餐店正式開業前的前一個週末，「小台北」展開試營運。先不賣餐點，只賣飲料，讓客人只要點飲料，就能免費試吃蛋餅。結果，看到大家的反應，似乎比我預期中的更受到歡迎。

「就說沒問題吧！別擔心。」天皇拍拍我的肩膀。

「我就是一個容易焦慮的人。」

「其他事或許值得擔心，但是不包括蛋餅這件事。」

「你對我的手藝那麼有信心？」

「我對妳天上的奶奶有信心。她會想辦法，讓妳別壞了她招牌的。」

我笑起來。

親愛的奶奶，當年我還是小女孩時，煎著蛋餅給我吃的妳，一定沒想到有一天妳的獨創蛋餅會給日本人吃吧？妳終究沒有機會來妳嚮往的國度，沒辦法讓我帶著妳四處遊玩，但是只要再等幾天，妳的蛋餅就會在這裡發揚光大了。

這麼一想的我，對於Petit Taipei更充滿了非得做好的動力。

一星期後，Petit Taipei在星期六早上七點正式開業了。

因為是週末，大家起得晚，前兩個小時上門的客人不多。但一過了九點以後，來店的客人就慢慢增加。

開幕連續兩天，因為免費贈送咖啡或豆漿，吸引了不少舊雨新知。第一天有不少熟面孔，都是晚上曾經光臨「小馬德里」的客人。第二天的客人卻幾乎是新面孔，且來店的客人是前一天的兩倍，令我和天皇都很意外。

天皇忍不住問了其中的一些客人，終於獲得解答。原來，他們是看到了曾光顧的客人，前一晚在推特上發布訊息推薦，經過大量轉載以後，獲得了Petit Taipei的開店情報。

大多數的人都是住在高圓寺這裡的居民，他們甚至因為來買早餐，才知道原來這裡晚上有「小馬德里」這間店的存在。想想也是，酒吧不一定每個人都會去，但早餐卻是大多數人都會吃的，開店情報或許因此流傳得比較廣。

李主播知道我們真的賣起早餐，很是興奮。

第二天上班快接近午休前她傳了訊息，說要來找我吃午飯，而且指定要吃「拉麵」。真稀奇，我以為她特地來人形町，會想去優雅的餐廳吃和食料理的。

「日本人真怪，連餐廳都把性別分得那麼清楚。明明拉麵店跟牛丼店便宜又好吃，日本女生卻不進來。搞得好像是日本男人的專屬店似的。」

李主播邊說邊大口吃著拉麵，很豪邁的模樣。

整間店滿滿的客人，只有我們兩個女生。

「就像是很多咖啡館餐廳，兩個同行的日本男人也不會去，整間店變成像是開『女子會』一樣。」

我也呼嚕呼嚕大口吃起來。

李主播轉入正題問起Petit Taipei的狀況。

「週末限定的早餐店反應很好？」

「比預期中好很多。不過只是第一週，起碼要過一、兩個月才會知道實際的情況。畢竟『小馬德里』當初一開始生意也不錯，後來就陷入瓶頸。」

「改天我也要去幫忙！感覺滿有趣的呢。」

「是還滿有趣的，而且只要想到那麼多陌生人都吃到了奶奶的煎餅，感覺好吃的同時，好像也肯定了她，我就覺得挺開心的。」

「不過這樣一來，週末的時間都被綁死了。學姊，妳跟山本拓海平常見不到，週末也不約會，他不抗議嗎？」

我沉默了幾秒，說：「他其實現在週末也多半有安排打工。而且，比起我來說，他好像一個月見到一、兩次也就滿足了的樣子。」

「日本男人都是這樣的！」

「因人而異吧？」

「是真的。他們不喜歡常常見面，喜歡保持距離感。」

「那是因為妳認識的都是有婦之夫吧？」我揶揄她。

「學姊～！」她用手肘撞我，撒嬌起來。

「不然我該怎麼做呢？請教教我，李老師。」

李主播忽然放下筷子，正經八百地面對我。

「學姊妳要對男人撒嬌啊。真的想見他，就算對方說忙，也要散發出妳今晚就是非他不可，沒他會死掉的氣氛。男人都像是小孩子一樣的，很幼稚，表面上會嚷嚷說女人很麻煩，但其實很愛這種成就感。他們無法抗拒『非他不可』的專屬感。」

「山本拓海不是像小孩子，他本來就是個小孩子。」

「那就更有效了。妳今天就試試！」

「今天？太找人麻煩了吧？人家早就排好了晚班的班表。」

「怕麻煩就不要愛。我認識的男人常摟著我，喚我『小麻煩』的！」

「哇，我覺得妳也可以辭掉工作，跟天皇合伙開愛情顧問公司了。我真的會投資你們喔！」

「總之，喜歡妳的男人，妳真的想見他時，一定也必須挪出時間來才行。否則，他就是不夠愛妳。」

「愛情定律？」

「宇宙定律。」

有時候真的羨慕李主播。愛情，就等於是她的整個宇宙。她好像總是捲入很複雜的三角關係裡，但從另外一個角度來看，她的愛，或許比誰都更單純。

我們繼續埋頭吃拉麵。

「啊，真好！」李主播滿足地呼出一口熱氣來，說：「還是跟學姊出來吃飯比較輕鬆自在。可以來這種每次經過都好想進來吃一下，結果卻沒勇氣一個人走進去的拉麵店。」

「不是因為妳約吃拉麵，所以我才跟妳來的嗎？妳剛剛那樣說，我以為妳平常也不在乎，一個人就會進拉麵店或牛丼店吃飯呢！」

「咦？不是啊。是我覺得學姊這個年紀了，應該早就不把這種無聊的不成文規定放在眼裡，平常就會一個人勇敢地上拉麵店或牛丼店，所以才想找妳帶我來，準沒錯。」

李主播眨了眨眼，露出充滿犯罪感卻又甜美的笑容。

「喂，什麼這個年紀不這個年紀的！我三十二歲，未婚，怎麼說也還是個大小姐，住在日本也懂得入境隨俗的。真是！懲罰妳，不准吃這粒煎餃！」

我湊上去，一口吃掉李主播夾著正準備入口的最後一個煎餃。

「煎餃，再一份！」

拉麵店的員工收走空盤時，李主播立刻加點。

「妳還真能吃。」

「在學姊面前不必裝淑女。嘻嘻。」

「那我也不客氣了。」

我大聲向吧檯裡的小弟點餐：「啤酒兩杯！」
「白天就開始喝酒？」
「反正不是淑女了。這杯我請妳！」
拉麵吃完，空碗收走後，上了剛點的煎餃。兩杯啤酒也上桌了，我跟李主播乾杯，也不是為了慶祝什麼，但此刻爽快的感覺，就是讓人覺得好像暫時可以忘記許多生活裡煩惱的事情，莫名地感到開心。
雖然李主播沒有說，但我直覺她最近應該又陷入了另外一場戀愛。對方是否又是已婚男人呢？

❦

結果，我還是沒有完成李主播交託的使命。
我沒有跟山本拓海聯繫，倒不是擔心過於唐突或任性與否的問題，而是那天下午回到辦公室以後，我完全就沒有時間再去想這件事情。因為，公司忽然陷入了一場悲劇。
原本公司的主要業務是網路遊戲設計，但這幾年因為智慧型手機App市場龐大，故調整了方向，努力開發並且接下許多手機App程式的案子。最近在做的大案子，是準備向一間大型連鎖生活量販店，提案為他們設計新形態的App。

提案競標就在隔天早上，結果，主要負責書寫提案內容的同事，居然把所有檔案都給誤刪了。偏偏他的硬碟這兩天壞掉，不幸沒有自動備份。而我們儲存到的版本，原本放在網路空間裡，同事誤把共有的檔案夾整個刪掉，大家放在伺服器上的檔案也都從自己的電腦裡消失了。

悲劇就是這樣展開的。縱使原本準備簡報的內容不關我的事，但緊急時刻，老闆要我們全都得分工合作，幫他一起用最短的時間，重新「復原」那將近有五十分鐘的報告內容。更慘的是後來發現，設計部撰寫的App程式原始檔案，跟著一起放進同個檔案夾裡也被誤刪了，所以只好熬夜加班趕工，重寫一次。

搞得人仰馬翻，終於在凌晨一點多才全部完工。

末班車已經收班，只能搭計程車回家。幾個同事們開始相互詢問，有沒有順路的可以一起搭車，結果發現，只有我是住在代代木上原那一帶。

下樓後，同事們先替我招計程車，送我上車。進了計程車，跟司機告知目的地以後，我整個人累癱了，陷進後座裡，覺得好累、好累。

總在這個時候，我又想起，不是老早就跟天皇抱怨這裡的工作太繁重，想要喘口氣休息一下嗎？結果一晃眼，又這麼繼續做下去。

我就是這麼的猶豫不決，沒有勇氣做決定。

車子開到下一個路口等紅燈時，我的視線穿過車子的擋風玻璃，落到前方的號誌燈。號誌燈旁的路標寫著「往築地方向」。我突然意識到其實比起我家，這裡離築地市場更近。

山本拓海已經回到家睡了吧？都一點多了。或者，他今天值大夜班？疲憊的身心，讓我突然很想找個人說說話。

不，不是找個人。我的心底突然傳來一陣清楚響亮的聲音，告訴自己，不是找任何一個人，而就是想找山本拓海。

回想起李主播中午說過的那些話，我發出簡訊給山本拓海。

「睡了嗎？不好意思，那麼晚還吵你。」

沒想到他立刻回信。

「還醒著呢！好巧。今天都還沒跟妳聯繫，剛剛其實也想要傳訊息，擔心妳睡了，正猶豫著。」他寫道。

「我可以過去找你嗎？我在計程車上，日本橋附近。」

「加班到現在？」

「對。」

「好晚啊！辛苦了！」
「今天公司發生了一些出乎意料的事。」
「還好嗎？」
「嗯。已經沒事了。」
「那就好。辛苦了。」
他又重複了一次「辛苦了」，然後，簡訊就停在這裡。
十字路口紅燈變綠燈，計程車往前行走。我又傳了一封訊息過去。
「不方便吧？因為真的很晚了。其實該是睡覺時間。」
山本拓海卻沒有回信。
車子在下一個十字路口又停下來。怎麼今晚的紅燈特別多？過了一會兒，燈號變色，車子又起動向前，山本拓海還是沒有回音。
計程車離築地市場愈來愈遠了。
過了一會兒，訊息才出現：「我是方便的，但不曉得瑛瑛是不是介意。」
「介意？怎麼說？」
「其實我同事們今天晚上來我家辦Party。有個同事，就是上次妳遇見的那個女生，她做到今天為止，所以我們大家幫她開歡送會。」是那個漂亮的美眉。

「原來如此。家裡有聚會啊！」

我丟了一個歡慶Party的彩帶圖案過去。簡訊圖案或顏文字，真是隱藏內心情緒的最好工具。

「本來吃完晚飯大家就要散會，結果興致一來，酒喝多了，大家都錯過末班車。所以，現在幾個人還窩在我家裡。如果妳沒問題的話，可以過來喔！之前一直說要約妳跟他們見個面的，恰好今天大家都在。」

「那可不好。大家都醉了，我去了，大家也不記得見過我吧？」

「妳說得對。他們已經醉到連我是誰也不知道了。」

他們記不記得見過我，我不在乎。此時此刻的我，只是想和他單獨相處。

我突然覺得更加疲憊了。

「那我就先回去休息了。你們也早點睡吧。」

「真的很不好意思。」

「是我不好意思，這麼晚還突然說要去找你。」

又是紅燈。這是個紅燈特別多，停停走走的夜晚；也是個大家都錯過末班車，去不到想去的地方的夜晚。

計程車行駛過空蕩蕩的東京都心，我沿路看著窗外風景，有些驚訝原來每天都搭地下鐵，不知道外面的世界變成了現在這個模樣。地上地下，明明是同一座城市的，卻又好像同時存在著兩個完全不同的版本。

城市有兩個版本，那麼人又會有幾個版本？我忍不住去猜想，此時此刻在山本拓海的家裡，真的是一群朋友在開歡送會，或者其實只有那個女孩？

睡前，關了燈，窩在被子裡的我又拿起手機。我不管山本拓海是否已經睡了，決定再傳一封訊息給他。

「明天晚上有空的話，吃個飯吧？我想要見你。」

我大概真的是被李主播給激勵了。

不知不覺睡著了，第二天早上起床時，看見了螢幕顯示回信。

但回那則簡訊的人不是山本拓海，竟然是曾世帆。

❦

自從東京車站「丸之內」出口的驛站屋頂修復完成以後，原本就很漂亮的紅磚建築，現在看起來更有古典氣息。

我和曾世帆在KITTE吃完飯以後，來到樓上的屋頂花園。從這裡可以清楚眺望近在咫尺的東京車站。入夜後，沐浴在聚光燈下的丸之內驛站，大器又不失優雅。新幹線在後方穿梭，襯著的背景是一幢幢夜中璀璨的高樓大廈。

「雖然是寄錯的郵件，不過因此換來跟妳共進一餐，也算是賺到了。」曾世帆故意糗我。

「我真的完全沒有印象，怎麼會寄錯訊息。一定趴在床上太暗又太累了。我明明記得是寄給我朋友的。」

「他是一個怎麼樣的男人呢？」

「咦？」我裝傻。

「本來應該收到那封信的人。」

雙手攀在護欄上注視著東京車站的我，轉了個身，跟曾世帆面對著相反的方向。風突然變大，我壓住被吹亂的頭髮，沉默著沒有回答。

「會對他寫出『我想要見你』的朋友，應該就是男朋友了吧？」曾世帆開口問。

「唔……該怎麼說呢？其實……」

我支支吾吾的。曾世帆大概看我一臉困惑的模樣，忽然笑起來。

「沒關係，別把自己搞得那麼辛苦。不想說或還不知道該怎麼說，就不用說。每個人都有自己的難處。不好意思，我只是隨口問一下的。」

「嗯，放心，其實我也不會真的說什麼的。」我笑起來。

「好大人的應對進退。」

「那當然。再不熟練大人的世界，轉眼就必須趕著去適應老人的世界了。」

「沒那麼誇張吧，我們才三十二歲而已。」

「對我們女人來說，老是一瞬間的感覺。」

「妳很怕老？」

「與其說我怕老，不如說我怕我認識的人，沒辦法跟我一起老。人老了，就得去面對誰先離開的現實，我不喜歡這種感覺。」

「我倒是滿期待老年生活的。現在都一步步踏實地做好了，那麼就能迎接計畫中的完美老年生活。」

「你真的是一個相信計畫的男人。這世界要是什麼都能按照計畫來，那就太完美了。那麼我現在應該要實現的，是帶我奶奶一起來日本玩才對。」

曾世帆一時語塞，不知道該怎麼回應。或許他也想起了他家族的往事。

戶外的風愈來愈大，我們下了樓，又進去餐廳裡打算喝杯飲料。一聊就忘了時間，回過神來才發現時間不早。

準備離開餐廳前，我問曾世帆要搭哪一班電車回去，他卻說他不搭車。

「其實我今天住附近。」曾世帆突然指著窗外對面的東京車站，說：「妳知道車站裡有個重新開幕的飯店嗎？我今天住那裡。」

「東京車站飯店？為什麼？」

「不知道我們公司跟他們有什麼合作之類的，拿到了住宿招待。喔，對了，就是第一次我們碰到時，那個你也認識的山本正孝，他在做的案子。詳細情況我不太清楚。剛好公司裡的人這天都有事，就把機會讓給了我。他們開玩笑說我是台灣人，應該去體驗一下東京之美。」

我沒有告訴曾世帆，昨晚那封原本要送出的訊息，收件人就是山本正孝的弟弟。

「看新聞介紹過，很高級。我還跟朋友開玩笑說，要是哪一天我夠有錢，逛街購物累了就住一晚再說，第二天再回家。」

「妳要是願意的話，其實今天就可以。」

「啊？」

「我的意思是，其實飯店就在車站樓上，反正妳搭車也要過去車站，不如上樓看一看再回去？」

我猶豫了起來。我想我剛才是沒聽錯的。把孤男寡女鎖進一個密閉的房間裡，這樣真的好嗎？我想起那時候，第一次進山本拓海公寓前，那個也曾陷入猶豫的自己。此刻的我，面前換成了曾世帆。

可是，我為什麼會猶豫呢？其實我心底是願意去的？

「我先去個洗手間。妳可以考慮一下，不勉強喔。」曾世帆說。

我點點頭。

就在曾世帆去洗手間時，他放在桌上的手機螢幕忽然亮起來。有人傳了訊息過來。雖然沒有打開手機，卻可以從預覽畫面讀見部分訊息內容。

「以為我懷孕不會害喜的，沒想到從今天開始，吐了好幾次。」

我不是刻意要看的，但訊息一則則傳過來，預覽文字也就一段段跳出來。即使我坐在自己的位子上，仍能清楚看見那些簡訊。

「等我把小孩生出來，你就直接變成爸爸了。真輕鬆！」

「你一定很難想像，我們成為媽媽的辛苦。」

「還有兩週，你才會回來台北。兩星期，好久。」

「你說你幾乎每天都加班到深夜，有時連吃飯時間都沒有。那現在應該吵到你上班了吧？」

「不打擾你了。我跟我們的小寶寶要一起躲進被窩囉！」

最後，待機畫面上跳出一張照片的預覽。是一個女孩的照片。年紀應該比我輕一點吧，有著很素淨的一張臉。照片裡的她閉起眼睛，窩在枕邊，雖然好像看起來是誰拍下的沉睡照片，但從拍攝角度判斷，其實是張自拍照。

這個意思是……曾世帆其實結婚了？他為什麼從頭到尾都沒有說他已經結

婚，而且妻子還懷孕呢？

不對。是我從頭到尾都沒有問過他是單身還是已婚。我怎麼那麼傻？錯把他對人的熱情，當做是釋放愛意的訊息。

手機螢幕上跳出來的預覽訊息，過了幾秒以後就會暗去。曾世帆的手機螢幕又黑成一片，令我懷疑那些訊息是不是真的出現過。

「妳低著頭在看什麼？」

曾世帆回到座位上時，發現了我在看著他的手機。

「喔，沒什麼。還是黑色的機子比較耐看，下次也要換黑色的。」

曾世帆聽了我的回答，卻一反常態，表情木然地凝視著我。他皺了皺眉頭，把手機拿起來，按下按鈕，然後滑了螢幕一下，很快地就把手機收進西裝口袋裡。

一整晚，兩個人之間的談生風聲，突然間都在此刻灰飛煙滅。

誰都沒說話，過了半分鐘左右吧，曾世帆才主動開口。

「所以……？」

但話說到一半，他就停了。我接下去說。

「所以，我準備回家了。」

「嗯。我知道了。那我還是送妳到車站搭車吧。」

「沒關係，我自己去就好。」我婉拒。

他點點頭，仍是一臉凝重。

一走出店裡，腳步還停在門口，我便跟他道別。

離開後，曾世帆忽然追上來。

「我知道其實妳對我也有好感的吧？我是想，我們都算是成人了，關於『這種事情』如果兩個人都願意，而且知道自己在做什麼的話，也不見得要看成是什麼罪孽深重的事吧？妳要不要再考慮一下？」

「你的意思是，成人就是這樣對性各取所需嗎？」

「也不用講得那麼難聽吧。」

「你怎麼對得起你正在懷孕的老婆呢？這也在你的人生計畫之中嗎？」

他愣了一下，很是尷尬。好像想要化解什麼僵局似的，他刻意擠出一絲笑容：「妳不用這樣批判我。大家都是大人了……」

「大人是可以各取所需，要做什麼都可以。只是，這兩個大人不該是你，也不該是我。」

我語氣平緩地說完這段話，但心底卻是震驚的。

該說是震驚嗎？其實，有更多的情緒是失落。

我的失落，到底不是因為曾世帆，是對我自己。

我再次證明了戀愛不成就的自己。

遇到這麼好的一個男人，果然是早已有了對象或家室。而以為是這麼好的一個男人，成熟穩重又充滿大人味的，原來，思考還是停在下半身。

但比起這些情緒來說，我心想，真正令我失望的原因，還是對那個無法在只跟山本拓海的關係中，就獲得滿足的自己感到失望。

我愈是想要跟山本拓海擁有飽滿著安全感的幸福，那幸福就好像含羞草似的，一碰就縮了起來。

情緒太低落，我沒有馬上進車站。穿過地下街，繞了一段路，來到對面八重洲口的大丸百貨。

突然間，在進門時發現一個與我錯身而過的女生，有些面熟。我回過頭，看不見她的臉，但背影卻很熟悉。

仔細一想，是那個跟山本拓海在唐吉訶德打工的女孩。

她邊走邊講手機，提了一個BURBERRY的購物紙袋，腳步輕盈地往車站閘口的方向走，一下子便消失在人海裡。

未來預想圖

那天夜裡奶奶來到我的夢中。

拖著疲憊的身心，餓著肚子，我像平常一樣在忙碌的加班工作後回到家裡。還未打開大門，就在鑰匙抽出來的剎那，突然聞到一陣熟悉的香味從屋子裡飄竄出來。輕輕拉開門，屋子裡透出一束昏黃的光。

難道不是壞人闖進家門了嗎？理應要感到惶恐的，但意外的，我一點恐懼也沒有。內心平靜地，我帶著好奇進了家門。

我看見奶奶正在我的廚房，背對著我，專注地在爐台前煮菜。

完全沒有意識到奶奶不應該出現在這裡，我站在原地靜靜地望著她，第一個念頭竟是奶奶的背影，原來跟這間東京的小套房如此契合。好像是她本來就住在這兒，反而我才像是來借住的一樣。

好香啊。廚房裡，好久沒有聞到那麼香的味道了。我沒有喚她，直覺地閉起雙眼，耳朵聽見的種種，再細微的也突然變得好清晰。

鍋鏟觸碰鍋子的金屬聲；食材在油裡發出的滋滋脆聲；菜刀落在砧板上的厚實聲響；抽油煙機轟隆隆的聲音。我靜靜地聽著，即使緊閉著雙眼在黑暗之中，仍能感受到無比的安全感。

「站在那兒做什麼？不是很餓了嗎？快端上桌，趁熱吃哪！」

站在廚房入口的我睜開眼，看見奶奶轉過身，端著菜對我說話。

我立刻上前，看見流理台擺了四、五道菜，很是驚訝。

「再弄一道就好了。」

「還要再煮？」

「當然啊，瑛瑛不是最愛吃奶奶煎的蛋餅嗎？還少這一道呀。要吃嗎？」

我用力地點點頭，眼眶突然熱起來。

以為會哭出來，最後臉上卻揚起了微笑。

小客廳的暖桌上擺滿奶奶香噴噴的菜，我坐著等奶奶從廚房過來。最後端著熱騰騰蛋餅的奶奶走進客廳，並不選擇坐在我的對面，而是在我身旁坐下來。

奶奶的體溫升高了小公寓裡的溫度，讓我不得不把暖桌的溫度給調低。

把碗筷遞給奶奶的時候，我甚至觸碰到她的手了。布滿細紋，粗糙的皮膚，卻是飽滿著暖暖的熱度。

啊，怎麼會這樣呢？怎麼會那麼的真實。

可是，奶奶已經不在了啊。

奶奶為什麼會突然出現？怕戛然而止的我，沒有勇氣問出口。

「奶奶，妳為什麼煮這麼多菜，我們兩個人吃得完嗎？」

取而代之的是這句話。

「誰說只有我們兩個人？等等妳的朋友下班後就會過來啊。天皇、李主播和山本拓海都會來。」

我愣了一下。奶奶怎麼可能認識他們？

「瑛瑛今天怎麼傻呼呼的呢？快吃吧。先從妳最愛的蛋餅開始吃起。」

我點點頭，夾了一片來吃。可是，就在入口之際，我忍不住皺起眉頭。

「怎麼了？」奶奶問。

「好像……忘了加調味料。」

語畢，我試著吃吃看別道菜。發現其他菜色也是聞起來很香，但入口以後全都平淡無味。這不是奶奶煮出來的菜。

奶奶自己也一臉狐疑地吃了以後，眉頭深鎖起來。

「奇怪，炒的時候試吃，明明味道夠的。好像有什麼不太對勁了。」

「沒有關係的，奶奶。偶爾吃點清淡得也不錯。」

「這樣不對。一定是有什麼不太對勁。」

我試圖安撫奶奶，希望她不要自責，但她卻停不住變得愈來愈沮喪，始終重複著「不太對勁」這句話，弄得我很心急。

最後，奶奶突然放下碗筷，看著我。無預警地，她突然擁抱住我，用她的臉頰磨蹭著我的雙頰。

奶奶好捨不得瑛瑛啊。

奶奶沒有開口，但我當然懂得這個暗語。

終於，我的眼淚還是好不爭氣，撲簌簌地滾下來。

就在這時候，屋頂的煙霧警鈴突然大作。明明沒有任何煙霧飄散，警鈴卻震耳欲聾地響個不停。怎麼回事呢？我起身去廚房檢查，仍沒有任何異樣。

當我轉過身，目光回到客廳時，奶奶和那一桌豐盛的菜，都消失了。

不歇止的警鈴，在狹小的房間裡的我，此刻卻像迷失在曠野裡，聽見冷酷且寂寞的巨大雷聲。

努力睜開眼，發現是一場噩夢。

我起身到廚房倒了一杯白開水喝。腦中的思緒盤旋著方才夢中的情節。到底「不太對勁」的事情是什麼呢？突然想起前幾天晚上，在大丸百貨前瞥見山本拓海那個女同事的背影。

就在這時候，放在床頭的電話猛地響了起來，把我嚇了一跳。

看了螢幕，是天皇的來電。

凌晨三點半。這個時間打來，太不尋常。我立刻按下通話鍵。

「我在醫院的急診室。」

天皇的聲音顯得十分虛弱。

以為是天皇發生了什麼事，結果是大阪男。大阪男出了嚴重的車禍，昏迷中被送進了醫院。

搭計程車趕到澀谷的醫院時，天皇已在急診室的大門入口等我。見到天皇時，平常看起來總是好整以暇的他，一臉現出罕見的無助。

「現在呢？」

「手術中。」

「到底有多嚴重？」

「目前還不清楚。趕到醫院時，他已經在手術中。護士說，從車子的副駕駛座救出來時，他還有點意識，但救護車送到醫院時已呈現昏迷狀態。」
「副駕駛座？不會是你開的車吧？」
「不是。駕駛的那個男人，傷得比大阪男更嚴重。不只外傷，還有內出血。應該是酒醉駕車發生車禍。」
「駕駛的那個男人？那個人是誰？」
「我不認識。」
「怎麼會聯絡到你？」
「警方從大阪男的皮夾裡，找到『小馬德里』的名片。那張是我的名片，上面有我的手機號碼。」
天皇沉默了一會兒，嘆了口氣，開口說：「他們準備上賓館。發生車禍的地方，是澀谷的Love Hotel入口。車子正準備開進賓館的停車場，但速度太快，整個衝到逆向車道，跟來車對撞。」
我詫異地問：「等等！你不是說，大阪男他性冷感嗎？」
「顯然只是對我性冷感。」
天皇聳聳肩，無奈地癟嘴。
或許天皇和大阪男始終不是真正的情人，但這些日子以來，我想天皇根本是把大阪男當做男友對待的。縱使兩人沒有發生性關係。說到底，究竟兩個人之間必須進展到什麼樣的狀態，才能稱之為情人呢？這件事情在天皇和大阪男之間，也許比起我和山本拓海來說更難定義。

我和天皇在手術室外等候著結果。儘管不認識另外一個人，但在這個節骨眼上，還是衷心祈禱兩人都平安無事。

所幸手術順利完成了。為慎重起見，兩個人先被送進加護病房觀察。雖然仍在昏迷中，但醫師說情況比想像中好一些，若恢復情況不錯，應該很快可以轉到普通病房。

「一定會沒事的。」我安慰著一臉愁雲慘淡的天皇。

「是嗎？想來人的生命真是夠脆弱的。也許上一個小時還在一起用餐，但只要一不小心，下一個小時就是天人永隔。」

「所以生活中再怎麼平淡無奇的一場照面，都值得感激。」

天皇點點頭。

「剛剛他們從手術室被推出來時，妳注意到了那個男人嗎？」天皇問。

「嗯。看了一下。」

「跟我想像中的樣子很不一樣呢。沒想到他會喜歡上這種類型的男人。這可能比他是不是性冷感，更令我意外一點。」

「像是在歌舞伎町上班的牛郎。」我開玩笑說。

「雖然人都還在加護病房裡，說三道四的好像不太好。但老實說，我也是這麼覺得。」天皇無奈地笑起來。

「看來在廚藝之外，大阪男品味並不怎麼樣。你比那個男的帥太多了。」

「妳這麼說才讓我更覺得感傷了。我連一個牛郎都比不過，一定要好好檢討到底是有哪部分做得還不夠好吧？」

「你的好，不是他要的好。如此而已。」

「無論如何，大阪男他一定要給我清醒過來，我要好好親自問一問他。所以非給我好起來不可！還有那個牛郎也必須清醒過來，一起接受我的拷問！」

忽然心疼起善良的天皇。他當然不是真的想要質問他們的。

「對。不管是哪一個，都一定要好起來回答你的問題！」

我附和著。

天皇和我的念力總算發揮了功效，清晨破曉之際，他們兩個人一起被轉往了普通病房。兩個人總算張開了眼睛，恢復了意識。

當大阪男睜開眼睛，看見天皇和我的時候，好像還不知道究竟發生了什麼事情。直到發現自己戴著氧氣罩，手臂上插著點滴，雙腳打著石膏，躺在病床上不得動彈時，才有點意會過來現在是什麼狀況。

大阪男的嘴脣動了動，好像想要試圖說話的樣子。但最終，他並沒有開口說話，反而眼珠游移著，目光慌亂起來。他好像要試著移動身子，或者轉頭，天皇趕緊湊上前。

「你現在還不能亂動。」天皇阻止他。

大阪男依舊奮力地想要轉動脖子。直到終於看見隔壁病床躺著的男人時，他的眼神才終於平靜了下來。

❦

事發後的隔天晚上，下班後的李主播和山本拓海趕來醫院。

探病時，大阪男和那個男人都在昏睡中。我們沒有特別喚醒大阪男，總之，李主播和山本拓海知道他暫時無大礙也就夠了。

這一晚，天皇因為公司有急事需要趕回去加班。我們三個從病房離開後，到了醫院地下室附設的咖啡館。

「病房不用留一個人看著比較好嗎？」山本拓海問。

「不用吧。兩個人都打了石膏，能在病房裡幹什麼的話我也佩服了。」

李主播揶揄地說。

「我不是這個意思啦……」

山本拓海尷尬地推了推眼鏡。

「這麼一說，現在才意識到病房裡只躺著他們兩個人呢。而我們去探病，一張床躺著的是天皇喜歡的人，另一張卻躺著天皇的情敵。好怪喔！」我說。

「他們應該不覺得怪吧。反正本來就是要去開房間嘛。只不過從偷情的房間變成醫院的病房。」

李主播面不改色地說。令我跟山本拓海不禁笑出來。

真想不到李主播是對這件事最有情緒的人。

「其實也不能說是『偷情』啦。因為大阪男從來沒跟天皇正式交往啊。我們也不知道他到底跟那個男的是什麼關係？說不定他們始終都在交往，只是瞞著天皇而已。」我說。

「就是這樣我才不能接受。不能接受他這樣欺負大好人天皇。」

「我也不能接受。明明不喜歡天皇，卻又要享受天皇對他的好。老是在天皇家白吃白喝的！還編了一個性冷感的謊言，把天皇兜得團團轉。我們都是天皇的好朋友，當然不能接受他被欺負。可是，平心靜氣想一想，這種事情也是一個願打一個願挨的吧？其實，天皇也縱容了大阪男。」

「話是這麼說沒錯，」李主播癟起嘴：「只是覺得他們這樣，豈不是讓天皇莫名其妙變成第三者嗎？事後才知道自己原來一直是第三者，不好受吧？」

當「第三者」三個字從李主播的嘴裡說出來時，我實在沒有什麼資格可以反駁她。惱人的是，我的腦海中忽然浮現出了曾世帆的臉。如果那一夜，我沒有發現曾世帆的手機訊息，會不會有一天也不自覺地變成別人的第三者？

「現在這個狀況，接下來『小馬德里』該怎麼辦呢？」

山本拓海將我拉回了現實。

「大概沒辦法繼續下去了吧。」我說。

「不過『小馬德里』開不成了，『小台北』應該不受影響？」

「早餐店只有在週末開店，平常晚上沒有酒吧的收入多少來支撐一下的話，是不可能負擔起房租的。」

山本拓海和李主播聽了以後，默默地點頭。

大阪男的狀況看起來已經趨於穩定。即使病房裡沒有親友特別照料，由護士定時巡房看護也就足夠。

我們三個人都尚未吃晚飯，決定去「澀谷Hikarie」用餐。

在醫院大門前等巴士時，站在山本拓海身後的我，突然發現他的脖子上多了一條皮製項鍊。

「新買的？以前沒看你戴過呢。」我問他。

「喔，對。前兩天剛買的。」

不知道為什麼，他一臉心虛的樣子。

「可以看一下嗎？」我問。

他愣了愣，默默地把項鍊從襯衫裡拉出來給我看。

是BURBERRY的項鍊。

咦，BURBERRY？

「怎麼會突然想花錢買名牌精品？」我試探地問。

「……也沒有突然。之前留意了一陣子了。嗯……妳覺得不好看的話，我可以拿掉不戴的。」

我靜默著，山本拓海整個人變得緊張，真準備要把項鍊給解開了。

他慌張失措的反應，證明了不是我多想。這條項鍊，必然就是和那天晚上，我在百貨公司前瞥見他朋友拎著的購物袋有關係了。

山本拓海果然還只是個孩子。同樣的狀況，要是發生在曾世帆的身上，想必應對得遊刃有餘了。我不忍心，故意笑起來，替他解圍。

「別拿下來，很適合你啊！我只是想，這樣你怎麼存錢呢？不是現在你哥都還很需要錢嗎？」

山本拓海脹紅了臉，尷尬地推了推眼鏡。

「不好意思。」

「幹嘛不好意思。」

我努力擠出淡然的笑容，卻感到一陣難以言說的鼻酸。

兩天後，我在家裡吃完早餐，正準備出門上班時，突然接到了山本拓海的來電。對於大部分都傳訊息聯繫的我們來說，算是很稀奇的事。況且還是在一大清早。我納悶地按下了通話鍵。

互道早安以後，我沒有問他怎麼忽然打來，因為知道他一定有事要說。

「不好意思，臨時邀約。我想問妳晚上有空一起吃個飯嗎？」他問。

「剛好明天開始可能會加班，今天晚上沒問題喲。」

「那太好了。」

我跟他已經好一陣子因為彼此都忙，不會在平時工作日的晚上相約吃飯了。有時候連週末也不一定碰得上面。

「今天晚上沒有排班嗎？」我問。

「我特別請了假的。」他說。

特地為了跟我吃飯而請假？應該要高興的，卻雀躍不起來。直覺告訴我，在昨天關於項鍊的那段對話之後，山本拓海那麼臨時且主動地想見我，一定是有什麼事情非說不可。那絕對不是什麼好事。

「我們去銀座的喫茶店YOU吃蛋包飯好嗎？」他問。

「太棒了！我要去！那家好好吃！」

我刻意用高揚的語調，掩飾無法抑止的憂傷預感。

因為我跟山本拓海都不太能吃生魚片，他甚至不喝味噌湯，因此兩個人見面時吃洋食的機會頗多。銀座「喫茶店YOU」的蛋包飯，最初是天皇帶我去吃的。後來我帶山本拓海去，他也喜歡得不得了，又一起去過了好幾回。

記得有一次，因為工作而心情極度沮喪，午休時間，忽然好想吃蛋包飯，竟從人形町大老遠衝到銀座。在切開半熟的蛋皮中，嘗到蛋液暖暖地包裹住舌頭的滑順之際，所有不愉悅的心情，全都神奇地一掃而空。

這一晚，跟山本拓海再次來到這家店，點了慣常吃的招牌飯。

「永遠都那麼的好吃！」

吃著蛋包飯的山本拓海說。他推了推眼鏡，滿足地瞇起眼來。

我點點頭，微笑著，但卻覺得這一晚的蛋包飯，百味雜陳。

奇蹟的蛋包飯，療癒人心的魔法去哪裡了呢？

我們聊了大阪男的病況、天皇的情緒，以及預想「小馬德里」與「小台北」的未來。但像是刻意避開似的，就是沒有聊到工作環境的事。

吃完飯後，兩個人走在夜裡的晴海通上。我們沉默不語，誰也沒問誰，卻很自然地往築地市場的方向前進。

夜晚的場外市場，除了幾家仍有營業的壽司店和居酒屋以外，其他都已經歇業，跟白天的熱鬧呈現截然不同的對比。

在即將拐進山本拓海家的巷口，我突然掉頭，往場外市場的外圍走。場外市場外圍的店家也都打烊，拉下鐵門的觀光案內所門外擺了幾張椅子。我隨性地坐下來。

對面轉角的店，在白天是賣玉子燒的。從店旁的巷子走進去，再從裡面拐個彎，就是山本拓海住的公寓了。

山本拓海在一旁的自動販賣機買了兩罐飲料後，坐到我身旁。

我開口：「就在這裡說吧！你今天晚上約我，真正想跟我說的話。」

「啊？」他搔搔頭：「好像真的什麼事情，都瞞不了瑛瑛。」

我這時才發現他脖子上的項鍊不見了。

「比你多活了十年，總還是有點不同的吧。」我說。

半晌，山本拓海喝了幾口飲料後，終於開口說：「那條項鍊，是之前那個一起在唐吉訶德打工的女生送的。」

「噹噹！」我模仿山本拓海的招牌反應，說：「猜中了！」

山本拓海一臉尷尬。

「其實，那天晚上我碰巧看見她走出首飾店。當時不曉得是買給你的，看到了你戴著的時候，兩件事才聯結起來。」我說。

「原來如此。」

「不過，你喜歡的話，應該繼續戴的。」

「我不戴了。」

「為什麼？用著朋友送的禮物，是很正常的事。也許是我的情緒反應得過度了。只因為對象是那個女孩吧。心底總覺得她很青春、好漂亮，任誰看來，你們都是登對的。尤其比起我這個快要中年的女人來說。所以，即使知道你跟她之間確實沒什麼，但心底總還是有點吃醋或芥蒂。只是這樣而已。」

山本拓海突然靜默下來。

「我覺得這不是你今天最想說的事。」我有預感。

他注視著我，點點頭，很努力地吐出了三個字：「對不起。」

當我聽到「對不起」這三個字時，便知道事情比想像中更為複雜了。

接著，他壓著嗓子，很吃力地說出令我驚訝卻又不意外的話。

「我跟那個女生睡過了。」

聽完這句話的我，好像在高空中乘坐的飛機上，遇到氣流而倏地直線驟降的感受。心又狠又冷地糾結了一下。

「在她送我項鍊的那個晚上。我去她家，幫忙組裝家具，因為弄得太晚了，錯過末班車，只好借宿她家。我一時大意，混著喝了好幾種酒，有點醉。她靠過來親吻我，不知不覺就發生了進一步的關係。」

他停了一下，突然又急忙補充道：「可是，我其實酒喝多了，那天晚上，狀況不太好，所以最後並沒有跟她做愛。」

「沒有做愛？但你剛剛說發生了進一步關係？」

被我這麼一問的山本拓海皺了眉頭一下。

「她用手替我解決了。事後，她忽然就送那條項鍊給我，跟我告白……」

我低下頭，沉默著，感覺好像是在聽一則陌生人的故事。

「不好意思！把過程說得那麼詳細。因為我犯了錯，不想再對妳隱瞞下去。」他神情緊張。

去追究什麼才叫做愛、接觸到什麼地步才不算做愛，對我來說並無意義。總而言之，就在我拒絕了曾世帆的那一晚，山本拓海在城市的另一個角落裡，跟別人上了床。這不是用言辭包裝就能夠避開的事實。

但，那一晚，要是我沒發現曾世帆的祕密，一時因為心情空虛而跟曾世帆上了床，也並非不可能，不是嗎？我又有什麼立場指責山本拓海呢？

感情真的很脆弱。出現了一絲縫隙，誘惑就會以萬馬千軍之姿趁虛而入。我的眼眶發熱，忍著不要落淚。抬起頭，強顏歡笑起來。

「什麼嘛！搞了半天，只做半套！」

我故意用誇張的言辭說道。

「呃……就算是這樣也不應該。真的很抱歉！」

「你應該好好跟她做一場的啊！你還那麼年輕，又沒什麼性經驗，好好練習一下，再回來跟我做，搞不好抓到訣竅了，對我們這種年長的女生來說，也算是一種回饋。」我故意說。

「難道瑛瑛跟我做的時候，感覺並不夠好嗎？」他問。

我愣了一下。很好的，跟你做的時候，很好。你知道嗎？就算不跟你做愛，只是躺在你身旁，或者被你從身後擁抱起來，或者只是單純看到你陽光般的青春笑靨，我的身體都感覺被能量充滿。

「既然你誠實說了那麼多祕密，我也就說了喲！」我點點頭說：「對呀，總覺得就還是少了一點什麼呀。雖然很有衝勁，但對我們這種有點經驗的大人來說，身體的感覺會很誠實地告訴自己：啊，果然是個不太有技巧的小男生哪。很多時候，跟你做，我性高潮都是裝出來的，你不知道吧？」
我用了這輩子最大的力氣撒謊，說了這段話。
撒謊原來是為了築成一條堤防，防止眼淚的潰堤。這一刻，我體會了。
當我決定撒謊說出那段話時，心底已經明白，知道了山本拓海跟年輕的女生睡過以後，就算我一點也不怨恨山本拓海，但對自己而言，我是無法過我自己這一關了。
山本拓海垂下肩膀，很意外、很失落的樣子。
我喝完了最後一口飲料，把鋁罐給捏扁，空氣中發出金屬冷冽的彎折聲。
「謝謝你今天約我吃飯。喔，也謝謝你請的飲料。」
我拿著空罐子，在他眼前晃了晃。
「是不是暫時不會再見面了？」他問。
我嘆了一口長長的氣。
「還是永遠不會再見了？」他追問。
我轉過頭，偷偷地用手擦拭掉淚水。
如果今晚是最後一次見面，我不想讓山本拓海記住我，是一張哭泣的臉。
「嘿，你知道嗎？」我突然轉移話題，手指著場內市場的方向說：「築地場內市場很快要搬家了。」

「我知道。會搬到豐洲去。」他說：「那時候這裡會變得很寂寞吧。」

「但卻是一張未來預想圖。搬遷走的這塊市場空地，肯定會有另外一個未知的新開始。新的據點，終將熱鬧起來。」我說。

「瑛瑛很期待嗎？」他問。

我轉過頭來，看著他，搖搖頭。

有些改變很期待，有些改變則不然。

這天晚上以後，我沒有再跟山本拓海聯絡過。他打來的電話我沒有接，傳來的訊息我甚至看也不看。沒有辦法，這是我不願意的改變。

如果不這樣做，我一定會更討厭自己，漸漸地抱怨起山本拓海來，然後深陷在鬼打牆的情緒中，活得更加茫然。

「小馬德里」歇業了好一陣子，這期間的週末，早餐店仍如常開店。

這兩年，對台灣有興趣的日本人愈來愈多了，只限定在週末上午開店的「小台北」經過網路相傳，生意愈來愈好。原本只以日本客人為考量的，沒想到在日本居住的台灣留學生和上班族也會特地來吃，收入超乎了我們的想像。

一間小小的早餐店，突然間變成了一個台日交流的場域，很難得可貴。

然而，才剛剛起步，甚至比晚上的酒吧經營更有顯著成果的「小台北」，卻因為大阪男的事件可能要隨「小馬德里」一起結束了。一邊煎蛋餅，一邊招呼客人的我，想到這裡，就覺得很不捨。

到底接下來，天皇是否就準備收攤，或者仍願意跟大阪男一起經營酒吧呢？我始終還未問過他。大阪男昨天終於出院了，決定也迫在眉睫。

打烊後，忙了一整個早上的我和天皇，在拉下鐵門的店裡吃著蛋餅喝豆漿。

「關於『小馬德里』的未來，有什麼打算嗎？」我問。

「如果大阪男能找到新的資金跟合伙人進來，店應該會繼續存在下去吧。我猜他會想要繼續開店的。」

天皇推了推眼鏡，大口吃著蛋餅。

「你的意思是已經決定拆伙抽資了？」

「當然啊。還要在同一個空間裡工作，整個就感覺不舒服。」

「也是。那這樣就算『小馬德里』繼續存在也與我無關了。真可惜，這麼好的一間店！而且『小台北』也要跟著收攤了。」

天皇放下筷子，看了看我。帶著抱歉的眼神。

「真對不起。害妳那麼投入，只因我個人問題就要忽然停止這一切。這些日子，真的很謝謝妳的幫忙。」

我拍了拍他的肩膀。

「沒關係啦！不管是『小馬德里』還是『小台北』，本來就是因為天皇你想做，我才跟著做啊。你不做，我也沒那麼有動力。有機會的話，未來再想點有意思的事情玩玩吧。早餐店看起來很可以宏圖大展的，說不定以後還有可能復活。總之，你那麼聰明，點子很多的嘛！我相信你。」

「謝謝妳總是那麼支持我。」

「一直道謝，太見外囉！」我用手肘推了他一下。

「沒辦法，我是日本人嘛。」他自嘲。

「總之，這幾天就會跟大阪男談一下了。店租解約要提前一個月和房東說，所以最快下下個月房子就能解約。在那之前，早餐店還可以繼續做幾個星期。至於平常晚上的酒吧，我是不會來了。」

「我會好好地把握最後幾週，讓大家吃到永遠難忘的蛋餅！」

我吃了一口蛋餅，把盤子裡剩下的最後一塊，留給天皇。天皇夾起入口，還未吞下就喝起豆漿。他曾說過，他喜歡這種怪怪的吃法。把蛋餅跟豆漿混在嘴裡一起吃下之後，天皇忽然很認真地看著我。

「答應我一件事，好嗎？就算店不開了，以後也要常煎蛋餅給我吃。」

「那有什麼問題！但必須用你的炸蓮藕片來換。」我答應他。

天皇笑起來，點點頭。

不知道為什麼，這幾句對話，忽然讓我有點傷感。刻意向彼此確認，倒反而像是什麼離別的預告似的，彷彿今後很難實現。

幾天以後，天皇跟大阪男談了抽資離開的事。大阪男雖然一再道歉跟慰留，但也自知不可能改變天皇的決定。

兩人和平協議拆伙，大阪男決定不另外再找合伙人，即日起就不再經營「小馬德里」。至於店面退租以前的週末，早餐店繼續經營，大阪男沒有意見。

那一天，就是天皇和大阪男最後一次的見面。

過程比天皇想像中來得自然與平靜，大概是因為已經死心了，反而更公事公辦一點。最後，在兩個人告別時，大阪男忽然跟天皇道歉。

他向天皇坦誠，一直瞞著他很多事情，覺得很對不起、很愧疚。不過，當他想要跟天皇仔細解釋細節，包括同車出車禍的那個男人的事情時，天皇卻拒絕再聽下去。

「不好意思。不是我不關心你的事，也不是我聽了會更難過。而是既然你從未打算跟我說，現在就也沒有向我解釋的必要。知道那些細節，對於我的未來，你的未來，其實沒有什麼影響和幫助。」

幾天以後，當天皇在電話中跟我轉述，那一天，他向大阪男說的最後幾句話時，我真的再次佩服天皇的EQ管理。

對於天皇來說，大阪男的形象真算是他理想中的男人吧。跟自己得以達成「戀愛成就」的對象那麼的靠近，卻又天注定擦身而過，那種無奈絕對不是二十幾歲的人可以明白的。

這麼近，又那麼遠。擦身而過的緣分，此後還會有幾樁呢？每來一次就期待一次，每期待一次就落空失望一次。

天皇對於我和山本拓海之間發展的結果，並不很支持我的決定。他覺得我可以暫時不跟他見面，但沒必要搞到從此不見。

「他背著我，跟別的女生睡過了耶！」我說。

「妳怎麼還那麼不懂男人？」天皇翻了個白眼，說：「男生一天二十四小時，大概有三分之二時間，腦子裡隨時都會想到性的。況且山本拓海還是那麼血氣方剛的大男孩。」

「難道就不能用剩下三分之一時間的理智，來克制自己嗎？」

天皇聽了搔搔頭，尷尬地笑起來：「因為剩下的三分之一時間在睡覺。」

「把男人出軌給正常化，全天下的女人都無法接受的。」

「話說回來，出軌的女生也不少吧？瑛瑛之前認識的那個曾世帆……」

我打斷他的話，心虛地說：「比例上來說，還是少得多嘛。」

「小孩子既然都已經很有誠意地認錯了，做大人的應該要原諒吧？」他問。

「那麼大阪男不是也認錯了嗎？你還不是沒有原諒他。」

「他可不是小孩子。我和他本來就不是情人關係，跟妳狀況不同。而且，我沒有不原諒他喔。我只是說，跟他繼續見面會感覺不舒服。」

「那就是囉。我也是同樣的感覺。」

「可是妳並沒有覺得跟我繼續見面不舒服啊？在妳跟山本拓海差不多的年紀時，還不是跟我上過床，然後才發現我根本不愛女生。我等於是騙了妳耶！」

我忍不住笑起來說：「可見我真的超沒原則的，居然不怪罪你，還繼續跟你當好朋友。」

「不，這就是瑛瑛啊。不是妳沒有原則，相反的，這就是妳的原則。妳很忠於自己，更重要的是妳是一個很善良的女生。即使一個人曾經傷過妳的心，但只要妳覺得喜歡那個人，認為對方仍值得繼續做朋友，無論在未來能不能成為情人，妳會站在一個珍惜相遇緣分的角度，選擇寬容對方犯過的錯。就是因為這樣，我才沒有失去妳。這一點，我一直是明白也很感激的。」

「把我說得那麼好，都害臊起來了。」

「妳忠於自己和善待別人，讓妳擁有一種『大事化小，小事化無』的能力。正因為如此，生命中有很多不順利的事情，像是父親的早逝、母親的遠離、奶奶的遭遇、工作的環境，還有感情的狀態，才可以一一化解吧？如果換做別人，甚至是我，我看早就完全崩潰了吧！」

「哇，被你一這麼回顧起來，好像真的是很淒慘的人生！我居然還能活到現在，自己都覺得不可思議了！」我苦中作笑，接著話鋒一轉，說：「那麼，話題又回到我們這十年來的老問題上了。要是人真的那麼好，為什麼遇不到一個好的人，談不起一場有成就的戀愛？」

天皇聳聳肩，眼神充滿了奧祕，說：「妳不覺得『成就』這種事，其實從來都不存在嗎？換一個人的標準，有成就或者沒成就，定義都不同。對於我們這種不太容易在戀愛中獲得完美結果的人來說，也許本來就跟一般人的命運不同。我們能夠享受的，也許只有戀愛成型時的過程，而不是最後的成就或沒成就。」

「戀愛的成型？」

「對啊。像是粘土一樣，去捏出愛情的形狀。管它最後會被捏成什麼東西，去捏就對了！總而言之就是先讓粘土成型。」

天皇意有所指的一番話，擁有比蛋包飯跟炸蓮藕片還要強大的魔法，讓我覺得連日以來鬱悶的情緒，彷彿頓時獲得了一些紓解。但是該不會只是因為，他說了很多稱讚我的話的關係吧？

可是，多虧天皇大方地稱讚了我，挖掘出我自己都不以為意的優點，讓我感覺我似乎不是那麼的不中用。

戀愛能不能有所成就，一直以來我都認為是被命運決定的。但隨著遇見的人不同，愛情能否成型發展下去，我忘記了自己也可能成為做決定的那個人。

自從「小馬德里」結束營業後，我和李主播又成為遊牧民族。我們回到了以前那樣，偶爾在加班結束後想碰面小酌一番時，就得想去哪裡的日子。不過，午餐和晚餐由我來想還行，至於消夜的去處，當然就交給夜生活比我豐富得多的李主播了。

這一晚，李主播約了在神樂坂會合，去了間最近很流行的以紅酒替代啤酒，吃日式燒烤的居酒屋。

「對神樂坂很不熟，原來有這麼可愛的店。氣氛佳，東西也好吃！」我說。

「學姊喜歡嗎？那真是太好了。上次來的時候，就覺得學姊一定會喜歡，所以一定要帶妳來。」她說。

「李主播對這一帶的店家很熟嗎？」

她露出一抹尷尬的笑容，說：「最近，是比較常來這一帶啦。」

「他住這附近？」我單刀直入問。

「他？誰？」李主播傻笑。

「我不知道他是誰啊，反正一定有一個『他』就對了。」

「真的是什麼都瞞不了學姊。」

「果然。讓我猜猜喔，肯定是個新聞媒體工作者，年薪不差，在神樂坂買了自己的豪宅，是個很有品味的日本男人。當然，最重要的，絕對是已婚的。」

李主播忍俊不住笑出來。

「全猜對了吧？」

「全猜錯了。」她搖搖頭。

我很驚訝。這些條件不都是她這些年來所堅持的嗎？

李主播深呼吸了一口氣，緩緩地公布答案。

「是在宅配公司當內勤主管的，年薪嘛，我沒問，我猜頂多跟我差不多。雖然住在神樂坂，但是只是個租來的小套房。起先我確實以為他已婚，畢竟他吸引到了我，而我總是只被已婚男人給吸引。但最重要的，不是他未婚或已婚，而是他是個台灣人。雖然現在拿的是日本國籍，但在台灣出生，在台北念完小學以後，被爸媽帶來東京，直到現在。」

「李主播，這是二十一世紀以來，我最震撼的一天了。」我驚詫。

「別說學姊震撼了，連我自己都覺得。其實我一開始有點排斥，也不是說不喜歡他，事實上第一次見面就對他有好感了。但潛意識覺得我那麼愛日本，一定要找個日本男人才對，所以最初還刻意拒絕他。後來，實在是被他感動到，才接受了他。」

「李主播的改變雖然令人意外，但最了不起的是這個男人。他竟然有辦法能夠改變妳。應該是個對女人很在行的男人吧？」

「哈！完全不是耶。他說他只交過一個女友，而且是大學時代的事，已經空窗期很久。原本以為此生不會再遇到心動的女孩。」

「沒想到遇到條件這麼優的美麗女生！還改變了她！」

「還不知道能走多久啦。總之，目前就是交往狀態了。所以，最近對他住的神樂坂一帶也熟起來。」

李主播臉上綻放出藏不住的甜蜜。

我們離開居酒屋以後，在神樂坂的小路上邊走邊聊著她的新男人。

「對了，學姊，再陪我去一個地方好嗎？就在不遠處。」

難得李主播不像從前，老要趕著下一場約會。我欣然答應。

我們沿著神樂坂通走下去，突然轉進一間超市旁的小巷子。一條細長的名為「朝日坂」的小徑，走大約不到十分鐘，李主播就放慢了腳步。我往前看，是一間已經關上大門的寺廟，圓福寺。

「啊，原來在這裡呀。學姊，下次白天的時候，陪我來這裡好嗎？」

「可以啊！不過，為什麼呢？」

「我要來這裡求個『懺悔御守』！」

「懺悔御守？還有這種御守？」

「在網路上看到有人轉貼的介紹。把覺得對不起的人、做錯的事情、想要懺悔的種種，寫在御守裡面的護身符上，神明就會把你的罪過一筆勾銷。挺有趣的吧！」

「一筆勾銷？日本的神明還真夠阿莎力。」

「前提是妳得先付錢買御守。」李主播笑著說。

「那麼李主播準備要懺悔什麼？畢竟妳現在已經功德圓滿啦！」

「懺悔過去我太鑽牛角尖吧，盲目堅持著自己以為的愛情。」

「妳真的是一夜長大了！我真想見見妳的男友，看看到底是什麼樣的男人，讓妳學到那麼多事情。」

「很普通的男人啦，」她忽然撒嬌：「而且，我在學姊身上也學到很多喔！」

「我？我哪有什麼值得學的？我一點成就也沒有哪。」

「學姊跟山本拓海談女大男小的戀愛，這不是一般女生辦得到的吧？我覺得很有勇氣啊。光是這股勇氣，就值得學習！」

「妳在諷刺我嗎？都已經分了，妳又不是不知道。」

我和山本拓海的狀況，先前也跟李主播說過了。

李主播露出甜美的笑容，瞇著眼對我說：「你們還是會在一起的啦！」

「哈！哪裡來的預言？」我問。

「直覺。學姊，相信我。」她信心滿滿地說。

「憑什麼？」

「憑一個正在戀愛中的女人的直覺。在誰的身上能夠嗅出有愛或者沒愛的氣味，特別敏銳。」

李主播特地送我到神樂坂地鐵站上車，之後準備去男友家裡。我刷卡進了車站裡，李主播在票閘口外向我揮手道別。轉身後，她忽然又喚住我。

「學姊，妳這輩子到目前為止有想要道歉，但還沒說出口的人嗎？妳準備在『懺悔御守』上寫什麼？」她忽然問。

「好深奧的問題啊。」

我一時之間不知道該說什麼。

「要好好想想喲！在我們下次去求御守以前。」

我點點頭。

「我也可以問妳一個問題嗎？」

「儘管問。」

「妳覺得那個男人會是妳定下來的對象嗎？」

李主播掛起微笑，好像心裡知道答案是什麼，但不曉得該怎麼回答。想了好一會兒，她才終於開口。

「不知道。我只知道在一起很快樂，他會讓我期待跟他下一次的見面。很膚淺又很庸俗的答案吧？」

我搖搖頭說：「不會。這樣就夠了。」

跟李主播道別，我下樓走到月台。地下鐵列車恰好進站，開啟車門，好像是為了迎接我似的算準時間，我就這樣不疾不徐地進了車廂。

知道天皇決定去台灣工作和定居時，一月的東京剛下完一場大雪。

我坐在緊鄰陽台的室內板凳上，發愣著該讓那些十幾公分的陽台積雪繼續留在原地，還是該劏起來倒進浴缸裡的時候，收到天皇發來的手機訊息。

我立刻撥電話給他。

「這麼重大的事情，你居然就這樣發一封訊息來打發！」我劈頭指責。

「我就是怕直接在電話裡跟妳說，妳會火山爆發嘛！想說發訊息的話，可以讓妳有時間緩衝一下情緒。沒想到妳還是爆發了。」

「當然啊！怎能不生氣呢？你三月底就要去？只剩兩個多月。你瞞著我進行這件事情很久了吧？真的很不夠意思耶！」

「真的沒有。事情發生得有點突然。妳知道我之前一直有說，想離開這間媒體採購的廣告代理店吧？十二月中旬，我其實跟主管提了這件事，想說做到三月底離職，但主管為了慰留我，突然丟出一個選擇給我。他說，我們公司在台北有分公司，恰好有一個主管正考慮回東京本部，問我，如果對方決定了，那麼我有沒有興趣過去接那個空缺。但因為那個人一直尚未正式確定，這件事情我也就沒特別放在心上，所以沒跟妳說。上星期，主管告訴我，事情已經拍板定案了。他也向老闆提過派我過去的事，基本上都沒問題，就等我回覆。媒體採購的工作好忙，我有點累了，可是如果能去台灣工作、定居，我想了想，覺得還是一個很好的機會。畢竟，我一直想再『回去』的嘛！」

「到底是有這麼愛台灣就對了？」

「對外都說是愛台灣，其實是愛台灣的男人。」他失笑。

「所以就拋下我一個人在東京？」我哼了一聲。

「不然妳跟我一起回台灣？如果妳跟公司說，妳想調回台北的公司上班，應該也是可能的吧？」

「我這麼夫唱婦隨，結果你去台灣交到男朋友了，我還是孤家寡人一個。」

「妳不算孤家寡人吧？妳要是願意理一下山本拓海，隨時就能恢復成雙成對的生活。他到現在還是常常發信給妳吧？」

「嗯。像是寫週記一樣，每週一封Email，簡單報告他的工作跟生活。」

「真不簡單！都過了這麼久，妳一封信也不回，他還能堅持每週都寫。」

「跨年時還寄了賀年卡來呢。當然我也沒回。」
「妳很冷漠耶！所以，他現在過得怎麼樣？」
「信上看起來不錯。他回美髮沙龍店上班了，而且這個月不再是助理，而是新手設計師。」
「妳至少回他封信，恭喜他一下也好吧。我跟妳說，在日本這種癡情的小男生，真的不多啦！」
「回了信，接下來就一定會再見面吧，然後肯定又會在一起。可是以後如果有什麼不愉快想抱怨的事，你人又不在東京，我找誰訴苦？」
「妳太本末倒置了吧。就算真想找我訴苦，像現在這樣打網路電話，東京或者台北，有什麼差別？」天皇沉默了一下，忽然口氣變得有點嚴肅地說：「如果妳真的不再在意他，何必一直保存著他的信呢？妳都保存下來，沒刪掉，我猜中了對吧？要是覺得這個人跟自己再也無關，連信的內容都不會想看。甚至還可以直接設定，拒收他帳號的信。但是，妳沒有。為什麼？」
我啞口無言，無法反駁。
「瑛瑛，關於妳和山本拓海之間的事，我想我以後不會再多說了。」
「你生我的氣了？我很不受教，讓你反反覆覆跟我講了這麼多次，我還是毫無長進。每次都把同樣的情緒丟給你，你還那麼有耐性。真是對不起。」

「我怎麼會生瑛瑛的氣呢？當然沒有。只是別人再怎麼給建議，再怎麼聽妳訴苦讓妳化解情緒，最後，要去愛或者不愛的人，是妳自己啊。但妳陷在停滯不前的反覆情緒中，跟山本拓海在一起時充滿猶疑，不在一起時似乎也沒好一點。既然如此，要是我，我寧可選擇在一起。忘了嗎？我說過的粘土。」

「管它最後會被捏成什麼形狀，去捏就對了。」

「沒錯。」

「好啦，我知道了。反正三月底以後你不在東京，不會常聽到我訴苦了。」

天皇在電話另一端笑起來：「我看不會吧。除非世界上沒有了網路這東西。」

「都回不去了。」我說。

「沒必要回去，眼睛長在前面，人本來就該往前走。」天皇說。

這些年來，自從奶奶離開了人世間，天皇就像是我唯一能夠倚靠，並能訴說煩惱的家人。然而，我是不是因此就慣於依賴而驕縱起來了呢？

突然覺得，奶奶的過世和天皇的遠離，似乎都是為了要讓我更加獨立，學著一個人自己去面對自己的人生。

畢竟已經三十二歲了。縱使小時候就沒有跟爸媽一起生活，但老天爺派了奶奶照顧我。奶奶離開了，天皇成為我的家人。在別人眼中看起來似乎不太順遂的過往，其實總能夠遇見陪伴的人，已經是夠幸運的了。

天皇要去台灣了，雖然心中難掩孤獨，但應該不要懷抱感傷才是。

到了三月中旬，雖然冬天漸漸遠離，東京還是充滿涼意。

很難想像，再不到半個月，就是櫻花盛開的季節了。

東京四季分明的轉換，常在幾個星期之中就會呈現出截然不同的城市風貌，對長年只生活在台灣的人來說，恐怕是很難想像的畫面。

季節如此更迭，人間情事的變動也是如此。

再過一星期，天皇就要搬去台北了。他整個人非常興奮，明明是要去台北工作，卻買了好幾本台灣導遊書，研究最近熱門的景點和新開店家。

「我要去台南還有高雄，感覺跟我大學時代變好多喔！台北的捷運原來增加了那麼多條新線呀！以前在台北時，記得還不是很方便的。」

最近只要跟他見面，他口中的話題幾乎只有台灣。

「不過我不要搭捷運。我要買一台摩托車！這樣才有在地人的感覺。」

他就像是小孩子要去遠足一樣。

明明台灣是我的家鄉，天皇卻反客為主，說歡迎我隨時回台灣找他。他保證會是個好導遊，帶我玩得盡興。

「喔，不過，我的導遊工作是兩人成行的，恕不接待一人報名。」

他沒說破，但我知道他話中之意。

想起剛認識山本拓海時，教他說中文的一些往事。他常常嚷嚷著說要跟我一起去台灣玩，卻始終沒有成行。不知道為什麼，想起這件事，竟讓我覺得對他感到有點抱歉。

李主播知道了天皇要去台灣的事情以後，跟我一樣也覺得很意外。但同時也認為既然天皇那麼愛台灣，恰好有這個機會很應該掌握。

天皇在東新宿的大樓公寓是自己買下來的，他說他去了台灣以後，房子空著也是空著，不如我退掉現在的租屋，搬過去他那裡住。我在代代木上原的租屋，每個月租金是七萬日幣。過去他那裡住，順便幫他照顧房子，房租折半算三萬，幫他補貼一點房貸就好。

我想想也不錯，就答應了他。

「隨時要帶人回來睡都沒問題喔！房東並不在意。」

「講得我是做特種行業似的。」我抗議。

所以，天皇忙著準備搬去台灣的事情，我忽然間也開始忙著搬家打包事宜。

天皇倒是不準備打包什麼行李，因為偏執的他說，到了台灣全部在台灣買，那才是在地的感覺。結果，只在東京都內搬家的我，比他還要忙一些。

週六下午，李主播說要來幫我打包。但上午則先約了我去神樂坂，去那間上回說好要一起去求「懺悔御守」的地方。真沒想到一忙起來，又是幾個月過去。好不容易到今天，彼此才騰出時間。

踏進寺廟時，想起上回夜裡門外流連時，是初冬的事。

那時候，我跟山本拓海已經分開了一段時間，李主播跟「佐川男子」（後來天皇替那個男人取的綽號。雖然他只是在佐川宅配做內勤事務，而非外面的配送員）剛交往不久。當然也還未料到不久以後，天皇就決定要離開東京。

走進寺廟裡，脫了鞋登上正殿，在右手邊窗口購買了金光閃閃的「懺悔御守」以後，就到一旁打開來，攤開夾在裡面的符紙，準備寫下要懺悔的事。

李主播老早就準備好了，奮筆疾書起來。雖然我老早也想過該寫些什麼，但個性總是猶豫的我，竟然還是在這一刻，彷徨起來，不知道選擇哪一個事懺悔贖罪才好。

低著頭，總算寫好以後，李主播突然用手肘推了我兩下。

「怎麼了？」我抬頭看她。

只見她一臉詭異貌，擠眉弄眼的，好像哪裡不舒服似的。問她怎麼了，她還是那個樣。最後，她終於忍不住偷偷指了我身後。

我回過頭去，在斜對面角落的桌子前，伏案著的居然是山本拓海。

「他怎麼會在這？真的不是我安排的喔！」李主播急忙解釋。

我很驚訝，心跳突然加速起來。

沒有回應李主播的話，我默默地看著微微低頭的山本拓海，認真地書寫。

他瀏海變長，頭髮染了較淺的色調，我喜歡這個顏色。咦，眼鏡換了一副呢！好像還是以前那副膠框眼鏡比較適合他？但再仔細看一下，這副金屬框的眼鏡很有設計感，讓他看起來成熟了點，其實也是滿好看的。

突然間，他抬起了頭，我們四目交會。

我的心臟幾乎剎時停止，趕緊低下頭避開他。

整個寺廟殿堂裡好安靜啊，只有空氣中飄散著淡淡的線香味。原本慌亂的心情，很神奇地立刻被平撫了下來。

當我再次抬起頭來時，山本拓海仍像剛才那樣怔怔地望著我。

我們有多久沒有這樣凝視彼此了呢？他推了推眼鏡，對我微笑了起來，就像過去那樣的陽光燦爛的笑容。

李主播和我起身，山本拓海也是。我們準備將寫好的「懺悔御守」放到正殿中央，神像面前的供桌上。

原來，剛剛寺廟裡的工作人員向我們解說，和其他的御守不同之處，「懺悔御守」並不是帶走放在身上的，而要放在供桌前，之後讓和尚誦經祝禱。

「山本君，好久不見！變帥囉。」

李主播試著打破沉默緩和氣氛。

「沒有啦，沒有這種事啦！」

他搔搔頭，一臉可愛的傻氣。

三個人同時把御守放在供桌上以後，我終於決定對他開口說話。

「恭喜你，又回到喜歡的髮型沙龍，而且還當上了設計師。」

「謝謝妳！知道的第一時間，我就在回家的電車上發了那封信給妳。那一刻，妳是第一個也是唯一，我想要分享這份喜悅的人。」

「沒有及時回信恭喜你，真的不好意思。」

「沒關係，我知道妳雖然沒回我信，但一定也是替我感到開心的。而且今天能親自聽到妳的祝賀，比什麼都好。」

我淺淺地笑起來，點點頭。

就當我轉身離開供桌前，一不小心，手提包竟然勾到供桌上放置御守的盤子。盤子掉到地上，上面放著的一疊御守也散落一地。

真是太不小心了我！李主播和山本拓海幫忙我，三個人慌慌張張的，趕緊將御守和盤子撿起來，放回供桌上。

忽然，一張夾在御守裡的符紙滑落出來，被我接住。

在攤開的紙上，我看見自己的名字被寫在裡面。但不是我的字跡，我的名字也不是寫在右邊的懺悔人欄位上，而是在中間，被道歉的對象。

我感到一陣鼻酸，但很快的，卻忍不住笑出來。

他向我道歉，寫下的懺悔理由，怎麼會是這個呢？我的老天！

李主播好奇也湊近來看。她「蛤」了一聲，努力忍住笑意。

「不好意思！」

山本拓海發現了我看到他寫的御守，尷尬地趕緊將符紙從我手上抽走，夾進金色御守裡，放到供桌的盤子上，塞到最下面。

「請不要笑了！好丟臉。真的不好意思！」

他整個人脹紅了臉。

為了不為難山本拓海，我跟李主播努力裝作若無其事，但走在山本拓海後面，一起步出寺廟時，兩個人對看時還是忍不住想笑。

在李主播的提議下，我們決定捨近求遠，從神樂坂地鐵站走到飯田橋站搭車。沿路上，我和山本拓海都很少話，李主播則擔任主持人的角色，不斷向山本拓海提問。大約都是一些這些日子以來，山本拓海定期在信上告訴我的事。

終於走到神樂坂盡頭，在星巴克前的十字路口等紅綠燈。忽然間，李主播「啊」了一聲叫起來。她拿著手機，盯著螢幕。

「學姊！抱歉、抱歉！」她皺起眉頭，擠出一副求饒貌：「我忘了今天下午，跟我男友約好了，要陪他去買衣服！」

「咦！說好我陪妳去寺廟求御守，然後妳下午幫我搬家打包的。」

「搬家？打包？」山本拓海詫異地問。

李主播代替我回答：「山本君你下午沒事吧？你去幫瑛瑛忙好嗎？拜託了！」

「瑛瑛妳要搬家？」他問。

「這個你等一下再慢慢問她！」李主播又搶著說：「先說你願不願意？」

「我當然是願意啊！可是瑛瑛她……」

山本拓海轉頭看著我。

「那就好！學姊，真是太抱歉了！我真是太糊塗，竟然忘記已經有約了。下次，我一定請客補償妳。啊！他又來了訊息，我要趕過去囉！」

李主播又看了看手機，這時候才發現，手機根本從一開始就是拿反的。她趕緊把手機轉過來，尷尬地對我笑了笑。

真是用心良苦的李主播。

就這樣，只剩下我和山本拓海兩個人。交通號誌由紅轉綠，我們跨過了十字路口，踏上JR飯田橋站前的牛込橋上。

走到橋中間，我突然停下腳步。轉過身，倚靠在石橋的護欄上，望著橋下的風景。右側的神樂河岸是露天咖啡座，左岸則是奔馳而過的電車，寬闊的神田川從中間流過。好像意見一致，毫無異議似的，安定地往東京灣的方向前進。

「原來有這樣的地方！」我說。

「瑛瑛沒來過嗎？妳看到河岸兩邊的綠樹嗎？大概再過兩星期，就會開滿櫻花喔！」山本拓海說。

「一定很美吧！」我想像著。

「等櫻花開時，一起來看吧！」他說。

我沒有回答他，卻是一種默認。

彼此沉默了好一會兒，我突然想到剛剛的懺悔御守，又忍不住笑起來。

「你真的這麼認為？」我問他。

「什麼事情？」他見我邪邪的笑容，知道我在說什麼了，一臉難為情地說：「真是很丟臉哪。還讓李主播也看到了！」
「這種事情，當面跟我懺悔才對吧。寫在那裡給神看，才害臊吧！」
「也是。不過，這種話怎麼當面說？說不出口啊。」
「怎麼會？」我看著山本拓海，深呼吸一口氣，一個字一個字地吐出山本拓海在懺悔御守上對我道歉的事。
「我，山本拓海，對於沒辦法讓陳姿瑛小姐達到性高潮，感到萬分抱歉。請給我機會再彌補她。我會繼續努力！」
「啊！」山本拓海整個人好慌張：「小聲一點！別人會聽到的。」
「你看，這有什麼難的！不是說了嗎？」我鬧他。
他推了推眼鏡，不知道該怎麼回應。
「那瑛瑛妳在御守上寫了什麼？」他問我。
「我才不告訴你。」
「跟我有關嗎？」
「就說不告訴你了嘛。你不要問了。」
我絕對、絕對不會告訴他，我在御守上寫的其實是：「我，陳姿瑛，對於跟山本拓海先生做愛明明很完美，還騙他需要假裝性高潮，感到萬分抱歉。」
兩個人居然巧合相遇，又在御守上寫著同樣的事，這件事要是讓天皇知道的話，他一定會不正經地說：「真正向彼此謝罪的方式，是立刻好好做一回。向對方證明，誰也沒問題。」

又忍不住笑起來了。笑天皇，笑山本拓海，也笑我自己。

飯田橋站的不遠處，有一座東京大神宮，那裡是傳說中的愛情能量之地。據說在神宮裡祈求戀情，十分靈驗。許多人都會特地去求「戀愛成就」的御守。我當然也曾經去求過，甚至每隔一段時間就會去更新一次御守（自認這樣更有效果），然後把求來的御守，和其他神社裡的愛情御守掛在房間窗前，希望獲得好姻緣。

算一算，好像距離上次去，差不多已快半年了。既然都到了附近，好像應該順便去一下？但是轉瞬間，我便打消了念頭。

成就是自己定義的，不是嗎？我想起天皇的話。同時也想起李主播說，她對「佐川男子」的感覺就是「在一起很快樂，總期待下一次見面」的話。

我無法壓抑更無法欺瞞，我內心的真實感受。

不是過去也不是未來，就是此時此刻。依偎在山本拓海身旁的我，有著久違的快樂。

可是，到底為什麼山本拓海這麼堅持著要愛一個可以當他大姊姊，喔不，甚至是個能當他阿姨的女人呢？總容易不安、對自己懷疑起來的我，原本想再次開口確認的，話到嘴邊卻又吞了回去。但他好像又聽見了我心裡的話似的，忽然喃喃自語似地說著：「只要在一起的時候，就覺得安心。這是只有瑛瑛才能給我的感覺，絕不是同世代的朋友可以替代的。」語畢，他轉過頭來看我，露出招牌的燦爛笑顏。

我因為被他這一席話證明了自己的存在感，不自覺地微笑起來。

而我又到底為什麼非堅持著要愛一個小我十歲的小弟弟呢？縱使在他周圍有那麼多的誘惑挑戰，有許多的不確定，但他身上的那股單純（偶爾帶點傻勁）、勇往直衝的力道，把我原來死氣沉沉的生活燃起希望，也絕不是同世代或年長的男人可以給我的東西。

愛就愛了，不愛也就不愛了，愛從來就是自然而然的感覺，而不是抽絲剝繭的理由。去追究為什麼，也沒有太大的意義。

「一個人的一輩子只有一次生、一次死的機會，只有愛容許讓我們錯過了，又能再重新來過的機會。」

我的腦海中突然浮現出這樣的一句話來。那種自然而然的感覺，讓我以為這彷彿不是自己的話語，而是誰在我耳邊默默地傾訴。

啊，親愛的奶奶，妳一定也喜歡山本拓海這個大男孩對吧？

風一吹，拂過我頭頂的髮梢，就好像被一雙手給輕輕地撫摸起來。

望向神田川，燦燦的日光落在河水上，整片的粼粼波光。

突然間，我發現川岸兩邊的綠樹，竟然一株又一株地開始變了顏色。

那些剛才明明還是綠葉的，此刻，竟從遠方往靠近我的方向，盛開起一朵朵的櫻花來。

怎麼可能？我揉揉眼睛，想要看清，卻被阻擋了視線。

山本拓海吻上了我，而我只能看見他的雙眼。

鏡片之後，淚水潤濕著眼眸，我卻在一對深邃的雙瞳中，看見一片像是被洗滌過的乾淨風景。

遼闊的盡頭不知道會有什麼，但我不懼怕也不願再多想，因為那就是我，現在最想要踏進的世界。

（戀愛成就・全文完）

創作時間：二〇一一年五月—二〇一四年七月五日

後記

謝謝花時間讀完這部小說的每一個你和妳。

這部小說是在《無影者》完稿後出版前開始動筆的。那時候處在一種比較沈重且嚴肅的故事氛圍裡，我感到自己必須立刻投入去寫另外一個不同風格的東西，才能找到某種情緒的釋放。

因此，打從一開始，就決定《戀愛成就》要是一個喜劇基調的，輕盈的都會愛情群像劇。

不必刻意承載什麼了不起的文學性，或許也不是多麼劃時代的嶄新劇情，只希望寫出一個讓人享受閱讀時光的故事。

心中有些微小的觸動，帶著那樣的愉悅感，闔上書本，去期待你的下一餐；你的明天；你生命裡說不定明天就會遇到的那個人。

同樣是都會愛情小說，《三明治俱樂部》是獻給台北，而《戀愛成就》則是獻給我的第二故鄉，東京。

這兩座城市，都讓我擁有了許多美好的際遇。因此我想創造出一組人物的遇合，讓人去感受冷漠都會裡，總也有著溫暖情事。

不管是在任何一座城市，我想只要你不放棄自己的故事，永遠都有成就的可能性。當然，成就的定義也取決於你。

最後再次謝謝，一路以來耐心等候小說完成的讀者；謝謝身邊給予創作意見的作家朋友；謝謝出版社的雅茜和雅蘭的用心。真的沒想到，你們跨海和法國時尚插畫家Carine Brancowitz談下了封面的繪圖。

能夠創作出一個從無到有的小說，真是一件開心的事。

張維中

二〇一四年九月二十五日，寫於東京自宅

國家圖書館出版品預行編目資料

戀愛成就 / 張維中著. -- 初版. -- 臺北市 : 原點出版 : 大雁文化發行, 2014.10
320面 ; 14.8x21公分

ISBN 978-986-5657-03-1(平裝)

857.7 103017158

戀愛成就

作　　者　張維中
封面設計　蔡南昇
封面繪圖　Carine Brancowitz
內文排版　黃雅藍
校　　對　張維中、孫梓評
責任編輯　詹雅蘭
行銷企劃　郭其彬、王綬晨、邱紹溢、張瓊瑜、陳詩婷、黃文慧
總 編 輯　葛雅茜
發 行 人　蘇拾平
出　　版　原點出版 Uni-Books
Email　Uni.books.now@gmail.com
電話：（02）2718-2001　傳真：（02）2718-1258
發　　行　大雁文化事業股份有限公司
台北市松山區復興北路333號11樓之4
www.andbooks.com.tw
24小時傳真服務（02）2718-1258
讀者服務信箱 Email: andbooks@andbooks.com.tw
劃撥帳號：19983379
戶名：大雁文化事業股份有限公司

香港發行 大雁(香港)出版基地・里人文化
地址：香港荃灣橫龍街78號正好工業大廈25樓A室
電話：852-24192288　傳真：852-24191887
Email：anyone@biznetvigator.com

初版一刷　2014年10月
定　　價　320元
ISBN　978-986-5657-03-1